OBSERVING
DEVELOPMENT
OF THE YOUNG CHILD
(EIGHTH EDITION)

幼儿发展的
关键指标与行为观察

第8版

[美] 贾尼丝·J.贝蒂 (Janice J. Beaty) / 著

郑福明　费广洪 / 译

教育科学出版社

·北　京·

译 者 序

加快建设高质量教育体系是党和政府对我国新时代教育发展的基本要求。学前教育的高质量发展，归根到底要落实到学前教育机构保育教育质量的提升，并具体体现在幼儿的发展上。为此，教育部于2022年2月印发了《幼儿园保育教育质量评估指南》，从总体要求、评估内容、评估方式和组织实施四个方面，提出了促进学前教育高质量发展的方向和要求。其中，评估方式部分明确了聚焦班级观察的要求和指引，要求在评估过程中，"通过不少于半日的连续自然观察，了解教师与幼儿互动情况，准确判断教师对促进幼儿学习与发展所做的努力与支持，全面、客观、真实地了解幼儿园保育教育过程和质量。外部评估的班级观察采取随机抽取的方式，覆盖面不少于各年龄班级总数的三分之一"。由此可见，观察已然成为幼儿园保育教育质量评估的基本方式。

在学前教育高质量发展的进程中，幼儿教师的专业素质发挥至关重要的作用。在现代学前教育体系中，幼儿园教师已从"知识传授者"向"活动支持者"的角色转变。教育部在2012年颁布的《幼儿园教师专业标准（试行）》中明确提出："在教育活动中观察幼儿，根据幼儿的表现和需要，调整活动，给予适宜的指导。"《幼儿园保育教育质量评估指标》也明确要求教师认真观察幼儿在各类活动中的行为表现并做必要记录，根据一段时间的持续观察，对幼儿的发展情况和需要做出客观全面的分析，提供有针对性的支持，不急于介入或干扰幼儿的活动。教师要为幼儿的成长提供有效的支持，就应该"让幼儿的成长看得见"。这是对教师的要求，也是家长的普遍期望。因此，如何有效观察并记录幼儿的成长过程，已成为当代合格幼儿教师必备的专业能力。

　　本书是作者学前教育研究及实践的结晶，以幼儿在各个领域发展的关键指标为观察基点，以《幼儿发展评估表》为记录工具，结合大量鲜活的实际案例，剖析了教师在幼儿园对幼儿行为进行系统观察、记录的方法。更为重要的是，观察只是手段而不是目的。教师通过对幼儿行为的观察，由表及里，在理解幼儿发展水平的基础上，合理判断如何为幼儿成长提供有效支持，这才是幼儿行为观察的目的。为此，针对每一关键指标，作者都提出了"给教师的建议"，以便教师将观察结果转化为有效的教育行为，支持幼儿的学习与发展。

　　本书是集体智慧的结晶。全书共包含十二章，各章译者分别是：第一章颜培君，第二章谢尚芳，第三章唐蕾，第四章梁海妮，第五章郑稼杰，第六章徐贝林，第七章费广洪，第八章舒慧，第九章龚桂红，第十至第十二章费广洪。郑福明负责全书的统稿和初稿审校。由于译者水平所限，书中难免还存在一些不足之处，恳请各位读者不吝赐教。

郑福明

前　言

　　《幼儿发展的关键指标与行为观察》一书为观察和记录学前教育机构中幼儿的发展提供了一套独特的体系。本书立足于幼儿在六个主要方面（情感、社会性、身体、认知、语言和创造性）的发展进程，帮助教师更好地了解幼儿，评估幼儿的个体发展状况，为幼儿制定个别化学习方案。本书不仅阐述了如何观察、记录和解读幼儿的发展状况，而且分析了该年龄段幼儿的普遍特点，提出了促进幼儿发展的具有可操作性的教育建议。书中对适合幼儿发展水平的班级活动提出了不少建议。

　　幼儿的发展状况都是可以看见的。本书更是将幼儿发展的六个方面细分为九个具体领域，即自尊，情感，社会交往能力，身体，认知，口头语言，前书写与前阅读，美术、音乐和舞蹈，戏剧游戏。用于对幼儿发展进行观察记录的主要工具是《幼儿发展评估表》，其他的一些观察记录方法包括逸事记录、连续记录、取样记录、评定记录、指标记录、视听材料记录以及文件记录等。

　　本书为观察与记录幼儿的发展提供了指引。教师也可借此进一步提高观察幼儿的技能，了解如何根据幼儿发展需要制定个别化学习方案。

　　本书能顺利出版，需要特别感谢以下幼儿园的园长、教师、家长和孩子们：密苏里州哥伦比亚虎爪开端教育中心（Tiger Paws Head Start）、帕克街开端教育中心（Park Avenue Head Start）及路德儿童学习中心（Trinity Lutheran Child Learning Center）。每次访问这些优秀的机构，我都深受鼓舞；每次拍摄在工作和游戏中发展独特自我的孩子们，我都深受启发。我要特别感谢安·吉尔克里斯特（Ann Gilchrist），她是密苏里养祖父母中心（the Central Missouri Foster Grandparents Program）的主任。她安排我在该中心进行观察，让我有机会和该中心关心学前教育的祖父母们交流。我要特别感谢密苏里社区行动协会（Missouri Association for Community Action）的执行主任伊莱恩·韦斯特（Elaine West），感谢她允许我使用孩子们为该协会年历绘制的画。我还要感谢编辑朱利叶·彼得斯（Julie Peters），感谢她所给予的指导和鼓励。最后，我要感谢本书审阅人：河滨城市学院（Riverside City College）的玛丽·L.弗吕（Mary L. Flyr）和伊利诺伊州立大学（Illinois State University）的阿曼达·克塞贝利（Amanda Quesenberry）。

目　　录

第一章　幼儿发展的观察与评估　1

第一节　通过观察来评估幼儿 …………………………………… 2

第二节　作为评估工具的标准化测试 …………………………… 9

第三节　将测试作为幼儿评估工具的问题 ……………………… 11

第四节　其他幼儿评估方法 ……………………………………… 15

第五节　成为一个观察者 ………………………………………… 23

第六节　让教师知道如何观察 …………………………………… 27

学习活动 …………………………………………………………… 28

第二章　观察数据的记录与收集　30

第一节　记录与收集观察数据的方法 …………………………… 30

第二节　《幼儿发展评估表》的使用 …………………………… 53

学习活动 …………………………………………………………… 57

第三章　幼儿自尊的发展　59

第一节　引言 ……………………………………………………… 59

第二节　幼儿自尊发展的关键指标 ……………………………… 62

第三节　幼儿自尊发展的观察与记录 …………………………… 81

学习活动 …………………………………………………………… 87

第四章　幼儿情感的发展　89

第一节　引言 …………………………………………………………… 89

第二节　幼儿情感发展的关键指标 …………………………………… 93

第三节　幼儿情感发展的观察与记录 ……………………………… 113

学习活动 ……………………………………………………………… 115

第五章　幼儿社会交往能力的发展　117

第一节　引言 ………………………………………………………… 117

第二节　幼儿社会交往能力发展的关键指标 ……………………… 124

第三节　幼儿社会交往能力发展的观察与记录 …………………… 145

学习活动 ……………………………………………………………… 147

第六章　幼儿身体的发展　149

第一节　幼儿大肌肉动作技能的发展 ……………………………… 149

第二节　幼儿大肌肉动作技能发展的关键指标 …………………… 154

第三节　幼儿大肌肉动作技能发展的观察与记录 ………………… 166

第四节　幼儿小肌肉动作技能的发展 ……………………………… 167

第五节　幼儿小肌肉动作技能发展的关键指标 …………………… 170

第六节　幼儿小肌肉动作技能发展的观察与记录 ………………… 179

学习活动 ……………………………………………………………… 181

第七章　幼儿认知的发展　182

第一节　引言 ………………………………………………………… 182

第二节　幼儿认知发展的关键指标 ………………………………… 191

第三节　幼儿认知发展的观察与记录 ……………………………… 215

学习活动 ……………………………………………………………… 216

第八章　幼儿口头语言的发展　217

第一节　引言 …………………………………………………… 217

第二节　幼儿口头语言发展的关键指标 ………………… 221

第三节　幼儿口头语言发展的观察与记录 …………… 242

学习活动 ………………………………………………… 243

第九章　幼儿前书写与前阅读的发展　244

第一节　引言 …………………………………………………… 244

第二节　幼儿前书写与前阅读发展的关键指标 ………… 247

第三节　幼儿前书写与前阅读发展的观察与记录 ……… 268

学习活动 ………………………………………………… 269

第十章　幼儿美术、音乐和舞蹈的发展　271

第一节　引言 …………………………………………………… 271

第二节　幼儿美术、音乐和舞蹈发展的关键指标 ……… 274

第三节　幼儿美术、音乐和舞蹈发展的观察与记录 ……… 296

学习活动 ………………………………………………… 298

第十一章　幼儿戏剧游戏的发展　299

第一节　引言 …………………………………………………… 299

第二节　幼儿戏剧游戏发展的关键指标 ………………… 302

第三节　幼儿戏剧游戏发展的观察与记录 …………… 327

学习活动 ………………………………………………… 328

第十二章　与家长分享观察资料　330

第一节　引导家长参与幼儿活动 ………………………… 330

第二节　与家长分享《幼儿发展评估表》 ……………… 333

第三节　使家长成为合作伙伴 ………………………………… 335

第四节　分享观察结果 …………………………………………… 337

第五节　基于《幼儿发展评估表》为幼儿制订计划 ………… 340

第六节　请家长进班观察 ………………………………………… 342

第七节　合作创建档案袋 ………………………………………… 343

学习活动 …………………………………………………………… 347

参考文献　349

幼儿发展的观察与评估

通过本章的学习，你将能

- 理解为何观察是评估幼儿发展最有意义且最为有效的方法；
- 描述某一标准化测试并解释如何将其用于幼儿评估；
- 详细解释某些测试如何作为评估工具呈现问题，以及教师如何应对评估工具的局限性；
- 借助访谈、录像、观察记录或档案袋等收集有关幼儿的数据；
- 成为一位能开展系统观察的观察者；
- 通过各种感官"看见"幼儿。

在班里的时候，大多数教师都喜欢看着幼儿，看着他们活动和游戏。幼儿有时结伴玩，有时自己玩。在看的过程中，教师了解到谁在活动时兴奋活泼，谁找到了玩伴，谁只是"袖手旁观"。日复一日，幼儿渐渐长大，身体长高了，表达更清晰了，也开始显露出创造性。教师就这样目睹了幼儿的变化。每天这样看幼儿，成了一种习惯。

如今，观察幼儿不仅仅给教师带来了愉悦，更成为教师了解幼儿的方式，成为幼儿教师工作中的重要内容。无论在哪所幼儿园，为了确切了解幼儿的进步，明确课程需求，评估教学的有效性，首要的工作便是观察幼儿。幼儿的成长及教学的有效性需要借助细致和全面的评估。评估的手段多种多样，可以借助测试或访谈，也可以通过与其他幼儿对比，或让幼儿动手操作等。但是，在各种评估幼儿的方法中，观察依然是最有效和最有意义的方法。

☑ 第一节　通过观察来评估幼儿

作为幼儿教育的专业人员，我们发现，在大多数情况下，要发现幼儿的优点，最好的方法就是参照一套特定的标准，在常规教育活动中对幼儿进行观察。幼儿教育专家塞费尔特（Seefeldt）曾谈到，如果幼儿教师要了解幼儿的成长和发展，了解幼儿对自我和他人的看法，分析幼儿的行为模式及优缺点，观察是最好的方法，因为观察具有自然和自发的特点（1998）。基于观察的评估称为真实评估（authentic assessment），这种评估基于幼儿在常态下自然表现出来的行为。

我们选择通过观察评估幼儿的发展。沃瑟姆（Wortham）指出，观察是了解幼儿个体特征的最有价值的方法之一（2012）。相对于有预设的评估手段或工具，通过对自然状态下幼儿行为表现的观察，我们能更好地认识幼儿的发展指标。

观察可能对年龄较大的儿童而言不太有效，但却非常适合学龄前儿童即幼儿。因为幼儿尚无法用语言完全表达自己，主要通过行为来表现自己，且还不善隐藏自己的感受。

了解幼儿的发展有助于教师制定课程方案

了解幼儿的发展有助于教师制定课程方案，设计个性化的教育活动，或在必要时寻求特殊帮助。沃瑟姆认为，发展其实就是个体在一段时间内的变化过程（Wortham，2012）。

我们都知道，每一个幼儿都在成长、变化，只是快慢不同，这是因为受到幼儿年龄、发育和经验的影响。因此，同一年龄的幼儿，也不一定处于同一发展水平。每个幼儿的成熟度不尽相同，生活的经验各有特色。但无论如何，每个幼儿的发展都是一个持续的过程，而且都是按一定的阶段，遵循一定的顺序。对于观察者来说，最为重要的一点是，这些发展都是可观察的。通过观察，我们可以了解幼儿当前的发展水平。以此为依据，作为幼儿教师，我们就能更好地设计相应的教育活动，促进幼儿的发展。幼儿发展的基本特点包括：

- 发展是一个持续的过程；
- 发展遵循一定的顺序；
- 发展经历一定的阶段或环节；
- 所有幼儿都经历每一个阶段；
- 每个幼儿的发展速度有所不同；
- 每个幼儿的发展速度取决于幼儿的年龄、发育和经验。

只有了解了幼儿在不同发展领域的发展阶段和顺序，我们才能更好地理解观察的结果。这也是目前社会对教师的要求。那么，观察幼儿的目的是什么呢？许多研究者已经注意到，通过观察所获得的幼儿的数据，主要可用于：

- 课程计划；
- 幼儿评估。

一、用于课程计划

为了确定日常课程方案和长期课程计划，我们需要了解幼儿在以下各方面的发展情况：

- 情感发展；
- 社会性发展；
- 身体发展；
- 认知发展；
- 语言发展；
- 创造性发展。

虽然我们将幼儿的发展分为不同的方面，但实际上幼儿各个方面的发展是同时进行的。在设计促进幼儿发展的各类活动前，必须先了解幼儿在不同方面已有的发展水平。那么，怎样才能做到这点呢？我们认为，最有效的方法，就是在日常的活动中，对每个幼儿进行常规的、持续的、系统的观察。通过观察每个幼儿，收集幼儿的有关资料，幼儿日常课程方案和长期课程计划便有了依据。

二、用于幼儿评估

评估是教师收集有关幼儿能力发展状况的信息的过程。教师对幼儿的技能水平、兴趣和优缺点进行评估。麦卡菲和莱昂（McAfee and Leong）认为，评估包括了各种测量和评定幼儿的方式，如测试、观察、访谈，通过这些方式，使我们得以认识幼儿具备的知识和能力（2011）。本章主要关注幼儿发展的课堂评估。

与课堂评估相关的术语包括形成性评估（formative assessment），即为制定教学方案而收集有关的信息，以及总结性评估（summative assessment），即在一段时间结束时进行的评估，例如一学年结束时的考评。麦卡菲和莱昂强调，评估工作要对标园所的课程和预期目标，这点很重要。虽然对幼儿的评估可以让幼儿按要求进行操作活动，但是评估应该测量幼儿通过特定课程获得了什么。

当前，幼儿评估是幼儿教育工作者普遍关注的重要问题。大多数园所都要提供有关幼儿发展状况的数据。各园一直都试图确定幼儿的发展需要，评估幼儿的发展状况，但并非总能如愿以偿。目前，有关幼儿学习、发展和行为变化的测评工具不胜枚举。过去20多年来，有数以百计的测评工具在各类学前教育机构中使用，诸如行为评定表、视觉测试表、行为量表、发展记录表、档案袋、语言发展测评表、自我概念量表、社会计量测验表、社会技能测评表、个性测验表、图画智力测验、个案研究、发展筛查表、基于行为的访谈及影像记录等。

我们研发了一套《幼儿发展评估表》（the Child Development Checklist），这套工具有助于幼儿教师和幼儿教育专业学生对幼儿的自然发展进行非正式的观察与记录。该套工具能帮助观察者明晰每个幼儿在情感、社会性、身体、认知、语言和创造性发展这六个方面的现有发展水平。

每个幼儿的发展，都历经一个"可见"的成长过程：从简单的想法到复杂的思考，从一个字到长句子，从涂鸦到形象的画作。每个幼儿的发展都是循序渐进的，对于会"看门道"的观察者而言，幼儿发展过程的每一步都有迹可循。观察者记录相应的数据，然后进行分析和解释，为每个幼儿制定适宜的教育方案。

《幼儿发展评估表》关注幼儿六个方面九个领域的发展（见表1-1）。

同时，根据幼儿发展的规律，各领域确定至少六个观察指标，每一个观察指标对应幼儿的一种具体行为。该表聚焦的关键行为指标都非常具有代表性，而不是"胡子眉毛一把抓"，这既确保观察结果全面而有意义，又不至于让观察者主次不分，无所适从。

表 1-1 幼儿发展评估表

姓　名_____	观察者 _____
幼儿园_____	日　期 _____

指导语：在幼儿时常表现出来的项上画"√"，在没有机会观察到的项上写"N"，其他项留空。

行为指标	证据	日期
1. 自尊		
__和主要照料人分离时没有困难		
__与教师形成安全依恋		
__能成功完成一项任务		
__能自主地选择活动		
__能维护自己的权利		
__为自己做事时充满热情		
2. 情感		
__以适宜的方式释放压抑的情绪		
__用言语而非消极行为表达愤怒		
__在感到害怕时能保持冷静		
__对他人表现出亲近、热心和关爱		
__对班级活动表现出兴趣并积极参与		
__时常面带笑容，看起来很快乐		
3. 社会交往能力		
__独自玩玩具或材料		
__用相似的玩具或材料与其他幼儿玩平行游戏		
__参与小组游戏		
__积极参与正在进行的游戏		

续表

行为指标	证据	日期
__ 与其他幼儿交朋友		
__ 用积极的方式解决游戏中的冲突		
4. 身体		
__ 跑步时能控制速度和方向		
__ 能爬上、爬下攀爬设备		
__ 能抛球、接球和踢球		
__ 能拧旋钮和盖子、使用打蛋器		
__ 能轻松捡拾和插入物体		
__ 能自如地使用工具（剪刀、锤子）		
5. 认知		
__ 能按形状、颜色和大小进行分类		
__ 能排序		
__ 能识别、创建模式		
__ 能唱数到 20		
__ 能一一对应		
__ 能使用实物解决问题		
__ 将思维可视化		
6. 口头语言		
__ 只听不说		
__ 用单个词或短语回答		
__ 参与谈话		
__ 运用扩展句		
__ 提问		
__ 讲故事		
7. 前书写与前阅读		
__ 假装书写（绘画和涂鸦）		
__ 按横行涂鸦		
__ 写字母、印名字或名字的首字母		
__ 正确拿书，从右往左翻页		

续表

行为指标	证据	日期
＿用图画讲故事，假装阅读		
＿意识到书中的文字在讲故事		
8. 美术、音乐和舞蹈		
＿创作基本形状		
＿画太阳脸，加上胳膊和腿变成人		
＿画插画		
＿跟着节拍摆动胳膊和手		
＿演奏乐器		
＿合唱或独唱		
＿用身体动作表现人、动物和情感		
＿跟他人一起随音乐跳舞		
9. 戏剧游戏		
＿自己玩假装游戏		
＿分配角色或承担角色		
＿使用一定的道具玩假装游戏		
＿表现角色的特征和动作		
＿使用语言创造和维持情节		
＿玩令人激动的、冒险的主题		

如果教师在观察幼儿时，没有发现明显行为指标，那可以参考本书中列出的"给教师的建议"。这些建议对于制定个性化的教育方案具有一定作用。采用这种方式评估幼儿的发展，主要有两方面的目的：

- 促进幼儿教育专业的学生深入了解真实的幼儿及其发展进程；
- 促进幼儿教师了解不同幼儿的成长，并提供适宜的活动和材料支持幼儿的发展。

☑ 第二节　作为评估工具的标准化测试

在测量幼儿发展和成长的过程中，许多教师会采用较为正式的工具，即标准化测试。标准化测试是由研究人员设计的，旨在将某个幼儿的表现与其他具有相似特征的幼儿群体的表现进行比较（Mindes，2011）。在这些正式的评估中，有的融入了对幼儿的观察，有的则没有；有的需由专业人员实施，有的则不需要；有的将幼儿置于人为的而非真实的情境之中，有的会要求幼儿按预设的程序做动作。虽然这些测试工具和操作任务有助于专业人员评估幼儿发展，但其中许多标准化的测试工具并不太适合幼儿园的一线教师。表1-2列出了几种融入幼儿观察的标准化评估工具。

表1-2　学前教育机构评估工具（部分）

评估工具	适用年龄	描述
《巴特尔发展量表》（Battelle Developmental Inventory），2版	0—8岁	测量幼儿社交、沟通、动作、认知水平；在自然环境下观察幼儿；访谈父母；结构化项目
高瞻《学前儿童观察评价系统》（Child Observation Record Advantage，HighScope）	2.5—6岁	测量幼儿学习品质、社会性、身体、语言、数学、创造性艺术、科学、社会学习；教师全年观察；可能需要培训
《发展观察检核系统》（Developmental Observation Checklist System）	0—6岁	观察问卷；测量语言、运动、社交、认知水平
《早期学习成就状况诊断》（Early Learning Accomplishment Profile Diagnostic）	2.5—6岁	评估幼儿在五个发展领域的状况：运动、社会性、自理、语言、认知
《早期学习发展量表》（Early School Inventory Developmental）		80个观察项；行为评定

资料来源：McLean，Wolery and Bailey，2004；Meisels and Atkins-Burnett，2005；Mindes，2011

　　例如，高瞻《学前儿童观察评价系统》就是用于观察幼儿的工具，包含社会性和情感、创造性艺术、身体发展与健康、数学、科学和技术等若干方面的数十个关键指标。每个关键指标按从简单到复杂的顺序分为多个发展水平。教师们每天花几分钟时间，将展现幼儿行为重要事件的片段记录下来，可以记录在打印好的表格上，也可以记录在电脑中。而后，根据关键指标和发展水平对这些记录进行分类和分级。教师或观察者基于对幼儿行为的记录，评定幼儿的水平。当完成所有关键发展指标的观察后，教师对幼儿的发展状况也就有了全面的了解。教师在第一次使用该量表前，需要参加必要的培训。

　　在高瞻《学前儿童观察评价系统》中，"主动性和计划性"分为八个水平。

　　水平0：幼儿转向或远离某个物体或人。

　　水平1：幼儿持续移动，直到够到渴望的物体或人。

　　水平2：幼儿能用一两个词表达自己的意图。

　　水平3：幼儿能用一个简单的句子描述自己的计划并完成计划。

　　水平4：幼儿能制订并完成两个或多个互不相关的计划。

　　水平5：幼儿花费工作时间（选择时间、自由活动时间）的大部分时间（至少20分钟）来实施计划。

　　水平6：幼儿计划并完成一个至少要花费两天或更多时间才能完成的项目。

　　水平7：幼儿利用外部资源去收集完成计划所需要的信息。[①]

---

① 高瞻《学前儿童观察评价系统》已升级，评价项和水平分层都发生了变化，已由教育科学出版社出版。此处按升级版进行了调整。——编辑注

发育筛查

另一种幼儿评估是出于筛查的目的，通常在开学之时进行，旨在初步筛查存在发育迟缓、学习障碍或残疾的幼儿，以便后续进一步支持。早期筛查可以让有需要的幼儿尽早得到相应的服务，以免日后出现更严重的问题。一旦发现了问题，就需要进一步的评估。许多幼儿园都要求开展这种筛查工作。表 1-3 列举了一些标准化的筛选工具。

表 1-3　部分筛查工具

《年龄和发展阶段调查问卷》（Ages & Stages Questionnaires）	家长填写；自我调节、沟通、社会互动能力
《AGS 早期筛查概况》（AGS Early Screening Profiles）	认知、语言、运动、自理、社交能力
《丹佛发育筛查（第 2 版）》（Denver Ⅱ）	幼儿观察或家长访谈；大肌肉动作和小肌肉动作、沟通能力
《学习评估指标》（Developmental Indicators for the Assessment of Learning）	识别有潜在学习问题或天赋的幼儿
《早期筛选清单（修订版）》（Early Screening Inventory，ESI-R）	视觉 / 运动能力、语言能力、认知能力

资料来源：Meisels and Atkins-Burnett，2005

☑ 第三节　将测试作为幼儿评估工具的问题

如前所述，对幼儿进行评估有多种原因。有些园所将幼儿评估作为园所办园质量评估的一种工具，例如，幼儿是否在不断进步？课程是否应有所调整？有些园所进行幼儿评估是应政府的要求，以持续得到政府提供的支持和经费。

21 世纪是一个强调问责的时代。美国在 2001 年颁布了《不让一个孩子掉队法案》。该法案要求，各州政府必须为从学前班（kindergarten）①到高中的学生开展基于标准的评估，也即测试，否则就不能获得联邦政府的经费支持。到 2003 年，开端教育局（Head Start Bureau）开始实施国家报告系统（National Reporting System），对 4—5 岁的幼儿开始实施测试，这也标志着标准化测试已进入了学前阶段。然而，对测试的结果却毁誉参半。

如果测试工具经过相应领域专家的精心研发和验证，那么测试作为一种传统的评估手段应该是有成效的。不过，在将这些测试工具用于幼儿时，测试结果通常出现不一致的情况。适用于稍大年龄儿童的测试工具，用在幼儿身上却不一定合适。测试工具的研发者有时会觉得验证过程出了问题。幼儿教育工作者认为"问题出在幼儿身上"。

幼儿对测试没有什么兴趣。有什么理由会让幼儿对测试有兴趣呢？他们不需要向任何人证明他们能做什么，不能做什么。当然施测者也可以说服他们配合测试工作。教师有时的确也能得到一些真实的结果。不过，下一周对同样的幼儿使用同样的工具进行测试时，结果又不一样了。诚实的研究者会承认："研究结果表明，在幼儿进入学前班之前或刚刚进入学前班之时，不宜对他们经常进行测试。"（Wenner，1988）温纳（Wenner）发现，即便是备受推崇和广泛使用的测试工具，也只能预测学前班幼儿学业表现的四分之一而已。

罗默罗（Romero）认为，要区分"幼儿没有能力完成"和"幼儿拒绝合作"两种不同的情形（1999）。有时，幼儿的回答是"我不知道"，该回答有可能表明幼儿真的不知道，但也可能表示"我不想回答"。尽管如此，评估过程通常还是包含了许多不同类型的测试。虽然很多测试工具都有较

---

① 在美国指附设于小学的学前班，为 5 — 6 岁幼儿开设。

高信度和效度，但要有信心地使用这些评估结果，还是要考虑到"幼儿"这个因素。

由于幼儿不太会做测试，所以，对幼儿进行评估时，除了测试之外，还要采用其他一些非正式但可靠的评估方式，例如，对幼儿进行日常观察。这样，对幼儿的评估才会更全面。

道奇（Dodge）等指出，当前，美国政府越来越多地要求对幼儿进行测试，但这不应该是进行测试的理由（2004）。过程性的测试应支持幼儿的学习，导向更适宜的课程方案，而不应该为了政治目的收集幼儿和园所的统计数据。为此目的而设计的测试通常也是不适宜幼儿的。道奇等也指出，研究者建议对幼儿的评估应该基于对幼儿活动过程的观察，而非基于一些简单、具体和支离破碎的指标或里程碑。

如果确实要采用正规测试，那么，施测人应该尽可能是该班的教师，这点尤为重要。如果施测人是外来的，则要设法帮助施测人与每个幼儿建立一种融洽的关系。可以事先邀请施测人到班里来和幼儿认识。在施测之前，要安排施测人与幼儿一起玩游戏，给幼儿讲故事，和幼儿聊天，使他们有机会相互认识。否则，对幼儿测试的结果值得怀疑。

许多面向幼儿的测试由于不具有发展适宜性，常常导致失误。在测试过程中，施测者通常会先向幼儿呈现一系列的问题，即便幼儿不倾向于立即回答，施测者也会要求幼儿即时回答。如果教师是为了设计支持幼儿学习的活动而收集幼儿的评估数据，那么，教师在选择测试工具或其他数据采集方法之前，必须首先理解"发展适宜性评估"（developmentally appropriate assessment）的含义。这意味着，评估必须具有年龄适宜性、个体适宜性和文化适宜性。

需要再次强调的是，评估的主要实施者应该是班上的教师，而不是外来的人。对幼儿的评估应基于幼儿每天参与的活动，而非基于人为情境下的活动。对幼儿的评估不能对幼儿构成任何威胁，也不能偏重错误的答案或幼儿力所不能及的事情。

教师当测试者很重要

由于美国对从学前班到高中阶段的学生发展都制定了标准，因此，美国大多数州都制定了培养幼儿教师的标准。这些标准如果得到了认真实施，则对于甄别对各类学前教育机构中教师的任职要求不失为颇为有用的工具（Gronlund and James，2008）。作为一个全国性的专业机构，美国幼儿教育协会为了高质量的幼儿教育，制定了幼儿教育专业工作者的标准。其官网发布了有关的立场声明。

美国幼儿教育协会发布的专业标准包括六项核心内容，每一项都描述了合格的专业人才应知应会的内容。

标准 1：促进幼儿学习与发展；

标准 2：与家庭和社区建立关系；

标准 3：通过观察、记录和评估支持幼儿及其家庭；

标准 4：使用有效的方法与幼儿及其家庭建立联系；

标准 5：根据领域知识构建有意义的课程；

标准 6：成为专业人士。

本书主要关注标准 3，即通过观察、记录和评估支持幼儿及其家庭。

3a. 了解评估的目的、益处和用途；

3b. 了解并使用观察、记录等适宜的评估工具和方法；

3c. 理解并践行负责任的评估，以促进每个幼儿的积极发展；

3d. 了解在评估过程中与家庭和其他专业同事的合作伙伴关系。

☑ 第四节 其他幼儿评估方法

除了测试，幼儿评估还可以采用其他一些手段，如观察，基于游戏的评估、访谈，也可从可视化材料中收集具有代表性的幼儿作品。

一、基于游戏的评估

游戏是幼儿与周围世界的自然互动，因此，在幼儿参与游戏的过程中进行发展评估，也是很合乎情理的。长期以来，心理学家都使用玩具和一些人为的特定情境，借助标准化的工具，对幼儿的行为进行观察、记录。不过，基于游戏的评估与上述传统的评估有所不同，这种不同在于评估者通过观察幼儿在日常自然情境中的活动而进行评估。尽管对幼儿行为的观察和分析依然可能借用标准化的评估工具，但是，观察者是在活动室环境中，对幼儿玩玩具、与同伴或教师互动的自然表现进行观察和记录。

基于游戏的评估通常包含以下三类。

• 非结构性评估：记录和评估幼儿在某一游戏情境中表现出来的所有行为。评估者通常观察幼儿与家长的游戏。

• 结构性评估：在特定的游戏活动中，使用某一预先设计的游戏行为记录表格进行评估。

• 跨专业评估：由若干位评估者组成一个小组，同时对某一幼儿进行观察，每位小组成员侧重观察幼儿某方面的行为表现。

现在，基于游戏的评估也成了评估特殊需要儿童的一种方法（Ahola and Kovacik，2007，p. 14），它具有如下优点：

• 为评估那些在正式的测试情境下不能或不愿表现的幼儿提供了

机会；

- 相对于让幼儿按要求操作，观察幼儿的游戏活动能得到更多信息；
- 可在同一时间观察到幼儿在各个发展领域的表现。

二、访谈

教师可以从与幼儿的评估访谈，获得其他评估方法不易获得的一些重要信息。如沃瑟姆所说的，对于读写能力还处于萌芽阶段的幼儿来说，评估者不可能期望他们能接受纸笔测试，因此，访谈是最适宜这些幼儿的评估方法（Wortham，2012）。访谈之后，可以采用与瑞士心理学家皮亚杰类似的策略。皮亚杰采用了提问法，即基于幼儿起初的反应，并通过进一步提问理解幼儿的思维过程。

最好是在幼儿自主游戏时以一种非正式的方式进行访谈。在教师与某一幼儿互动或玩游戏的过程中，教师可以和幼儿谈论发生的事情。例如，教师在和幼儿尼科尔一起玩动物拼图游戏时，教师可以对尼科尔找寻拼图零件和完成拼图的技能提出一些自己的看法。这样，可以激发尼科尔说说她是怎么做的，觉得拼图完成后会是什么。如果教师能细心聆听幼儿的回答，就可以根据这些回答提出新的问题，由此而获得了解幼儿发展所需的其他有关信息。教师既可以用录音设备记录访谈内容，也可以在访谈后及时用文字将访谈内容记录下来。

对幼儿的访谈应该简短，以不超过10分钟为宜。此外，要给幼儿足够的时间来思考和回答教师提出的问题。如果教师能精心选择一本图画书，那么，给幼儿读图画书不失为一种很好的非正式访谈方式，在这个过程中，教师通过用心设计的问题，可以获取许多信息。

多数教师会觉得这种非正式访谈简单易行，而且很有价值。教师可根据某一幼儿的实际情况，在读书时"因材施教"，灵活调整讲述的方式。此外，教师也可以设计相应的表格，以便记录所收集到的信息。这些记录信息的表格，可以和其他观察数据一起，存放在幼儿的文件夹或成长档案袋里。

以下为读书时可以设计的访谈问题。你可以在此基础上设计自己的访谈问题。

描述：

• 这一页发生了什么？

预测：

• 你觉得接下来会发生什么？

问题解决：

• 主人公可以采用其他什么方法解决这个问题？

移情：

• 你觉得主人公对所发生的事情会有什么感受？

创造：

• 如果你是主人公，你会怎么做？

回忆：

• 你还记得主人公一开始时做了什么事情吗？

三、可视化材料

可视化材料同样有助于我们认识幼儿的发展。有关幼儿的可视化材料有多种，如活动中的幼儿及幼儿作品的照片、录像、录音或幼儿作品实物。

除前述基于游戏的评估、访谈或传统的活动室观察外，数码相机、手机、摄像机、录音机等也可用于观察幼儿。这些工具可以捕捉重要的信息并记录下来，作为已经收集到的幼儿观察数据的补充。这些材料也可在对某一幼儿的发展状况进行研讨时参考。在对某些有特殊需要的幼儿设计活动方案时，教师也可参考这些材料。这些材料都可以存放在每个幼儿的文件夹或成长档案袋里。

（一）照片

现在，用数码相机拍照很容易。所以，可以给同一个幼儿或同一个活动连续拍多张照片，之后可用于存档、分析。这些照片是给教师用的，不是给幼儿用的。要给这些照片附上简要的内容描述，标明日期，与该幼儿的其他材料存放在一起，如可以存放在幼儿成长档案袋中。

照片还有其他的一些用途。可以将幼儿与其他幼儿互动或参与某一项活动的照片作为评估访谈的"抓手"，如同使用图画书一样。教师可以就这些照片提出一些简单的问题，以此获得评估所需的信息。要特别注意的是，教师所提出的问题必须具有足够的开放性，这样幼儿或许能给教师出乎预料的回答。在访谈的时候，也可以用录音机把谈话内容录下来，或将谈话的结果整理后，与相关的照片存放在一起。

用数码相机拍下的幼儿个人照片，为幼儿评估提供了其他路径。使用合适的软件，可以将这些照片用普通的电脑打印纸打印出来，这样，在做幼儿访谈或家长访谈时，如有需要，可以人手一份。这些照片也易于保存在幼儿档案袋中。还可以把这些照片做成一本书，供幼儿编故事，在每一页的照片下写一些话。教师们讨论针对某个幼儿的教学方案或在开家长会时，数码照片还可以显示在电脑或电视屏幕上。

数码照相特别适合现场记录之用。在幼儿需要得到加强的领域，这类照片尤其有用。例如，杰西卡今年刚入园，每次入园总有不适的表现。在这种情况下，可以每天早上在她入园时给她照几张照片，连续照几天。与此同时，持续记录她的行为。把这些记录、照片及照片的说明放在该幼儿的成长档案袋里。事后，教师有幼儿行为的一手视觉材料，无论是对幼儿行为进行解释，还是为幼儿制定相应的教学方案，都会更为有效（Good，2009）。

许多幼儿园使用数码相机观察幼儿

在幼儿观察和评估中使用照片可以：

- 抓拍幼儿活动的瞬间；

- 帮助教师记住所发生的事情；

- 提升幼儿的自我概念；

- 用于评估访谈；

- 用于家长会；

- 用于幼儿自编故事；

- 用于档案袋或文件夹；

- 帮助教师解释幼儿的发展；

- 帮助教师制订教学计划。

（二）录像

录像与照片有异曲同工之妙。可以用摄像机把幼儿的行为记录下来，用于日后的观察，也可用于与其他教师或家长研讨。教师预览了录像之后，对于其中涉及幼儿的发展领域就能心中有数，而后，可以在《幼儿发展评估表》中进行勾画。可以将录像当作真实情境下的观察，因此也适用评估表。而后，就该录像的内容，可以组织小组讨论，讨论的结果可以用来充实观察资料。这些数据可为制定幼儿个别教学方案或评估提供参照。

（三）录音

录音笔或智能手机都能将幼儿的口头语言或与其他幼儿的语言交流记录下来，这有助于丰富纸面的观察记录。先把幼儿的姓名、观察者的姓名、日期和活动室的活动区角名称录下来，然后，把录音设备放在某个幼儿旁边的桌上。在回放录音时，要做好记录，或参照《幼儿发展评估表》，在合适的项上画"√"。之后，将这些材料一并保存在幼儿的档案袋中。如前所述，在对幼儿进行访谈时，也可以使用录音设备。有些观察者在对幼儿进行观察时，喜欢轻声地把有关内容录成语音，这样，就不用忙于纸笔记录了。在观察结束后，再将录音机中的对话内容整理出来或打印出来。

四、展示板（Document Panels）

展示板是观察幼儿发展的另一种方法。所谓展示板，是在活动室的墙面上钉一块板，在板上陈列幼儿的照片和他们的作品（如画作、书写作品和幼儿收集的物品）。瑞吉欧学校就特别推崇这种方法，认为幼儿作品的展示是学习过程的重要组成部分。教师和家长一样，都要看到幼儿做了些什么。

例如，美国新墨西哥诺亚方舟幼儿园（Noah's Ark Preschool）的小朋友用了数周的时间，在操场上用砖块建了一个游戏屋。一个西班牙裔幼儿的父亲帮助幼儿进行设计，与幼儿把泥巴和稻草和在一起，倒入制砖的模具，再将砖块取出晒干，而后用砖砌墙、建屋顶。这整个过程的每一个环节都照了相。幼儿还进行了录像。而后，幼儿一起讲故事、画画。在这个项目实施过程中，他们每天把这些材料展示在展示板上，大家都可以看到项目的进展情况。

虽然幼儿及其家长仅把展示板看作游戏屋项目的图片展示，但对于教师来说，这是对幼儿成长过程的永久记录和评估。这些图片和录像记录了幼儿大肌肉动作和小肌肉动作的发展过程，以及幼儿测量和计数过程中表现的认知能力。幼儿在项目的进程中表现出来的轮流和互助，也被记录了下来。幼儿围绕游戏屋创编故事，并表演故事，是创造力的体现。这些陈列品和展示板，之后可以与其他专业工作者分享，并为后续的活动计划提供依据。

另外，一些短期项目也可以在完成后记录在展示板上。照片中显示的"伙伴不是欺凌者"项目是在教师发现欺凌问题后的三周内完成的。在这个项目中，幼儿听故事，写故事，讲故事，采访其他幼儿，扮演角色。

展示板上展示了幼儿对欺凌的认识

五、档案袋

许多幼儿教育工作者将档案袋作为评估幼儿发展的最佳方法之一。档案袋能较系统地收集幼儿的作品，这些作品可以反映幼儿在幼儿园所做的事情。档案袋通常由教师和幼儿共同完成，既注重作品本身，也重视收集过程。

在制作档案袋前，教师要先确定需要收集什么。否则，档案袋中的内容可能会成为毫无意义的大杂烩。赫尔姆、贝内克和施泰因海默（Helm, Beneke and Steinheimer）提出了多种系统化地制作档案袋的方法（2007）。

他们讨论了已在幼儿园中得到有效利用的多种档案袋。有些幼儿园采用三格档案袋，其中一格用于还未完成的作品，一格用于已经完成的作品，还有一格用于拟永久保留的作品。

创建档案袋的目的决定了如何制作档案袋。如果教师想要记录幼儿的发展情况，就需要创建一个发展性的档案袋。如果主要目的是用图表将幼儿的发展进程表现出来，那么档案袋就应该侧重过程性的作品。

档案袋可供教师、园所、外部评价者和家长用于评估幼儿的发展情况。我们建议参照《幼儿发展评估表》拟定档案袋所需收集的资料。这样，观察和记录就能密切配合，帮助教师和家长理解幼儿在每个发展领域所处的水平。详见表1-4。

表1-4　基于《幼儿发展评估表》的档案袋

自尊	认知
• 展示幼儿课堂表现的照片 • 展示幼儿参与班级会议的逸事记录 • 与家长就幼儿在家情况的沟通记录	• 幼儿认识的颜色的图片 • 体现某种模式的积木的照片 • 幼儿口述的自己画作的说明文字
情感	**口头语言**
• 教师对幼儿如何应对压力、愤怒和快乐进行的记录 • 幼儿遇到压力时喜欢看的书的照片 • 幼儿用于缓解压力的手指画	• 幼儿讲故事的录音 • 幼儿会唱的歌曲清单 • 幼儿喜欢说的有趣的话
社会交往能力	**前书写与前阅读**
• 幼儿与他人游戏的照片 • 幼儿参与的戏剧游戏主题清单 • 与家长就幼儿同伴游戏情况的沟通记录	• 幼儿的涂鸦作品 • 亲子共读书目 • 幼儿签到表
身体	**美术、音乐和舞蹈**
• 幼儿户外攀爬的照片 • 幼儿建构大型建筑的照片 • 与家长就幼儿上下楼梯情况的交流记录 • 剪贴作品样本 • 幼儿将钉子敲进木头的照片	• 幼儿绘画作品样本 • 幼儿唱歌、跳舞的录音 • 幼儿泥塑作品照片
	戏剧游戏
	• 幼儿为进行假装游戏而制作的手偶 • 幼儿玩戏剧游戏的录像 • 幼儿玩假装游戏的连续记录

教师在为每个幼儿创建档案袋之前，首先应对档案袋的用途了然于心，这样才能收集到与预期目的最吻合的作品。明德斯（Mindes）认为，观察过程中所做的记录是档案袋的基础，除此之外，档案袋中还应包括一系列绘画作品、故事、所读图书清单，与幼儿讨论的文字记录，以及整个学年所收集的其他作品（2011）。

乍看起来，这个任务确实让人感觉"压力山大"！不过，一旦观察者认识到档案袋的创建贯穿整个学年，他们就会更愿意开展这项工作，在发现适宜的素材时及时补充证据。例如，教师可以在学期初、学期中和学期末添加幼儿的书写作品，或者收入一份幼儿的日记。幼儿在工作和玩耍时的照片可以很好地对《幼儿发展评估表》中九个领域的发展成果做出解释。

☑ 第五节　成为一个观察者

要成为幼儿行为的观察者，首先必须摆脱平时的角色。教师必须暂时将工作任务交给其他工作人员。这可以在员工会议上提前计划好。每位工作人员应每周短暂担任观察者的角色。实习生也可参与其中，为"信息收集"这一重要的任务做出贡献。

一、在哪里观察

观察者应"退在后，站在旁"，靠近但又不干扰幼儿，既可以坐着，也可以站着或来回走动，只要尽可能接近幼儿，但又不影响幼儿即可。尽量避免与所要观察的幼儿对视。如果被观察的幼儿看你，你可以环顾左右。

幼儿通常比我们认为的还要机警。虽然我们尽力避免干扰幼儿，但如果你长时间一直观察某个幼儿，他就会觉察到你在观察他。大多数幼儿很快就会忘记有人在看他们，会继续参与他们的活动。然而，如果你发现有个幼儿似乎对你在一旁感到不舒服，甚至还试图走开，那你就应该暂停观察，另找时间再继续，或请其他工作人员观察该幼儿。

实际上，幼儿大多喜欢教师的关注。当知道教师在注意他们时，他们会十分高兴。没有被观察到的幼儿反而有时还会抱怨。问题在于，作为一个观察者，你所要观察的是幼儿与材料和其他同伴的互动，而不让幼儿在活动中"提防"着你。如果幼儿意识到有人正在注意他，则可能会改变正常的行为，心理学家称之为霍桑效应（Hawthorne effect）（Ahola and Kovacik，2007）。因此，教师在观察幼儿时，应尽力做到不被察觉。

二、用什么工具观察

许多观察者在记录所观察的内容时，喜欢用带有白纸或《幼儿发展评估表》的记录板。在活动室的桌面上或各区角间的隔板上，都可以放几个这种用于观察的记录板，便于在需要时取用。有些幼儿看到你在记录板上写了很长一段时间，会好奇地走过来，想要看看你在做什么。有些幼儿还想用你的笔在上面也写些东西。你可以告诉他们今天早上你的工作很忙，请他们去做他们自己的工作。如果他们坚持想用你的工具，则可以把他们带到书写区。可以事先在书写区准备一些相同的带纸笔的记录板。

因为幼儿喜欢模仿教师，所以，你可以让有兴趣的幼儿去观察豚鼠之类。如果他们仍然想要得到你的关注，可以告诉他们你现在很忙，但当你完成后，你会去关注他们。也有观察者会将幼儿的注意力引到另一位教师那，或让他们在某个区角完成一项任务。

不要因为不想被打扰而在班上宣布今天自己要做观察。对于这个年龄的幼儿来说，这样的声明只会把注意力吸引到你自己身上，每个幼儿都会停下来看着你。相反，你应该不动声色地观察幼儿。这样，你所要观察的幼儿就不会因受干扰而改变自己的行为。一旦观察成为一种常规，大多数幼儿很快就会理解，他们也不再会打扰你了。

三、如何开始观察

一旦你开始定期观察，你很快就会有欲罢不能的感觉。万事开头难。如果之前未曾做过观察，你可能会一拖再拖，不想开始。你或许会在心中琢磨："孩子们会怎么想呢？站在一旁不会看起来很傻吗？"即使你明白观察与教学一样重要，你可能依然很难放下常规工作而开始观察。开始观察前需要做些准备。以下是一些建议：

- 从一天开始的时候开始观察；
- 先巡回观察几个幼儿；
- 记住，幼儿很有意思；
- 想想如何用文字来描述幼儿的画；
- 全情投入。

四、什么时候开始观察以及观察多长时间

什么时候才是最佳的观察时间？答案是：任何时候！我们都明白，了解园所中每个幼儿的基础信息对于制定相应的教育方案至关重要。因此，即便事务繁忙，也需要挤出时间，通过观察来收集每个幼儿的信息。在一日活动的什么时候观察，取决于你想要了解幼儿的哪些信息。

你是否想要知道某个幼儿早上入园时是否适应？哪个区角对于该幼儿最有吸引力？他参与活动时间多长？在表演区，他是如何与同伴互动的？他如何使用剪刀、画笔或铅笔等工具？他是否知道某本书的情节？在明确了所要观察的具体内容之后，就可以到相应游戏活动的区角随时观察。

每次观察并不需要持续很久。每位教师每天只需进行5—10分钟的聚焦式观察，就能得到大量信息。因此，对于想要进一步了解的幼儿，制订

一份 5—10 分钟的观察计划。每天在不同的时间段，观察该幼儿 5—10 分钟，持续一周。很快，你就能积累充足的数据，较完整地了解该幼儿的整体发展情况。

五、应该如何制订观察计划

在促进幼儿发展的过程中，对幼儿的观察和记录是教师工作的重要组成部分。因此，我们应思考如何让自己和其他工作人员更好地做好这一工作。有些教师选择在幼儿自主游戏活动时，对幼儿参与各个区角的游戏活动进行深入的观察和记录；有些教师则会事先在活动区附近放置一把"观察椅"，这样既不影响幼儿活动，又便于观察。在一些较重要的位置事先放置好笔记本、记录板和铅笔，也有助于观察活动的开展。

有些园所会让教师使用智能手机拍照或录视频，之后放在电脑上观看和分析，这样，教师就不再需要在现场——书写了。这些信息随后可以转录到《幼儿发展评估表》上。只要能让观察活动更加便利，任何有效的方法都可以采用。此外，也要和同事多交流，探寻最适合的观察记录方法。这样，每一位教师都可以开展观察、记录工作，并为幼儿制定相应的教育方案。这整个过程即称为系统观察。

六、系统观察的步骤

采用一套特定的体系来观察和记录幼儿，即系统观察，已成为教师日常工作的重要组成部分。对幼儿的系统观察需要事先制订计划，然后根据计划行动。系统观察计划通常包含以下步骤：

- 确定想要收集的信息；
- 确定想要观察的幼儿；
- 确定想要使用的方法；

- 制定观察时间表；
- 根据观察时间表行动。

☑ 第六节　让教师知道如何观察

在对幼儿进行深入观察之前，首先需要问问自己："我在观察幼儿时，真正看到了什么？"很多教师看幼儿的活动时，大多只是匆匆扫几眼，做出一些评判，而后就不了了之。本岑（Bentzen）曾这样解释：大脑的参与，使我们人看到的要比照相机"看"到的多得多。也正是因为我们感知到的信息要比照相机"看"到的多，观察也因此而变得复杂。我们每个人在观看周围世界的事物和组织相关信息时，都会受到自己已有经验、知识结构和信仰的影响（2005）。换言之，我们免不了对自己目睹的一切做出自己的判断。

这也意味着，即便是看同一个幼儿在玩游戏，两个观察者也可能会形成两种不同的看法。一方面，我们越是了解幼儿发展，在观察同一个幼儿时得出的看法就会越趋于一致。你在按本书提出的建议练习观察幼儿时，尽可能和一位同事一起，这样就可以比较两个人的观察记录。你会发现，观察得越多，就会观察得越好。对幼儿了解得越多，也就能观察到越多的内容。常言道，"心之所想，目之所见"，观察幼儿时也是如此，我们总能看到我们想要看到的东西。如果我们没想到要关注细节，那么对细节就容易视而不见。这也提醒我们，要尽可能多注意细节。

幼儿不只是用双眼看世界，而是用所有的感官去感知周围的世界。他们通过看、听、摸、闻、尝、动去感知周围的世界。观察者在每一次观察时，也要尽可能地调动各种感官参与。此外，对于这些通过感官和运动所感知到的信息，要尽可能详尽地记录。

在观察幼儿之前，练习有关的观察技能是非常重要的。看着你身边的一个人或者一个人的相片，把你看到的所有细节记录下来。可以几个人组成一个小组，观察同样的东西，然后相互比较观察记录。而后再观察记录一次，力求使记录观察的细节翻番。接着，再聚焦在所观察的人的某一方面，如面部表情，包括眼、眉毛、睫毛、鼻子、嘴巴、脸颊、下巴、前额、耳朵及其运动，然后详细地做记录。接下来，把焦点集中在眼睛上，并详尽记录眼球的颜色、眨眼的频率、眼神的变化，如扫视、斜视、窥视、凝视、怒视等。做出判断时要十分谨慎，尽量只使用客观的描述性词汇。

给幼儿读一本注重细致观察的图画书，看看他是否可以发现隐藏的对象，也看看我们自己能否发现。如在《寻找驼鹿》（*Looking for a Moose*）这本图画书中，四个孩子徒步进入森林、沼泽、灌木丛寻找驼鹿。但在每个地方，他们都只能看到驼鹿的一部分身体。

本岑总结说，对幼儿的观察之所以重要，最基本的原因是我们对事物的了解，必须借助于对事物的观察，必须借助于我们的五官或其中之一与所要了解的事物接触。如果我们要理解幼儿，就必须看、听和触摸他们。此外，我们对由此得到的信息，还必须进行思考和分析，这样才能理解其中的意义，进而采用适宜和有意义的教育方法，促进幼儿的成长（Bentzen，2005）。

------- 学习活动 ---

1.写一份简短的报告，解释为什么说观察是评估幼儿发展的最佳方式。

2.在讨论后选择一种标准化测试，说一说如何将其用于幼儿评估。

3.选择一个有问题的标准化测试，说明教师可以如何避免其中一些问题。

4.选择一种评估方法，如访谈法、录像法或档案袋法，说明可以收集到哪些数据。

　　5.按照系统观察的步骤，详细描述你将如何促进幼儿发展。

　　6.与一位同事合作对某幼儿的所有发展领域进行观察，记录各自的观察结果，然后进行比较。你能从中学到什么？

第 二 章

观察数据的记录与收集

通过本章的学习，你将能

- 用逸事记录法和连续记录法记录幼儿的行为；
- 用你自己的速记法记录信息；
- 对幼儿的行为进行取样、评定和注释；
- 选择一种新的观察和记录方法；
- 使用《幼儿发展评估表》（两个领域）观察和记录幼儿的行为；
- 解读所收集的数据，并为幼儿的学习提出相应的建议。

☑ 第一节　记录与收集观察数据的方法

在开始对幼儿观察之前，需谨记以下基本原则。

- 客观：观察每个幼儿时不加评判；
- 保密：不能对外泄露所收集的

信息；

- 具体：即便是最不起眼的细节也不忽视，都一一记录；
- 使用直接引语：细心聆听幼儿，并记录幼儿的原话；
- 利用情绪线索：必须描述幼儿的情绪状态。

对幼儿的系统观察与记录密不可分。对某一幼儿进行观察，不仅要有明确的观察目的和具体的观察内容，还要借助一定的方法记录收集的信息。明德斯提醒我们要采用多种方法，收集全体幼儿的多个观察样本（Mindes，2011）。在观察幼儿时，可采用以下记录方法：

▲ **叙事法（Narratives）**

- 逸事记录法（Anecdotal Records）
- 连续记录法（Running Records）
- 活动区日记法（Learning Center Logs）

▲ **取样法（Sampling）**

- 时间取样法（Time Sampling）
- 事件取样法（Event Sampling）

▲ **评定法（Rating Scales）**

- 图表评定法（Graphic Scales）
- 数字评定法（Rubrics）

▲ **检核表法（Checklists）**

- 发展指标检核法

一、叙事法

叙事法就是用文字描述幼儿的行为，是观察记录幼儿时最常用的方法。在叙事法的各种类型中，逸事记录法、连续记录法和活动区日记法是较为常用的三种非正式记录法。

（一）逸事记录法

所谓逸事记录法，就是观察者用简单描述的方法，记录对观察者而言有价值的幼儿的某种行为表现。逸事记录通常包括以下内容：①客观记录所发生的事；②描述事情是如何发生的；③说明事情何时何地发生；④观察对象的言行。有时，逸事记录也会涉及幼儿行为发生的原因，但是关于"为什么"的问题，最好是在"分析评论"部分写。分析评论通常是在事情发生之后，由非正式目睹该事情发生的人所写，而非在事情发生之时，由正式观察和记录该事情的人来写。长期以来，教师、心理学家、社会工作者都广泛使用逸事记录法，甚至一些家长在自己孩子刚刚学会走路或说话时，也常采用逸事记录法。

逸事记录法很简洁，通常每次只记录一件事情，但用这种方法记录信息有积沙成塔的功效，经过一段时间的积累，能够为我们提供观察对象的丰富信息。教师也可以将逸事记录法和相关发展评估表同时使用，这样，在核对某一个发展指标时，就能有更全面的材料。逸事记录法也可以和照片一起使用，作为对照片的备注，为每个幼儿的发展记录提供丰富的视觉信息。此外，逸事记录法还有下列一些优点：

- 观察者不需要特别的培训就可以使用这种方法；
- 观察是开放性的，记录人员只是将自己耳闻目睹的东西写下来，而不限于某种行为或记录方法；
- 无论发生何种意外事件，无论何时发生，观察者都可以记录下来，因为逸事记录通常都是事后进行的；
- 观察者甄别和记录重要的行为，对无关紧要的行为可置之不理。

不过，与其他的观察方法一样，这种方法也有其局限性。观察者需要确定为什么观察，观察什么，哪种观察法最有用。逸事记录法的主要缺点包括以下几方面：

- 该方法只是记录观察者感兴趣的内容，因此不易得到对观察对象全貌的记录；

- 该方法是事后进行记录，因此记录的内容在很大程度上取决于观察者的记忆，对事件细节的记录效果通常较差；

- 所记录的事件在脱离了发生情境的情况下，容易被误读或受到偏见的影响；

- 不易进行编码和分析，因而不太适合科学研究。

若对逸事记录法稍做调整，使用起来就会更为便利。可将每页记录表分为左右两栏：左栏记录发生的逸事，右栏评述或解释。或将记录表分为上下两部分：上半部分记录发生的逸事，下半部分评述。表2-1采用了后一种记录方式。

表 2-1　逸事记录表

姓　名	史蒂夫	年龄	4 岁	日期	2/23
观察者	安	地点	S 幼儿园	时间	9：00—10：00

事件

　　史蒂夫走到积木区，问在那里玩的罗恩和坦纳他是否可以帮他们盖楼。他们说可以。在一起盖楼的时候，史蒂夫不小心把几块积木弄掉了。"我捡起来。"说着，史蒂夫把捡起来的积木交给罗恩。他看着罗恩搭了一会儿，说："罗恩，我发现了一个烟囱。"他把一块圆柱形的积木递给了罗恩。罗恩告诉他要放在哪里。史蒂夫开始到架上陆续取来圆柱形的积木，交给罗恩和坦纳，让他们放上去。最后，他开始自己拿很多圆柱形积木，摆放在楼房的四周。教师过来问他是否想要画手指画。他回答说："除非罗恩也去，不然我不去。"

评述

　　史蒂夫经常和几个小男孩一起玩戏剧游戏。他特别喜欢靠近罗恩或和罗恩一起玩。看来他有点崇拜罗恩。不管罗恩制定什么游戏规则，他都遵从。一旦开始玩游戏，他就会一直玩下去，一般不会让其他小朋友或老师打扰他。

逸事记录能客观地描述所发生的事情，尤其是其中使用的直接引语。逸事记录应包括幼儿更多一些细节，如面部表情、说话语调和姿势等。否则，读者无从感受到该男孩是否乐意做助手，是否在极力讨好不怎么注意他的小伙伴，抑或是想设法吸引别的男孩子的注意。在逸事记录中，这些细节常被遗漏，因为逸事记录通常是在事情发生之后，有时甚至是隔了一段时间才记录的。而到那时，不少细节都已被遗忘。

评述部分包含了一些推论和结论，不过其证据稍显不足。显然，该观察者已注意史蒂夫一段时间了，她在评述中提到"经常"和"一旦"。对于这些结论性的语句，观察者需要积累更多的一些逸事作为证据。如果本次记录只是有关史蒂夫的很多逸事记录中的一页，那么，该评论或许会显得更准确一些。

尽管尚缺乏足够的证据，但观察者推论说史蒂夫"特别喜欢靠近罗恩或和罗恩一起玩"。或许，如果史蒂夫真的按照罗恩的要求把那块圆柱体积木放到了楼上，那么观察者可以说："不管罗恩制定什么游戏规则，他都遵从。"不过，这也只能是暗指，不宜明示。在客观记录中，特定的用词十分关键。观察者关于史蒂夫不让别的小朋友甚至教师打扰他的结论，也有些牵强，因为观察者没有记录"别的小朋友"的情况。

如果让你就这个小男孩的逸事记录做一些点评，你会写些什么呢？根据现有这些资料，你能否得出什么结论？抑或会觉得资料不足？如果要得出什么结论，在之后对该男孩进行观察时，你会注意些什么？

阐明某次观察的具体目的也十分重要。很多观察记录表都没有预留地方供填写观察目的。把观察目的包含在记录表中将十分有用。在上述案例中，观察者的观察目的是收集史蒂夫参与社会性游戏的证据。

（二）连续记录法

连续记录法是另一种被广泛使用的非正式的观察与记录方法。它是指按照事情发生的过程和顺序，将有关行为详细地记录下来。观察者可以坐或站在所要观察的幼儿的身边，把在特定时间段发生在某一个幼儿身上的事情都记录下来。这个时间段可长可短，短的只有几分钟，长的可能是一整天。连续记录与逸事记录的差别在于，连续记录是将所有的行为都记录下来，而逸事记录则只是记录观察者选择的一部分。另外，连续记录是即时记录，逸事记录则是事后记录。连续记录的句子较为简短，为了保持记录的速度，做笔记时不少词都用速写。阿霍拉和科瓦奇克（Ahola and

Kovacik）说："连续记录的好处在于能让我们随时将发生的事情记录下来，不过，如果要收集幼儿的大量信息，它不是一种实用的方法。"（2007，p.23）在连续记录中要记录的信息内容包括：

- 面部表情；
- 使用材料的情况；
- 与他人的互动；
- 身体活动；
- 身体语言；
- 口头语言；
- 注意力。

对于事实性材料的记录，观察者要力求避免使用判断性的描述语句。对于研究幼儿发展的观察者，连续记录具有以下一些优点：

- 记录内容丰富、完整、全面，不限于某些特定的事件；
- 记录是开放的，可以记录耳闻目睹的所有事情，而不限于某一特定行为类型；
- 在事件发生现场记录，比在事件发生之后靠回忆记录更为精确；
- 不要求观察者具备特别的观察技能，因此特别适合班上教师使用。

但是，这种方法同样也有一些缺点，也与信息收集的目的有关：

- 较为费时，观察者很难找到完整的时间进行记录；
- 要记录所有的信息，就难免会遗漏一些重要的细节；
- 适合观察一个幼儿，不太适合观察一组幼儿；
- 观察者由于要做现场记录，只好长时间与幼儿保持距离。

在使用连续记录法的过程中，观察者易犯两种错误。

错误一，证据不足。

表2-2是对凯蒂的连续记录。看看观察者罗布在总结凯蒂的情况时，是否遗漏了重要信息。

表 2-2　连续记录表

姓　名	凯蒂	年龄	4 岁	日期	2/9
观察者	罗布	地点	S 幼儿园	时间	9：30—10：00

观察记录	评述
凯蒂自己在用塑料积木做一把枪。	
她走进游戏室；"丽萨，和我一起玩好吗？我一个人玩好无聊啊。"她们走进另一个房间的滑梯和攀爬区。	把积木夹在一起，制成一把枪；给丽萨也制了一把；很聪明；有创造性；老师允许小朋友玩枪吗？
凯蒂："我是神奇女侠。"	
丽萨："我也是。"	
凯蒂："你不是。只能有一个神奇女侠。你是罗宾。"	和我在其他活动的观察一样，凯蒂像个领袖，丽萨是她最常在一起玩的伙伴。
丽萨："罗宾要找蝙蝠侠，因为他们是朋友。"这些都发生在滑梯和攀爬架下。丽萨用凯蒂给她的木头枪扫射。凯蒂摔倒了地板上。	
丽萨（对老师说）："我们在玩超级朋友，但神奇女侠老是摔倒。"	
凯蒂（睁开眼，站起来）："我们坐蝙蝠车去帮助其他人。"说着，她跑到别的活动室，然后又往回跑，嘴里发出模拟汽车跑动的声音。	凯蒂变换了角色。她的专注力看来很好，一个游戏情节能玩很久。
丽萨："神奇女侠死啦。她掉下车了。"她倒了下去。	
凯蒂："这只是个游戏。丽萨，快醒醒。你来做神奇女侠。我做……"	她能将现实和想象区分开。
丽萨：我们还是玩"过家家"吧。	
凯蒂从滑梯上滑了下来。她对丽萨大声喊道："罗宾在追你呢！"说着，她跑到别的活动室里去了。	凯蒂表现出较好的大肌肉运动协调性。她每天都这样，大量时间在活动室间跑来跑去。她可能知道自己很擅长跑步，也花很多时间跑步。
丽萨："凯蒂，这是你的洋娃娃的衣服。"约翰加入这两个女孩的游戏中。	
丽萨："我是神奇女侠。"	
凯蒂："我是罗宾。"	
约翰："我是蝙蝠侠。蝙蝠车在哪？"	
凯蒂："我们不玩超人游戏了。"	看来她喜欢每次只和一个同伴玩。

　　参照"在连续记录中要记录的信息"，再重温一下对凯蒂的连续记录，其中有哪些项目是记录了的，哪些没有记录呢？是否有什么被忽视了或遗

漏了呢？"面部表情"和"身体语言"有吗？通过该连续记录，你对幼儿的情感表现有何评论？你能对凯蒂做出什么结论吗？

假设另一种情形。有天早上有幼儿进班后，不和教师打招呼，自己走出活动室，坐上三轮车，但没有骑走，把一个过来想和她一起玩的小朋友赶走。教师建议她去参加一项活动时，她摇头拒绝。对此，观察者应该如何记录呢？

以上这种情形的连续记录可能如下。

珍妮弗今天早上怒气冲冲地走进班里，似乎对什么都很不满。她对老师不理不睬，老师向她打招呼，她也不闻不问。和其他人一起到操场上后，她有点垂头丧气，一屁股坐在三轮车上，但没有骑。莫尼卡过来想和她一起玩，被她赶走了。老师走过去，问她是否愿意参加三轮车游行，她摇摇头，不想去。

该记录对细节的描述有些活灵活现，但是否客观呢？否。观察者使用了"似乎对什么都很不满"这样的描述，缺乏足够的事实依据。如果是这样记录该幼儿走进活动室，会更为客观一些。

珍妮弗今天早上皱着眉头走进班里。老师向她打招呼时，她低头不语，一声不吭。

教师知道，珍妮弗今早的行为有些反常。后来，教师发现，她并非"对什么都很不满"，而是因为昨天晚上她的宠物猫被车撞死了，她很伤心。我们可以注意到，皱着眉头，低头不语，不想说话或参与活动，这些都是情绪反应。如果把该幼儿的行为记录为"今早脾气很不好"，则需要注意避免使用判断性的用词。不妨将所发生的实际情况记录下来，例如："老师向珍妮弗打招呼，起初，珍妮弗没有回应。后来，她低着头，很小声地说了句'早上好'。"作为观察者，要尽力避免使用判断性的词句或推论，重要的是要记录发生的事实。

女孩看起来是生气还是悲伤？

错误二，遗漏事实或添油加醋。

观察者容易犯的其他错误包括：

- 忽略一些事实；

- 记录没有发生的事情；

- 未按事情发生的顺序进行记录。

我们还是用珍尼弗的例子。从以下的记录中，你是否能看出其中有哪些是错误的记录？

今早，珍尼弗进班时没有瞧老师一眼，而是和其他人一起来到操场，坐在三轮车上。老师想要她参加三轮车游行，她拒绝了。莫妮卡走过来想和她说话，她摇头拒绝了。

以下是被遗漏的事实：

- 皱着眉头；

- 老师和她打招呼，她不回应；

- 垂着肩走向操场；

- 一屁股坐在三轮车上，但没有骑。

被添加的事实：

- 她摇头拒绝莫妮卡。

类似的这些观察记录错误很容易出现。为此，在练习时，可以两个人同时记录某一观察对象，而后，再将两人的观察记录结果进行对比。如果发现两人的观察记录有不一致之处，可参照以下指引认真检查：

- 只记录事实；
- 记录每个细节，不要有遗漏；
- 在观察记录时，不要解释；
- 使用描述性的词句，避免使用判断性或解释性的词句；
- 按照事情发生的顺序记录。

（三）活动区日记法

有些园所发现，要对幼儿行为进行现场观察和记录，最好的方法就是在每个活动区之间的台面上，放一小本观察日记。教师在活动区附近时，将所观察到的内容即时记录下来，并标注记录时间。随后，教师再将这些观察日记本收集起来，将其中的信息转录到相关发展评估表中。

这种方法可以同时记录若干个幼儿的资料，也可以一次性记录若干个活动区中幼儿互动的信息。有些园所将观察日记本上的栏目预先分为"幼儿""行为"和"语言"等几个部分，这样有助于提醒观察者要记录的内容。如果教师发现在放学时，某一个活动区的活动当天没有任何观察记录，则可以和其他教师就此进行讨论。该活动区今天没有幼儿去玩吗？抑或是正好今天没有教师到该活动区进行观察？

这种活动区日记不仅能提醒教师留意当天在活动室中发生的事情，而且能提醒教师将自己所看到的内容记录下来。这样就可以把在一天里不同教师对同一个幼儿的观察记录从每个活动区的日记上取下来，装订到一起。此外，这么做也让教师可以兼顾教师和观察者的角色，对幼儿的观察记录自然而然地融入了教师巡视各活动区的工作中。

包括教师在内的所有工作人员都能从对幼儿的这种评估过程中受益。他们可以了解到幼儿发展的现状，哪个活动区、哪种活动对幼儿最有吸引力，哪个活动区需要做些调整和改善。这种活动区日记让所有工作人员都能更好地了解到园所的实际情况。马丁（Martin）指出："这种方法要求教师勤于记录。根据日记内容，可以对幼儿的活动进行详细的分析。对于经诊断有特殊需要的幼儿，这种记录能够提供可解释的数据，并成为教学计划过程的组成部分。"（1994，p.277）

在活动区游戏时间，幼儿经常会"东奔西走"。即使是在同一个活动区，他们也很少固定待在一个地方。为了记录幼儿参与的所有活动，需要借用一些自己习惯用的速记法。如果有可能，尽量用描述性动词。比如"走向洗手盆"，怎样表达会更具体呢？可以画一幅画，加上一些文字注释。以下是可以用于替代"走"的一些词。

行进	昂首阔步	漫步
迈着重重的步子走	踮着脚走	跳着走
拖着脚走	溜达	大步走
沉重缓慢地走	步履艰难	四处奔走

熟能生巧。通过练习，你很快就会有一套自己习惯使用的简写和速记符号。在连续记录时，不需要使用完整的句子。相反，要尽快地把所观察到的东西都记录下来。而后，可在记录的内容下面画线或做一些补充说明。前5分钟连续记录的内容通常十分简短，一般不过半页纸。但是，随着你速记技能日渐炉火纯青，很快就能写满一页纸。越有经验，看到的也就越多。

要记得尽可能多地记录口头语言。此外，将幼儿是怎样说的也记录下来。以下是一些可以替代"说"的词。

耳语	结结巴巴地说	嘀咕
喊叫	嘟囔	含糊地说
争辩	宣布	坚持说
宣布	发出声音	陈述

对于类似"走"和"说"这些常用但非描述性的动词，可以准备一张卡，在上面写上可以替换这些词的描述性动词。

判断性词语的使用要注意什么问题呢？需要注意，在观察记录时，避免使用会导致误解的判断性词语或句子。

他今天是个好孩子	发脾气
玛茜生埃琳娜的气	心烦意乱
生气地喊叫	把事情搞得一团糟
一副高兴的样子	迫不及待地想回家

不妨思考一下，应该使用这些词或句吗？如果不应该，为什么？能用什么替换呢？

二、取样法

对幼儿进行观察的另一种方法是观察某些特定行为，借以发现该行为何时发生，以及发生的频率、持续的时间。在采用取样法时，必须和其他的记录方法配合使用，这样才能了解幼儿发展的全貌。

（一）时间取样法

幼儿的许多行为出现和持续时间都很短，因而观察者可以通过时间取样法获得全面的信息（Wortham，2012）。采用时间取样法时，观察者记录一段时间内某一行为发生的频率。所选择观察记录的行为必须是外显的、较常出现的（至少每15分钟出现一次）。例如，教师可以选择采用取样法观察记录幼儿"打人"或"哭闹"的行为，因为这些行为可以观察到，也可以计数。"笑"和"助人"也是类似的这种外显行为。而"问题解决"则不太适合采用时间取样法，因为这种行为不容易观察，也不容易计数。

时间取样法是在一个较短的固定时间段内，观察某个或某组幼儿的某一特定行为是否出现的一种记录方法。观察者必须事先做好准备，确定所要观察的具体行为、观察的时间间隔，以及如何记录所要观察的行为出现与否。在行为矫正（behavior modification）过程中，这种时间取样法较常使用。不过，即便是某类行为适合采用这种方法进行观察记录，也需要和其他评估工具一起使用，这样才能对幼儿有较全面的了解。

举个例子，为了帮助杰米纠正他的欺负行为，教师需要知道该行为发生的频率。基于之前的观察，教师发现欺负行为包括以下几种表现：

- 打人（h）；

- 推搡（p）；

- 踢（k）；

- 在别人不情愿时拥抱别人（hd）；

- 抢别人的玩具（t）。

接下来，教师需要确定观察和记录的时间间隔。考虑到杰米在早上入园后的半小时内似乎比较难以调节自己的行为，因而教师选择在一周内每天早上这一时间段进行观察，并设定每5分钟记录一次杰米的行为。在观察前，教师必须明晰每一段时间应在记录纸上记录的内容和记录的方式。一般而言，如果行为发生，观察者只需记录"1"，如果没有，则记录"0"。这种在一定时间观察记录幼儿行为出现与否的方法被称为时段记录法（duration recording）。

如果教师想知道幼儿某一行为发生的次数，而不仅仅是其出现与否，那么也可以使用检核标记（check marks）和计数标记（tally marks）。如果教师更关心欺负行为的具体类别，可以给每一类别设定一个代号。这样，教师可以设计类似表2-3所示的记录表格，或设计自己想要的任何形式，因为这是一种非正式的观察。表2-3中还包括了频率。

表2-3 时间取样记录表

时间间隔 （每5分钟）						
持续时间记录（是否出现）	1	2	3	4	5	6
	1	1	1	0	0	0
事件记录（频率）	IIII	II	I	0	0	0
事件记录（是否出现）	h、p	h、p、t	h	0	0	0

表 2-3 显示了在第一天的观察中所收集到的数据，这些数据该如何解释呢？可以看到，在第一天早上入园后的 15 分钟内，杰米的欺负行为主要表现为打和推某些幼儿。第二天早上的情况似乎也是如此。基于此，教师决定为杰米设计一个从家到幼儿园的过渡活动，让他能与其他幼儿友好互动。之后进一步的观察将帮助教师确定这一干预策略是否成功。

时间取样法是一种十分有效的观察幼儿的方法，它具有以下的优点：

- 相比叙事记录法，该方法更节省时间和精力；
- 该方法所观察的行为已提前进行界定，因此更具客观性和可控性；
- 观察者可以同时收集几个幼儿或几种行为的数据；
- 该方法能提供行为发生频次和时长的信息；
- 该方法能提供可用于统计分析的定量数据。

但是，时间取样法也有一些缺点，主要表现在：

- 不是一种开放式的观察记录法，因此可能会遗漏一些重要的行为；
- 侧重于行为发生的时间（何时发生、发生频率），而缺乏对行为及其发生原因或结果的描述；
- 该方法关注的侧重点是行为发生的时间间隔，而非行为本身，因此未能将行为作为一个整体进行记录；
- 行为的记录可能会脱离发生的背景，因此有可能是有偏见的；
- 所观察的行为限于可观察且较常见的外显行为；
- 一般关注某一种行为类型（如前述例子中的不当行为），因而容易形成对所观察幼儿的偏见。

（二）事件取样法

当所要观察的目标行为经常出现在某一特定的情境，而不是特定的时间段时，应选择使用事件取样法，而不是时间取样法（Wortham，2012）。事件取样法是观察者等待某种行为的出现，而后对其进行观察记录的另一种取样观察法。事件取样法主要用于研究某种特定行为出现的条件或出现的频率，尤其适用于研究什么因素诱发了某种特定的行为，例如咬人。这样，教育者才能找到控制该行为的方法。观察者也可能是想要研究某种行为发生的次数。如果时间间隔或发生的时间十分重要，则可以采用时间取样观察法。如果行为发生的时间不定或较少发生，则适宜采用事件取样法。

观察者首先必须定义"事件"或"行为单位"（unit of behavior），而后确定可能发生这种行为的情境。观察者先选择一个最佳的观察位置，等待该行为的出现，然后对其进行记录。

根据观察目的的不同，可以采用几种不同的方法进行记录。如果观察的目的是研究特定行为发生的原因和结果，则特别适合采用所谓的"ABC"分析法。这种方法首先对整个事件进行叙述，并将整个叙述分为三个部分：A＝前因（Antecedent event）；B＝行为（Behavior）；C＝后果（Consequent event）（见表 2-4）。每次行为发生时，都按此记录。

表 2-4　事件取样记录表

姓　名	达雷尔	年龄	3.5 岁	日期	10/5
观察者	苏	地点	H 幼儿园	时间	9：00—12：00

行为：用右脚踢别的孩子或老师，而且很用力，把一些孩子吓哭了。

时间	前因	行为	后果
9：13	达雷尔独自在积木区玩建构游戏；罗布走了进来，把一块积木放了达雷尔旁边	达雷尔皱着眉头看罗布；站了起来；推了罗布一把；罗布推达雷尔；达雷尔踢罗布	罗布哭着跑向老师
10：05	在操场上，达雷尔和小朋友们正在排队玩滑梯，萨利插队	达雷尔狠狠地踢了萨利一脚；达雷尔踢老师	萨利哭了起来；老师走过来，拉着达雷尔的胳膊到一旁，和他谈话

如果后续对达雷尔的观察依然发现表 2-4 中记录的情形，那么，教师可以将该事件解释为达雷尔并不是故意踢同伴，而是在别人干扰他的活动时，用一种不恰当的方式表达自己的不满。基于这一分析，教师可能需要教达雷尔学习用一种可接受的方式来表达不满，而不是用脚踢。在这个踢

人的行为还没有得到改善之前，教师可以让他进班时不穿鞋，以此让他感受到踢人也会给自己带来痛苦。

事件取样法的主要优点包括：

- 能保证事件或行为的完整性，有利于之后的分析；
- 由于事先对所要观察的行为有所界定，因此与其他方法相比，观察较为客观；
- 特别适合用来分析较少或极少出现的行为。

该方法的主要缺点包括：

- 事件的记录与事件发生的背景脱离，由此可能会忽略一些对事件的发生有重要影响的因素；
- 事件取样法是一种封闭性的方法，只关注特定的行为而忽视了其他一些重要的行为；
- 缺乏类似逸事记录法、样本记录法或连续记录法等其他记录方法所能提供的丰富材料。

三、评定法

评定法用于标记某一个体具备某种特征或表现出某种行为的程度。每种行为的程度标记在从低到高（或从高到低）的连续尺度的某一点上。观察者要判断幼儿应该落在该尺度上的哪一点。评定法较适合观察以下的行为：对表现程度有具体界定的行为，观察者很熟悉的行为，不同刻点差异较为明显的行为。

在需要同时对幼儿若干种行为的表现进行诊断时，评定法较为有效。观察者在观察幼儿的基础上，根据幼儿当时的行为或能力状况，在连续尺度的某一个刻度上做标记。这种方法简便易行：阐明要观察的行为，画一条直线并分为若干段，或在直线上标记若干个点。最常见的是分为五段，这样，在中点两边各有同等间隔（见图 2-1）。

分享玩具				
总是	经常	有时	极少	从不

图 2-1　单一行为的图表评定法

（一）图表评定法

如果有许多相似的行为，也可以在一个连续尺度上标记，这种评定方法就称为图表评定法。行为尺度的标记可以横向，也可以纵向。此外，可以在一张纸上列出许多行为特征。相对而言，制作一张图形评定表要容易一些，但实际使用起来有一定难度。观察者要非常了解幼儿，能够解释他们的行为，并能在有限的时间内做出客观的判断。例如，如何评价图中的这个女孩？

女孩不愿分享玩具

1.使用图表评定法时的"观察者错误"

图表评定法受到一种"观察者错误"的影响。与其他的观察法不同，图表评定法要求观察者在现场就做出判断，而不仅是客观描述。观察者很难做到完全客观或不受偏见的影响。对所观察幼儿或其家庭的了解，乃至与观察的情境毫无关系的外在因素，都可能影响观察者的判断。例如，某个观察者总是给一个肥胖儿很低的分数。当后来问到这点时，他自己承认对肥胖儿心存偏见，因为他自己过去就是一个肥胖儿。

为了避免这种偏见，评定者应该就某一点对所观察的全部幼儿进行评定，评定完这一点后再接着评定别的。此外，可以安排另一个评定人对同一个幼儿进行评定，比较两个人对同一幼儿的评定结果，以更好地保证评定的客观性。

2.图表评定法的优缺点

图表评定法可以单独使用，也可以作为评定过程的一个组成部分和其他观察方法一并使用，还可以根据通过连续记录法收集到的信息进行填写。如同其他观察记录法，图表评定法也有其独特的优缺点。

图表评定法的优点主要表现在：

- 设计简单，使用方便；
- 在一次要观察多种行为特性或一次要观察多个幼儿时非常便利；
- 可用于测量如羞怯等难以量化的特性；
- 非专业的观察者也能够使用；
- 与其他大多数观察记录法相比，本方法在评分和量化方面较为简便易行。

图表评定法的缺点主要表现在：

- 作为一种封闭式的观察记录法，每次只关注某些心理特性，可能忽视了其他重要的行为和特性；
- 该方法除了体现每种特性的积极一面，也体现了其消极的一面；
- 无论对于设计者还是使用者，要十分清晰地分辨连续尺度上每一刻度的差异，有时不是很容易；
- 在需要对很多特性进行评定且要很快做出判断的情况下，很难消除观察者偏见的影响。

（二）数字评定法

数字评定法有一系列标准，以及确定行为等级的指标体系（Wortham，2012）。数字评定法有三种类型，分别是整体计分法、分析计分法和发展计分法。

1. 整体计分法

这种类型的计分法包含许多指标，指标的分数由低到高，分别表示评估对象某一特征表现从最差到最好的各个水平。评估者在观察幼儿时，按幼儿在某方面的情况评分，如注意力持久性的各个水平包括：

- 很少完成任务，从一个任务迅速转移到另一个任务；
- 通常需要鼓励才能坚持完成任务；
- 能坚持完成适宜其年龄的任务；
- 能长时间坚持所选择的活动，甚至第二天还会再继续。

2. 分析计分法

使用有限的描述语，对每一项特性进行描述和评分。例如，对于"很少完成任务"的描述语可以是：在任务未开始之前就起身离开；开始一项任务，但未完成就离开；工作了一段时间后离开；在离开前任务几乎完成。这种方法多用于诊断分析。

3. 发展计分法

当需要在较长一段时间内对多个年龄段（通常是多个年级）的学生进行观察记录时，常使用这种类型的计分法。对幼儿的能力进行持续性的评估，可以揭示幼儿能力发展的过程（Wortham，2012）。

优点：

- 能为幼儿的发展提供指引；
- 用途广泛，适合不同的能力水平；
- 可根据需要灵活调整；
- 可用于与家长沟通幼儿行为表现。

缺点：

- 教师可能很难确定评估标准；
- 指标可能有一定限度或过于具体；
- 整体量表可能缺乏效度和信度。
- 教师可能会把注意力放在幼儿游戏与学习的错误表现上。

四、检核表法

检核表是将一些具体的特性或行为按一定的逻辑顺序排列的表。观察者在观察时或在回顾所观察的内容时，要标明有关行为出现与否。检核表法特别适合那些易于清晰界定的行为或特性。因此，在同时要观察记录很多不同指标的情况下，检核表是一种能兼而顾之的好工具。在某一情境下进行调查，若与检核表一起使用，则能发挥相对更好的功效。如果观察者想要知道某一幼儿是否表现出某种特定的行为，也可以使用检核表。

检核表和评定表都常常包括许多特性或行为。这两种方法的差异不在于看起来有什么不同，而在于如何使用。观察者使用检核表时，只是标明有关的特性是否呈现；而在使用评定表时，还要很快地判断有关特性呈现的程度。

每个幼儿用一张检核表

根据观察目的的不同，检核表可有几种不同的用法。例如，假设观察的目的是为每个幼儿制定个别教育方案，那么，班里每个幼儿都单独用一张检核表。而如果观察的目的是要根据某些特性对幼儿进行筛选，那么，可以使用具有同样检测项目的检核表。

观察者只要在检核表上的各项上画"√"即可，在首次填写时，也可填上日期和时间，这样记录就更为完整。每一次观察可以使用不同的检核表。同一检核表也可用于同一个幼儿整个学年的观察记录，不过，每个观测项都要标明观察的日期。检核表可以由一位观察者使用，也可以几位观察者共同使用，观察者在持续观察的过程中，不断累积观察的数据。

通过逸事记录法和连续记录法所收集的资料都可以转录到检核表中，这有利于对相关信息的解读。在需要解读观察结果时，检核表上勾选的项目一目了然，这显然比看长篇大论要容易得多。不过，检核表需要预先认真准备，这是不言而喻的。

在观察时，无论使用的是自编的检核表还是现成的检核表，对于所列的项目，都要保证使用客观、非判断性的词进行清晰的界定。各个项目要易于理解。因此，在将检核表作为正式观察工具使用前，有必要进行前测。所有的检测项目都应该是正向的，这点与评定表不同。评定表中的项目包括了一系列从正向到负向的内容。

对于没有观察到的项，可以留空，表明该特定行为没有呈现。而如果是因为观察者没有机会看到某一特定行为，则该项不应该留空，而是应该用一些符号加以注释（如用 N 表示没有机会观察到该行为）。以下是编制检核表的一些建议：

- 简洁，具有描述性，易于理解；
- 结构统一（词句顺序、时态一致）；
- 客观，不加评判；
- 表述正向；
- 不重复；
- 只是列出代表性的行为，不"面面俱到"。

总而言之，检核表应该能让观察者对各个检测项目一目了然。《幼儿发展评估表》就是其中的一个范例。该表将幼儿发展分为九个重要领域，每个领域又进一步细分为多个观察项。每个观察项都很简洁，代表了幼儿发展的一个重要方面，而且在结构上是统一的（都以动词开始），都是正向描述。每一领域的观察项是按照已知发展顺序或进程排列的。把幼儿在活动、游戏时的信息综合在一起，就构成了一个完整的幼儿发展档案了。

检核表的优点主要表现在：

- 使用起来简易、快捷、高效；
- 即便是非专业人士，用起来也毫不费力；
- 可以在幼儿在场时使用，也可依据对幼儿行为表现的回忆或观察记录；
- 若干位观察者可以收集同一信息，便于比对可靠性；
- 有助于在同一时间集中观察多种不同的行为；
- 尤其适用于制定个性化的课程方案。

检核表也有一定的缺点。使用检核表时，观察者要牢记观察的目的，斟酌各个观察项。

检核表的主要缺点表现在：

- 检核表本质上是封闭式的，在用于观察时，通常只是关注某些特定的行为，因此，容易忽略其他一些重要的行为；
- 只是限于记录行为的"出现"或"缺失"；
- 所收集的资料缺乏量化的信息和对行为及其持续时间的描述。

表 2-5 对本章所讨论的幼儿观察与记录的各种方法进行了比较。每种方法都各有优缺点，需要观察者在选择使用时加以考虑。最终的选择通常取决于观察的目的。

其中，检核表法便于观察者认识幼儿发展的概况和独特性，因此本书采用检核表法作为观察和记录的基础。这一工具既可用于观察，也可用于教学。《幼儿发展评估表》可以帮助观察者收集所需资料，设计个性化教育方案，并了解幼儿在情感、社会性、身体、认知、语言和创造性发展等方面的发展过程和顺序。阿霍拉和科瓦奇克一致认为，"检核表如设计合理、使用恰当，那么对认识幼儿发展和课程设计会甚有助益"（Ahola and Kovacik，2007，p. 27）。

表 2-5　各种观察与记录方法的比较

方法	目的	优点	缺点
逸事记录法 在行为发生后，用描述性语言进行的叙事记录	为存档而做详尽的行为记录；供讨论幼儿个体情况时参考；供制定个别教育方案时参考	开放式；内容详尽；不需要专门的培训	依赖观察者的记忆；行为与情境脱离；不易编码和分析
连续记录法 在行为发生时，在特定时间段之内，按行为发生的顺序所做的叙事记录	揭示行为的诱因和后果；供讨论幼儿个体情况时参考；供制定个性化教育方案时参考	开放式；较全面，综合性强；不需要专门的培训	较耗时；不适合同时观察多个幼儿；不易编码和分析
时间取样法 在行为发生时，用分数或符号表示在一个较短的时间范围内某一特定行为是否出现	行为矫正基线数据；用于幼儿发展研究	客观性强且易于控制；省时；可同时观察多个幼儿；可为研究提供量化数据	封闭式；限于常见的外显行为；缺乏对行为的描述；行为与其发生的情境脱离
事件取样法 在行为发生时，对特定行为发生之前及之后的情境的简要描述	用于行为矫正分析；用于幼儿发展研究	客观性强；有助于对非常见行为的深入诊断	封闭式；行为与其发生的背景脱离；限于某些特定的行为
评定表法 在行为发生之前、发生之时或发生之后，在某些特定的测量尺度上做标记	判定幼儿某种行为或特性的表现程度；用于行为或特性诊断；用于制定个性化教育方案	省时；设计简单；可同时观察多个幼儿的几种不同特性；可用于多个观察者对同一个幼儿的观察	封闭式；主观性较强；限于某些特性或行为

续表

方法	目的	优点	缺点
检核表法 可评分的行为列表，在行为发生之前、发生之时或发生之后进行记录	用于确定某种特定的行为是否出现；用于制定个性化教育方案；让观察者了解幼儿发展变化的概况	可用于同时观察多个幼儿的不同行为；适合在一定时间段内观察某一幼儿；是一种较好的调查工具；可供若干个观察者同时使用；无须特别培训	封闭式；限于某些特定行为；缺乏关于行为的质性材料

☑ 第二节 《幼儿发展评估表》的使用

　　本书是围绕《幼儿发展评估表》编写的。该表既可供观察者学习使用，也可用于制订幼儿教育计划。该表包括幼儿的情感、社会性、身体、认知、语言和创造性发展等六个方面，细分为九个领域，每个领域又包括多项关键指标。

　　例如，情感分为"自尊"和"情感"两个领域，每个领域各有专门的一章进行研讨。这些章节对情感发展过程中具有代表性的关键行为进行了阐述，这些关键行为在幼儿园日常活动中都可观察得到（见表2-6）。

表 2-6　幼儿发展评估表（自尊和情感）

| 姓　名 _____　　观察者 _____ |
| 幼儿园 _____　　日　期 _____ |

指导语：在幼儿时常表现出来的项上画"√"，在没有机会观察到的项上写"N"，其他项留空。

行为指标	证据	日期
1. 自尊		
__和主要照料人分离时没有困难		
__与教师形成安全依恋		
__能成功完成一项任务		
__能自主地选择活动		
__能维护自己的权利		
__为自己做事时充满热情		
2. 情感		
__以适宜的方法释放压抑的情绪		
__用言语而非消极行为表达愤怒		
__在感到害怕时能保持冷静		
__对他人表现出亲近、热心和关爱		
__对班级活动表现出兴趣并积极参与		
__时常面带笑容，看起来很快乐		

一、每次只使用一部分

在学习阶段，观察者在使用《幼儿发展评估表》时最好每次只使用其中一部分。例如，为了了解幼儿情感发展，观察者应该首先选用其中"自尊"这一部分的内容，在对幼儿进行一段时间的观察之后，检视这一部分所列的六个行为指标是否有表现。这就要求观察者很早到活动室，观察幼儿怎样进入活动室，在父母或主要照料人离开时有什么行为表现，幼儿是怎样与教师互动的。这种观察不能只进行一天，而是要进行好几天，并记录相应的信息。观察者不仅是勾选观察到的行为指标，还要在表中记录每一项行为指标的表现情况。

二、完整使用《幼儿发展评估表》

在对每一个领域的行为指标都十分熟悉之后，即可完整使用《幼儿发展评估表》，以了解该幼儿的整体概况。那么，怎样开始呢？你可能想要了解幼儿在某一特定发展领域的情况。或许，该幼儿在自主游戏活动期间不与其他幼儿一起玩假装游戏。那么，就可以在自主游戏活动时开始观察。在观察之前，可以先了解幼儿社会交往能力发展方面的指标。同时，也可参照其他发展领域里的一些指标，包括自尊、情感、亲社会行为、口头语言和想象等。这些领域的指标与社会交往能力的指标息息相关。在观察过程中，或勾选那些有行为表现的指标，并注明具体的表现，或对观察到的幼儿言行做连续记录，而后再填表。

在观察过程中，切记要认真做好笔记，将那些让你勾选该指标的行为表现记下来，如果你在某一指标上留了空，也需要将留空原因记下来。如是为了累积资料而在不同的日期使用同一份检核表，则要记得在每一项行为指标上标明观察记录的日期。

下一次什么时间观察，要看你还没有机会观察到哪些领域。例如，就"自尊"而言，最好在幼儿早上入园时进行观察，在开学之初尤佳。"情感"方面指标，则适宜在幼儿用餐、上洗手间和午睡时观察。

三、数据的解读和使用

在对幼儿进行观察并做了连续记录之后，可以将连续记录的信息转录到《幼儿发展评估表》中。下一个步骤就是解读收集到的信息资料。了解和理解幼儿，是一个神奇的过程。如果我们仅仅是和幼儿在一起，即便是一辈子在一起，对幼儿了解的深度也不及对幼儿客观的观察和记录。和幼儿在一起时，我们不妨退后一步，不带偏见地、尽可能客观地看待他们。只有这样，我们才能看到他们的真实面貌和实际能力。也只有这样，我们才有可能知道怎样去帮助他们发挥潜能。

观察材料的解读需要特定的知识和技能。这需要对幼儿发展有很多的认识和理解，而这只有通过对幼儿的学习和研究以及与幼儿的实际接触才能达到。在此基础上，可做出有效的推断，形成正确的结论。

在为促进幼儿发展而设计活动的过程中，《幼儿发展评估表》可以助一臂之力。仔细审阅其中记录的信息，关注所观察幼儿的强项，同时，也留意需要加强的方面（不是弱点）。列出幼儿的三个强项和三个需要加强的方面，基于此为该幼儿提供相应的学习指引。表2-7中设计三种活动帮助幼儿提升。活动实施之后，观察幼儿的发展情况。如果需要，可以再增加新的活动。

表 2-7　教学计划表

姓名 ＿＿＿＿＿＿＿ 　年龄 ＿＿＿＿＿＿＿ 　日期 ＿＿＿＿＿＿＿
优势和自信的领域
1.＿＿＿＿＿＿＿＿＿＿＿＿＿＿＿＿＿＿＿＿
2.＿＿＿＿＿＿＿＿＿＿＿＿＿＿＿＿＿＿＿＿
3.＿＿＿＿＿＿＿＿＿＿＿＿＿＿＿＿＿＿＿＿
需要加强的领域
1.＿＿＿＿＿＿＿＿＿＿＿＿＿＿＿＿＿＿＿＿
2.＿＿＿＿＿＿＿＿＿＿＿＿＿＿＿＿＿＿＿＿
3.＿＿＿＿＿＿＿＿＿＿＿＿＿＿＿＿＿＿＿＿
促进能力提升的活动
1.＿＿＿＿＿＿＿＿＿＿＿＿＿＿＿＿＿＿＿＿
2.＿＿＿＿＿＿＿＿＿＿＿＿＿＿＿＿＿＿＿＿
3.＿＿＿＿＿＿＿＿＿＿＿＿＿＿＿＿＿＿＿＿

与一线在职教师一样，师范生和实习教师也可使用《幼儿发展评估表》。他们也可以对单个幼儿进行一系列的观察，直到完成表上的每个项目。如果无法接触真实教学情境中的幼儿，可以使用在实际教学情境中拍摄的录像，通过观看录像的方式进行观察、记录。

观察活动一结束，就要尽快整理观察记录。正如一位经验丰富的观察者所言："好脑袋不如烂笔头。要养成在观察完成之后马上誊写观察内容的习惯。"

在每个学年都对每个幼儿进行详细观察十分重要。教师反映，"退在后，站在旁"，对每个幼儿进行相对简短但有所聚焦的观察，可以对每个幼儿有更深入的了解。所以，教师在和众多活泼的幼儿一起参与活动的过程中，有时要换个身份和视角，从观察者的角度对幼儿进行深入观察，这将有助于拓宽教师的视野。

研究幼儿发展的学生反映，在真实情境中对幼儿进行深入观察，能让从教材和课堂上所学的内容变得生动。基于客观的观察所获得的信息，也能让家长从中受益。家长不仅能学到可以和幼儿在家里一起玩的游戏活动，而且会更多参与幼儿的成长，更了解幼儿是怎样成长的，为什么会出现某种行为。他们也由此知道，作为家长，应怎样做才能最大限度地发挥幼儿的潜能。

------ 学习活动 -------------------------------------

1. 成立一个观察小组，选定在活动室中玩游戏的一个幼儿为观察对象，观察 10 分钟。其中一位小组成员在观察时做一个连续记录，另一位成员在幼儿离园后写一份逸事记录。将两位小组成员的观察结果进行比较。哪份观察记录包含了较多细节？哪种观察记录方式更便于观察者？

2. 分别运用时间取样法、事件取样法和数字评定法观察一个幼儿，对比用三种方法观察与记录的结果。说说这些方法中哪一种更令人满意，为什么。

3. 分别用本章所讲的观察记录方法观察某一个幼儿，并比较观察记录的结果。对于这个幼儿，你想要了解什么？哪种观察记录方法更有助于你了解这个幼儿，为什么？

4. 依据《幼儿发展评估表》观察记录一个幼儿在两个发展领域的表现。总结你对该幼儿的认识。

5. 基于你对某个幼儿的观察记录，为该幼儿制订一份详细的教学计划。

第 三 章

幼儿自尊的发展

本章聚焦于观察幼儿自尊发展的关键指标：

- 和主要照料人分离时没有困难；
- 与教师形成安全依恋；
- 能成功完成一项任务；
- 能自主地选择活动；
- 能维护自己的权利；
- 为自己做事时充满热情。

☑ 第一节 引言

从生命诞生开始，个体就踏上了迈向自我的漫漫征程。在这个征程中，个体逐渐成为一个完整的自我，有自己的气质、个性和价值观，有自己独特的身体、认知、语言、社会性、情感和创造力。尽管这是一个终身的过程，但人生的前几年至关重要，因为这几年为之后的自我发展奠定了基础。使用《幼儿发展评估表》、连续记录法、访谈法、评定表法等，能确定幼儿的自尊发展状况。

幼儿成长中最重要的一个方面就是自我概念的发展。自我概念是对自己的看法，其中包括了自我形象（内在的关于自我的图像）和自尊（对自我价值的看法）两个维度。虽然自我概念、自我形象和自尊这三个词经常互用，其实，它们各自所展示的是"自我"的不同方面。个体的自我形象是指个体在内心对自己外貌、性别、种族、在家庭中的地位和自己的能力的看法。随着幼儿不断成长并逐渐将自己作为一个独立的个体，幼儿逐渐获得了自我形象。自我形象是描述性的，而不是判断性的。

另外，自尊指的则是个体对自我形象各个方面的情感评价，包括对自己外貌、性别、在家庭中的地位和个人能力等的感受。幼儿需要感受到自己是能干的、重要的、成功的和有价值的。幼儿需要通过与周围的人的交往，通过对自己及自己能做什么的判断，获得这种自我价值感。弗洛斯特、沃瑟姆和赖费尔（Frost, Wortham and Reifel）认为，当幼儿开始判断自己的价值和能力时，他们会觉得，别人喜不喜欢自己，取决于自己能否将一个新的任务做好（2012）。

自尊的形成是一个持续的过程。但随着幼儿的成长，自尊一旦形成，就越来越难改变。幼儿在与他人和环境的互动过程中，感受人们是怎样对待自己的，感受自己所经历的成功或失败，这些信息都会对他产生影响，使他不断强化对自己的看法。例如，如果家人对幼儿很好，该幼儿就会对自己感觉良好，那么他就会把教师对他的好作为他已经知道的事实的证明。因此，他在幼儿园里就会表现得很愉快，愿意合作。幼儿的这些表现反过来又让周围的人积极地对待他。

相反，如果家人不能善待这个幼儿，那么这个幼儿就会觉得自己不好。即使教师对该幼儿很好，也不会轻易改变幼儿的这种自尊感。当教师对这个幼儿好的时候，他可能会想，自己不够好，所以教师出于同情和怜悯对他好。他反而可能会通过一些行为宣泄对自己的负面情绪，如对其他幼儿表现出攻击性，或者退缩到一旁，不参与集体活动。而他人对这些行为的责怪或负面反应，又会进一步强化该幼儿已有的"我不是好孩子"的自我感受。

那么，教师怎样让幼儿觉得自己是好孩子呢？教师必须坚持不懈，每天向每个幼儿传递积极的信息。有时，我们会认为，只要每天有人在园所门口，随时迎接小朋友们入园，我们就尽责了。其实这还不够。教师必须每天亲自给予每个幼儿积极的信息。

3—6岁正是幼儿积极自我意识逐渐形成的阶段。本章将探讨其中一些可观测的发展进程。尽管每个幼儿都受到独特的遗传及家庭环境的影响，但是，幼儿身边的教师及幼儿每天所得到的关心和照顾，对幼儿未来的发展依然影响深远。

在本章及其随后的章节中，我们会对《幼儿发展评估表》中的各项指标分别进行讨论。每项指标都是积极的，如果观察者观察到幼儿表现出来的相应行为，就可以在该项指标上画"√"。如果没有画"√"，则说明该幼儿在某一特定指标方面还需要帮助。在讨论之后，对于尚未达到要求的指标，会有相应的教育建议。

本章中关于幼儿自尊发展的六项指标，体现了幼儿逐渐与父母或主要照料人分离，进入幼儿园生活的进程。这一入园适应过程有时着实不易。教师在幼儿开始入园的时候，就要了解他们所处的发展阶段，帮助他们形成强大的、积极的自我意识。

☑ 第二节　幼儿自尊发展的关键指标

一、和主要照料人分离时没有困难

（一）早期依恋

大多数有关幼儿的研究都表明，幼儿与主要照料人（通常是母亲）早期形成紧密依恋关系，是幼儿健康成长的重要因素。许多心理学家认为，依恋是个人情感发展中的"种子"。这似乎是一个巨大的悖论，即个体要发展，必须学会和父母分离。但事实就是如此。这种分离首先是在家里发生的，不仅是孩子要与父母分离，父母也要与孩子分离。父母要能放手，鼓励孩子成为一个独立的个体。

目前许多有关依恋和分离的研究，都是基于 1969 年约翰·鲍尔比（John Bowlby）和 1974 年玛丽·安斯沃斯（Mary Ainsworth）等的成果。他们认为，幼儿对父母的依恋是幼儿信任父母的条件。在出生后 1—2 年，婴儿通过与其父母的互动形成了依恋关系。当然，孩子与母亲的第一次分离，是孩子出生时母子间的身体分离。一些心理学家认为，此后个体的人生，是通过努力再次达到与另一个人合一的完美状态。

这是形成亲密依恋关系的第一步。无论是婴儿还是父母，都需要这种亲密依恋，这样才能在以后成功分离。依恋使婴儿萌生安全感及信任感。如果婴儿缺乏这种依恋，那么，他在将来与他人建立人际关系时，就会很难信任他人。

心理学家埃里克·埃里克森（Eric Erikson）按照年龄和阶段来描述幼儿的心理发展。只有完成了每个阶段的独特发展任务，个体的个性才能得到健康发展。埃里克森认为，在人生的第一年，即婴儿期，其独特的发展任务是"信任对不信任"。婴儿是否信任他人，取决于周围的人怎样对待他。埃里克森认为，这个阶段的情感会影响个体一生的行为及与他人的关系（Mooney，2000）。

对孩子来说，与父母分离有时是很困难的

（二）早期分离

当婴儿开始意识到自己和母亲或主要照料人分开的时候，早期分离就开始了。在婴儿出生后前6个月，他开始逐渐意识到自己和照料人的差异、自己和其他人的差异，这时便开始了婴儿最早期的记忆。这些记忆实质上都是视觉记忆。有些心理学家把这个阶段称为婴儿的"心理诞生"。这是个体自我认同的发端。

在快1岁时，婴儿学会爬行并开始摇摇晃晃地迈出人生的第一步，这时婴儿与照料人之间的互动出现了一种有趣的模式：婴儿开始以他的照料人为基地，探索周围的环境。起初，婴儿离开照料人不远就会返回照料人身旁；而后，他会再走远一些，然后再回来；接着，他会离得更远一些，但这次，他只是回头望望，和照料人进行眼神交流，这种眼神交流给了他继续探索的信心。

在婴儿出生半年后（或者稍早一些），会开始出现"分离焦虑"的现象。如果照料人想要离开，婴儿会哭闹或黏人。当陌生人出现的时候，婴儿也会有类似的行为表现。这清楚地表明，婴儿意识到了照料人与陌生人的不同。正是在这来来去去的探索过程中，在缠着大人和想要独立的过程中，婴儿的自尊心得到了发展。早期依恋越强，每次自己探索时的安全感也会越强。

婴幼儿通过别人对他的反应（别人是怎样受到他行为的影响的）来认识自己。我们希望所有对婴幼儿行为的反应是积极的，这样，在他进入幼儿园的时候，他会自我感觉良好。

（三）入园分离

无论幼儿对自己的感觉多么良好，第一次入园时与父母的分离通常还是会有一定的困难。3 岁幼儿的自我意识还不稳定。尽管幼儿在家时自我感觉良好，但幼儿园是一个陌生的环境。巴拉班（Balaban）认为："与父母或主要照料人的分离，常常会让幼儿感到不悦。幼儿常会因此感到被抛弃，感到害怕和生气。"（2006，p. 2）让事情变得更为复杂的是，父母 / 照料人也会经历同样的"分离焦虑"，他们也不想让幼儿离开——而幼儿一般也能感受到这一点。

每个幼儿面对入园分离时的反应都有所不同。有些幼儿常被抱到充满爱心的保姆家去玩，因此对和父母分开已经习以为常了，入园只不过是到一个新的游戏室而已，因此就很容易适应。有些幼儿则在妈妈准备离开的时候，会拉住妈妈不放，且会大声哭闹。有些幼儿已经习惯了和其他幼儿一起玩耍，能够很快地在幼儿园的积木区和别的小朋友玩游戏。害羞一点的幼儿则需要教师的鼓励才能逐渐地融入集体活动。有些哭哭啼啼的幼儿，妈妈一离开也就不哭了。还有幼儿会在妈妈离开后，缩到一个角落里吃手。

教师希望刚入园的幼儿在几天或一周左右能适应这种入园的分离。很多幼儿能做到，但也可能会有一两个小朋友做不到。那么，怎样帮助这些幼儿形成较好的自我意识，入园时顺利与照料人分离呢？

给教师的建议

每个班可能都会有一个或几个幼儿没有达到《幼儿发展评估表》中一些评估项的要求。我们知道，每个评估项都表示幼儿发展进程的一步，为了更好地帮助幼儿的发展，我们可以在一开始就有针对性地安排时间表或布置活动室。以下是一些建议，目的是使幼儿入园时能更好地与父母／主要照料人分离。

1. 与父母／主要照料人及幼儿见面

如果在幼儿入园前，教师能与幼儿及其父母会面，那么，幼儿在入园时就不会与父母那么难舍难分。对于幼儿来说，与教师会面，最好是安排在临近开学的某个时间，而不要提前好几个月。开学前几个月与教师的一次简短会面所残留的记忆，对幼儿作用不大。在开学前不久安排会面，效果会更明显。如果是去家访，最好带上相机，可以照几张相。这些相片今后可以用在活动室的环境布置中，有助于幼儿更好地完成从家庭生活到幼儿园生活的过渡。

2. 分批入园

与其让所有新生都在同一天的同一个时间入园，不如安排一半的新生在开学那天入园，另外一半在第二天入园。也可以安排一半在上午入园，另一半在下午入园。这样，教师就能够有较多的时间和每个幼儿及其家长交流。此外，如果开学的那天只有一半的新生在园，幼儿可能不会那么紧张。

3. 创设一个简洁的班级环境

对于有些幼儿来说，班级环境越复杂，就越不容易适应。在刚开学的前几周，班里不要安排太多的活动区角，架子上也不要一下摆放很多材料。在幼儿逐渐适应和安定之后，再根据需要，逐渐增加活动和材料。

4. 使用过渡性材料

一些幼儿所熟悉和喜欢的材料能帮助幼儿顺利过渡，减轻分离焦虑，水就是其中之一。玩水桌或打蛋器、漏斗及挤压瓶这些幼儿所熟悉的材料，都能有效地吸引他们参与区角游戏，从而暂时忘却对父母的思念。玩具车和洋娃娃也有同样的效果。可以在玩具架上摆放一些特别的小玩具，允许幼儿在每天回家时带一样玩具回家，第二天早上再带回幼儿园。这也会有助于幼儿的入园适应。

5. 允许父母 / 主要照料人参观

应该允许父母在开学的第一天在幼儿园停留足够长的时间，也应该允许父母随时到幼儿园探访。害羞的幼儿在活动室探索时，会将父母作为一个基点。他们会尝试离开父母一会儿，然后又回到父母身边。这就像学步儿在家的探索行为一样。如果幼儿入园适应困难，可以让其父母 / 照料人早一点到幼儿园接。这样，幼儿就能渐渐地适应自己在幼儿园的生活。

6. 接纳幼儿

在幼儿入园前，其自尊的发展主要受家人对他的反应的影响。在幼儿入园后，教师及同伴就将在很多细节方面影响幼儿内在的自我认识。这些细节应该都是积极的、快乐的。为此，作为教师，要率先无条件地接纳幼儿及其家庭。教师的一言一行、一颦一笑都在给幼儿传递信息。

尼尔森（Nilsen）谈到在每个幼儿入园时问候他们，能让幼儿知道他是重要的（2010）。对着幼儿，教师要常常面带笑容，每天亲自迎接他，告诉他很高兴见到他。每天在幼儿离园时，和幼儿说再见，告诉他："明天见，别忘了！"告诉幼儿，教师喜欢有他在身边，也喜欢他在教师身边。教师也是在给其他的幼儿树立行为的榜样。如果其他幼儿发现教师会无条件地接受一个幼儿，那么，不论他什么情况，大家更可能同样地接受这个幼儿。

7. 阅读

幼儿喜欢听其他幼儿的故事，这会让他们觉得自己和其他人是一样的。对于入园有困难的幼儿，可以给他讲有关分离的故事。如果故事中的人物是外国的会更好。当幼儿阅读不同文化背景和种族的人的故事时，他们会学习接受别人。如有一本书《再见，妈妈》（*See You Later, Mom!*）讲的就是一个男孩入园第一周的故事。这个男孩是英国人，他的老师是美国人，他的小伙伴是非洲人。男孩想和别人玩，可是他觉得离开妈妈太久太痛苦。于是，他每天离开妈妈一点点，到了周五，他终于可以和别人玩，和妈妈挥手告别了。

二、与教师形成安全依恋

已经和父母／主要照料人形成安全依恋的幼儿，在与教师形成稳定关系的过程中通常也不会有什么问题。巴拉班说："如果幼儿信任父母，他们会将这种爱的感受从父母身上迁移到教师身上。"（Balaban，2006，p. 5）形成安全依恋的幼儿会觉得教师是可信赖的，而自己也值得教师的关爱。他们愿意与教师建立合作关系，接受教师的指导和帮助，也愿意听从教师的要求。他们相信在自己需要的时候，教师会出手相助，或保护他们，使他们免于危难。

里利（Riley）等在分析了相关的文献后指出，与身边的教师形成了安全依恋的4岁幼儿，会参与更复杂的游戏，对同伴也更为友好，较少出现攻击性行为（2008）。

女孩与教师形成了安全依恋

　　另外，作为教师，要相信幼儿能够形成安全依恋，也要对幼儿形成安全依恋感到高兴。不管幼儿什么状态，教师都要尽量和幼儿在一起，了解每个幼儿的喜好，给幼儿提供必要的帮助和机会以建立友谊，创设激励幼儿积极参与的环境，允许幼儿选择不同的活动并给予他们足够的时间完成任务。教师需要对每个幼儿的一言一行表现出兴趣。

　　卢卡斯（Lucos）认为，幼儿教师要有亲近幼儿的热情（2007-2008）。这种热情能使教师不只是和幼儿待在一起，而是在情感、认知和身体上全身心地和幼儿在一起。为了有效地建立与幼儿的亲密关系，教师要了解每个幼儿目前的发展水平。

　　观察者如何知道幼儿已经与教师建立了亲密关系呢？幼儿对教师表现出来的行为，是判断这种关系最好的指标。

　　可以观察幼儿是否有以下行为：

- 请求教师帮助他们解决问题；

- 接受教师的帮助或支持；

- 在感到紧张时，能接受教师的安抚；

- 对教师表示好感；

- 想要接近教师；

- 注意并倾听教师；

- 遵从教师的要求；

- 与教师谈话，和教师一起活动。

与父母/主要照料人没有建立安全依恋关系的幼儿，常会觉得自己没有价值或无能。幼儿常会把这种感受带到班里，进而影响到与教师和其他人员的关系。这些幼儿会觉得不能指望教师来满足自己的需要。因此，在班里，这些幼儿与他人的关系建立在不信任而非信任的基础上。他们对参与班级活动或与同伴游戏毫无兴趣。他们可能会去搅乱别人正在进行的活动，干扰别人，或用不恰当的方式去吸引别人对自己的注意。这些幼儿已经准备好了要接受责骂或惩罚，如果没有的话，他们会表现出更具破坏性的行为。

如果教师观察到某个爱捣乱的幼儿在干扰另一个幼儿时总是看着你，这说明他的行为是指向你，而不是指向其同伴。他的行为似乎是在向你发出挑战："我就是这样，你拿我怎样办吧！"或者说："我也需要关注。"如果教师给这个幼儿的"注意"是让他坐到一边反省的话，这是一种惩罚性的反应，不利于与幼儿建立信任关系。

那么，教师应该怎么做，才能和这类幼儿建立一种亲密的依恋关系呢？巴拉班认为，教师必须保持冷静，鼓励幼儿，并给予幼儿克服分离焦虑的机会。游戏是应对和解决幼儿分离焦虑的最合适的方式（Balaban，2006）。

----- **给教师的建议** -------------------------------------

1. 身体上接近幼儿

当幼儿第一次进入班级时，如果该幼儿缺乏安全感，那么当他看到老师站在他身旁或在他身旁工作，他会开始感到放松一些，而且，对新环境的感觉也会好一些。教师可以不时看他几眼，对着他微笑，或者走到他身旁，对他说几句鼓励的话。一定要让幼儿感受到教师在关注他。总有一天，他会自己主动走到教师身边，和教师待一会儿，然后又回到他的活动中去。

2.给幼儿个别化的、积极的关注

教师要发自内心地对幼儿表现出兴趣。如果对某个幼儿感到不悦，那么，教师要设法改变对该幼儿的这种感受。注意观察该幼儿每天的活动，把他的积极表现——记录下来，然后告诉该幼儿，他在这些方面表现很棒！设法了解该幼儿喜欢吃什么、做什么、穿什么，或玩什么。可以和他一起看看旧杂志或广告册，让他把自己感兴趣的内容剪下来，贴在纸上，做成一本《我喜欢的东西》。通过类似这样的互动，给予幼儿个别化的积极关注，逐渐消除幼儿的不信任感。有些幼儿可能曾受虐待或忽视，与成人交往时缺乏安全感，通过这种对幼儿个体的积极关注，能改变幼儿与成人交往的模式。

3.与幼儿一起参与活动

最后，教师就可以和幼儿一起玩耍了。可以让他帮教师做一些事情，教师也可以和幼儿谈谈自己的想法，问问他有什么好的主意。教师可以暂时做幼儿的伙伴，但当他逐渐适应活动室的环境和班级生活后，他最终需要的是一个同龄的伙伴。他相信教师在关心着他，无论怎样，教师都会照顾他。在活动室里，如果有多位教师，那么就可以给每个有需要的幼儿更多的积极关注。

三、能成功完成一项任务

帮助幼儿成功地完成一项任务，可以让幼儿感受自己的能力，这也是在帮助他建立一种全新的、安全的关系。或许，他过去在家中曾饱受批评和责备，对完成什么任务都缺乏足够的自信。教师了解他喜欢什么之后，就可以给他一些关于他感兴趣的话题的书。设计一些幼儿能完成的、简单的美术活动。让他收集一些来自大自然的材料，然后展示在科学角。还可以帮他用很大的字写出自己的名字，然后用荧光笔涂上颜色。这样，幼儿就能感受到自己很高大、强壮、漂亮！

观察哪些幼儿能够完成教师设计的活动

通过观察，教师可以了解哪些幼儿能够成功地完成教师布置的艺术、科学或数学活动，哪些幼儿具备穿衣等生活自理能力。成功感是自尊发展的关键。幼儿在一项任务中获得的点滴成功，都应该得到及时的肯定。对于幼儿微不足道的努力给予"描述性的表扬"（descriptive praise），能帮助幼儿逐渐掌握一项更复杂的技能，让幼儿形成良好的自我概念。"瞧！你自己把鞋带系上了！"（但不指出鞋带可能没有穿过网眼）幼儿的成就得到赞赏和肯定，是自尊发展最主要和关键的要素。

我们总是"看到我们期望看到的"，那么，我们是否期望看到幼儿的成功呢？对于每个幼儿的即便是最微不足道的成就，我们都要保持跟踪记录。记住要用"描述性的表扬"，具体、详细地描述幼儿做了什么，而不是空洞地表扬（如"嗯，做得不错"）。

有些幼儿害怕开始做任何事情，更不要说完成一件事情。还有些幼儿进入了某个活动区开始参与一项活动后，总是有头无尾，还没有完成就离开了。有的时候，幼儿所需要的只是"第一步"。如果有个幼儿告诉教师自己不会玩这个拼图，那么，坐在他身边，帮他将一块拼图摆好，然后，告诉幼儿找下一块。教师可以陪着他，直到他完成这个拼图。然后，再告诉他，让他自己再玩一遍。这次，要一直给他积极的口头鼓励，但不要动手去帮助他。当他完成这个拼图后，教师用描述性的表扬赞赏、鼓励他，也可以给他和他的拼图作品一起照张相。

----- **给教师的建议** --

　　1. 用幼儿喜欢的东西创建分类任务

　　如果教师知道幼儿有一只宠物猫，那么，可以给幼儿一些小猫、小狗的玩具，另外准备两个用于分类的盘子和塑料筐，让幼儿把相同的玩具摆放在一起。

　　2. 阅读

　　带领幼儿阅读绘本故事，尤其是其中的主人公遇到了问题，但最终解决了问题这样的故事。研究者认为绘本故事在塑造幼儿对自己和他人的认识过程中发挥重要作用（Feeney and Moravcik，2005）。

　　3. 借助电脑

　　对于那些几乎没有完成过一项活动的幼儿，可以多花一些时间帮助他们使用电脑。选择一个简单的电脑拼图游戏。和幼儿在一起，演示给他看怎样在电脑上玩这个拼图游戏，直到他学会。然后，让他自己玩。能够成功地使用电脑，对于激发幼儿的自尊有十分积极的作用。

四、能自主地选择活动

　　观测幼儿在班中的自我感受的另一个指标，是看幼儿能否在班上自主地选择喜欢的活动。当幼儿有足够的信心，觉得可以离开教师时，他就会自主地去探索新的环境，尝试各种不同的材料和活动。许多幼儿有足够的自信心，一进入活动室就马上到活动区去玩。另外一些幼儿则将陪伴他来园的成人当作他们探索的基地，他们跑到活动区玩一会儿，然后又回到陪伴他们的成人身旁。

　　幼儿与教师越亲密，就越不容易情绪急躁或被孤立。因此，有必要一开始就帮助幼儿建立这种与教师的依恋关系。此外，也必须注意观察哪些幼儿能够自主地参与活动，哪些幼儿还需要帮助。需要特别帮助的幼儿，可能是由于他们与教师的依恋或自尊发展还不足。

幼儿知道活动室里可以开展哪些活动吗？要在幼儿入园后趁早和幼儿讨论一下当天可以参加的活动。图 3-1 为典型的幼儿园活动室平面图。在环境布置上，要确保活动室有类似这样分开且容易辨认的学习区域，并且每个区域都有有趣的活动，吸引幼儿在自由选择时间参与。

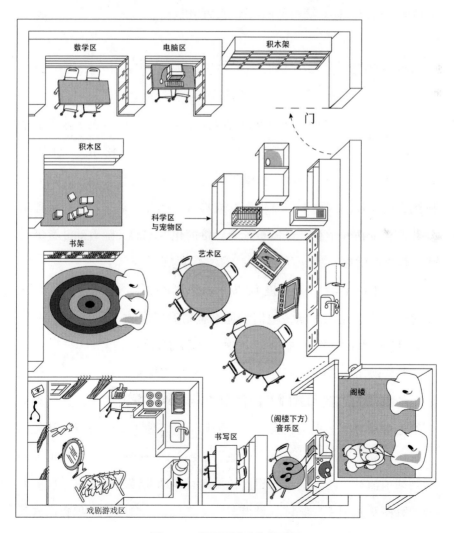

图 3-1 幼儿园活动室平面图

对于尚不能自主参与游戏活动中的幼儿，教师的任务是培养他们对你及班级的安全感。一旦幼儿有了安全感，他们就能通过自主地参与班级活动，进而发展他们的自尊。有时，教师会忍不住"包办代替"，替幼儿做决定。幼儿有时甚至会主动要求教师为他们拿主意。他们习惯了让成人告诉他们做什么。教师要尽力避免。应该让幼儿自己去发现，然后在幼儿的探索过程中提供支持。有些教师可能会这么想：教师为幼儿拿主意，事情会变得容易很多。但我们是否考虑过，这样做的结果是使幼儿失去了发展自尊的机会。所以，还是要给他们自己尝试的机会。

----- 给教师的建议 -----

1. 提供探索性的环境

对于年龄较小的幼儿，活动区不宜设置太多，而且每个区内的活动材料也不宜太复杂，尤其是对于小班（3岁左右）的幼儿。太复杂的环境会让幼儿感到不舒服。如果班级里同时进行着很多活动，幼儿会感到无所适从，因而不愿意去探索或参与。因此，对于这个年龄段的幼儿，至少在开学初，环境布置要尽量简化。此后，随着幼儿逐渐长大，再逐渐增加一些新的活动。

对于中班（4岁）和大班（5岁）的幼儿，则需要给他们提供复杂、新奇、充满变化的刺激。他们没那么害怕新的事物，变得更爱探险。稍微复杂一些的环境布置，能够鼓励幼儿探索。

2. 给幼儿一点时间

如果幼儿感到和教师及同伴相处时非常安全，那么，只要教师多给他一点时间，他们就会自主地选择活动。刚开始的时候，让他们在自由活动的时间到处逛逛。在他们自己准备好之前，不要强迫他们参与某项活动。与其他幼儿相比，可能有些幼儿需要稍微多一些的时间。有些幼儿则需要尝试玩过很多活动之后，才会选择一项自己喜欢的活动。

3. 做幼儿探索的基地

在幼儿进行探索活动时，教师不要进入任何一个活动区，而只要身处某活动区旁，让幼儿能看到就可以了。那些仍需与教师建立安全依恋关系的幼儿，可以和教师进行眼神交流，可以从教师的微笑中感受到支持，甚至走近教师，然后在教师的鼓励下，再回到活动区。那些对教师还恋恋不舍的幼儿，可以先用目光探索。在他们有了足够的安全感之后，他们就会参与同伴的游戏活动，因为他们知道教师就在身旁。

五、能维护自己的权利

对于幼儿来说，在活动室里维护自己的权利，需要很强的自尊心。只有具有足够的自尊心，他们才能相信自己的观点会得到他人的关注。幼儿的自尊发展到现在，已经能够和父母分离，与教师形成安全的依恋关系，成功地完成不同的任务，自主地选择游戏活动。现在，幼儿的自尊有了进一步发展，他们开始有自己的看法，而且会觉得自己的看法值得其他幼儿的关注。

在活动室情境中，有哪些方面的权利是一个自信的幼儿要维护的呢？其中之一是所有权（the right of possession）。如果一个幼儿正在玩某件玩具，他应该可以一直玩这件玩具，除非事先规定要轮流使用这些玩具。幼儿的很多争吵都和争抢玩具或材料有关，这主要是因为幼儿经常以自我为中心。幼儿深信，"因为我想要这个玩具，所以这个玩具就应该是我的"。另一个幼儿正在玩这个他想要的玩具，对他来说，可置之不理。3—4岁幼儿由于缺乏从别人的角度理解问题的能力，因此要他们做到相互尊重是很困难的。那些觉得要维护自己权利的幼儿，在发生争执时常会拒绝让步。

在活动室中，幼儿的另一种权利是选择参与的权利（choice of participation）。如果有个幼儿选择参与或不参与某些具体的活动，那么，教师和其他幼儿都应该尊重他的选择。即便教师觉得该幼儿需要参与此项活动，但如果他不想参加，则教师不能使用强迫的方法，不过可以设置一些奖励，或使活动显得更有趣，吸引他参加。

用自己的方式完成一项独立的活动，这也是自信的幼儿会维护的一项权利。假如幼儿自己正在画画、做泥塑、搭楼房，或在给娃娃穿衣服，他可以按照自己认为合适的方法去完成——只要他不干扰别人。同样，别人也不可以去干扰他。自尊心强的幼儿会一直按自己的意愿和方式行事，会拒绝或不理会别人试图强加给他的看法。

拥有自信的幼儿维护的另一项权利是保护自己的财产（protecting property）。幼儿之间的很多冲突，都与幼儿从家里带来的玩具或游戏有关。教师应该为每个幼儿提供一个独立空间，如储物柜，让他们能存放自己的东西。搭建好的积木，对于搭建的幼儿来说也是很重要的。有些幼儿会想要保存自己搭好的房屋，这时可以帮助他做一个标记，告诉其他幼儿："这是迪奥的房屋，请不要推倒。"

在游戏中不用担心被欺负是幼儿需要维护的另一项权利，尤其是在没有教师的户外场地中。在现在的幼儿园，以下情形时有发生：一个幼儿在游戏时，受到另一个幼儿的欺负，如戏弄、嘲讽、推、打或追逐等，这是对幼儿权利的侵犯。想要制止这种欺负行为，需要被欺负的幼儿和目睹了欺负过程的其他幼儿向教师报告。教师需要告诉幼儿什么算欺负，举报欺负行为不是打小报告，同时可能需要在班里开展一次"对他人友好"的活动。

幼儿的权利包括：

- 所有权；
- 选择参与的权利；
- 用自己的方式完成一项独立的活动的权利；
- 保护自己财产的权利；
- 游戏时不被欺负的权利。

幼儿维护自己权利的方法有很多种。他们可以用肢体阻止另一个幼儿，也可口头告诉别的幼儿自己的看法。幼儿也可能向教师告状。在满是幼儿的活动室里，幼儿维护自己权利的某些做法可能不一定合适。例如，借助武力或攻击性行为是不合适的。教师必须帮助幼儿采用更合适的方法来维护自己的权利。

在这个方面对幼儿进行观察时，要注意哪些幼儿会坚持己见、毫不让步，不愿意放弃自己的玩具或机会。与此同时，要认真记录那些总是让步和顺从别人的幼儿。这些幼儿在自尊的发展方面，也需要得到教师的帮助。

幼儿维权存在文化差异。在西方文化中，幼儿维护自己的权利，被当作自尊发展的一项指标。而东方文化则认为，维护一种和谐的关系比维权更重要。有些中国家长常常教导自己的孩子要自制，要控制自己的情绪。由于他们从小就被教导要自制，因此，幼儿常常很容易放弃自己的权利，转而顺从他人的要求。在有些中国家长眼里，害羞、沉默不语和安静的孩子才是有能力。而在北美，这类幼儿则被认为缺乏能力。波多黎各的母亲会特别注重尊重他人；美国印第安部落纳瓦霍人的母亲教导自己的孩子，在游戏的时候，最好是站在一边看，而不是去参与。许多非洲、拉美和南欧国家的文化，也教导幼儿要尊重他人，而不是坚持自己的看法。

如果教师发现在班里有些缺乏自信的幼儿来自不同的文化背景，就需要关注这些幼儿自尊发展的其他指标，包括尊重他人，能充分听取他人的看法和意见。

给教师的建议

1. 提供行为示范

要培养幼儿某种行为习惯，就需要给幼儿提供行为示范。对幼儿的要求要做到持之以恒。让幼儿知道为什么要这么要求他们。如果教师对幼儿的要求摇摆不定或朝令夕改，那么，幼儿很难养成一种良好的行为习惯。

2. 给幼儿不同的选择

对于幼儿认为重要的选择，要给机会让幼儿自己做决定。这是帮助幼儿学会维护自己权利的一种方法。教师要让幼儿选择参与自己感兴趣的活动，或让他选择带一件好玩的玩具回家，而不是将自己的想法强加给幼儿。

3. 支持幼儿

如果教师发现某个幼儿的权利受到另一个幼儿的侵犯，那么就应该站出来，为权利受到侵犯的幼儿"说话"，与此同时，要让其他幼儿知道为什么，如"为什么尚德拉现在可以画画，但特雷尔不能"。

六、为自己做事时充满热情

研究表明，自我概念发展所追求的就是自主性。如果幼儿在寻求自主的过程中有成就感，他们将来在许多方面都会愿意且能够独立行事。通过在日常生活中对幼儿的观察，教师能知晓哪些幼儿的自我概念发展较好，哪些则不够。最成功的学习者是那些能够而且想要为自己做事情的人。他们对自己的能力有足够的自信，想要去尝试，而且最终能把事情做好。有了这种为自己做事情的能力，这些幼儿就能够独立于周围的成人，逐渐有了自主性。

最成功的学习者，通常是那些想要为自己做事情的人

那么，在活动室中，教师可以在哪些活动中观察幼儿的独立自主能力呢？幼儿在活动室的自主活动包括如下若干。

穿脱衣服	用画笔画画	系鞋带
调颜料	布置自己的小房间	自己拿玩具玩
大小便	放回玩具	洗手、洗脸
把积木放回架子上	刷牙	给布娃娃穿衣服
布置餐桌	使用锤子、锯子	倒饮料
使用剪刀	分发食物	使用小刀
准备餐具	揉面团	吃饭
玩攀爬设施	餐后收拾餐桌	玩拼图
使用电脑	使用录音机	

幼儿在以上活动中表现出来的熟练程度取决于他们的自尊心、他们在家里或其他场所的锻炼，以及周边的成人给予他们的鼓励。如果周围的成人总是包办代替，那么，幼儿就会放弃努力。因此，教师要充分意识到，不要过度地帮助幼儿。幼儿能自己做的事情比我们想象的要多得多。给幼儿时间，他们能自己拉衣服的拉链，自己倒饮料。否则，我们就是剥夺了幼儿发展独立性的重要机会。

在幼儿阶段，成人对待幼儿的方式对于幼儿的自我感受乃至行为都有深刻的影响。有关性别刻板印象的研究表明，在涉及独立行为时，父母对女孩的态度与对男孩的态度有很大的区别。与对待女孩相比，父母通常会更早地允许并鼓励男孩独立，例如在没有成人监督的情况下使用剪刀，自己过马路，在户外游玩，自己坐公共汽车。女孩如果要求父母给予帮助，通常会如愿以偿。但如果是男孩，父母则会让他们自己想办法。父母会鼓励男孩主动探索周围的环境，而对女孩，则不会有同样的要求。由此看来，许多父母认为独立性对男孩比对女孩重要得多。教师可能会认为这种行为正在发生改变。是的，这种行为确实有所改变，但大量父母却依旧如此。

这种偏见自然会影响到幼儿的行为，女孩会觉得自己的能力不如男孩，因此也较少去自我尝试。这也可能导致女孩（或者说女性）对男性产生依赖，因而较少自己去冒险。目前，世界各国都在倡导男女平等。在这种情况下，幼儿之间是否还存在这种差异呢？

教师要尽量避免因受到有关男女性别角色偏见的影响，而戴着有色眼镜去看待班中男孩和女孩的行为。另外，有些幼儿由于受到这种男女性别角色影响，也有可能会把一些偏见带到班里，这时，教师也要能妥善处理。

如同其他领域一样，在幼儿自尊方面，教师的目标也是使幼儿的潜能得到最大限度的发展。当每个幼儿都充满热情地独立工作时，我们就可以说，在自尊发展的漫漫征途中，幼儿已经迈入了正轨。

----- 给教师的建议 -----

1. 检查活动室环境是否为幼儿提供了独立的可能性

幼儿在活动室中能做些什么事情？如果给幼儿机会完成一些有一定难度的任务，幼儿会感到很满足。因此，教师可以检查一下各个活动区域，列出幼儿能做的事。以下是幼儿个体或小组每天可选的一些工作。

喂小兔子	签到	清洗鱼缸
将玩具搬至户外	浇花	扫地
削萝卜皮	擦桌子	送信到办公室
把午睡的小床拉出来	故事录音	打开并使用电脑

2. 鼓励幼儿锻炼生活自理能力

在幼儿小肌肉动作的协调性有所发展之后，就要教幼儿自己系鞋带。也可以让幼儿之间互相帮助扣纽扣、拉拉链等。要留出足够的时间，使即便是动作最慢的幼儿也能完成。

3. 教师自己要表现出热情

热情是合格教师的重要素养。作为幼儿的榜样，教师对待自己所做的每件事情，都必须表现出热情和积极的态度。如果幼儿看到教师满怀热情地做事，他们也会想要这样做。

☑ 第三节 幼儿自尊发展的观察与记录

在《幼儿发展评估表》中，我们之所以将"自尊"放在第一位，是因为当教师第一次见到新入园的幼儿时，首先要关注的就是幼儿自尊的发展情况。以下是教师如何使用《幼儿发展评估表》的范例。

为了有效地使用《幼儿发展评估表》，许多观察者都会先对幼儿进行连续记录，然后再对收集到的数据进行转录。转录的方法之一，是根据所观察到的幼儿行为，在表中相应的项上画"√"。此外，还可以基于连续记录中相应的信息，在表的空白处注明行为的具体表现。这样，就将两种观察法的优点有机地结合起来：既包含连续记录特有的细致描述，又可以通过《幼儿发展评估表》体现幼儿行为发展的特定顺序。以下案例是教师在 10 月 22 号对 3 岁萨伊拉所做的连续记录。

萨伊拉的妈妈把她带到班里。

萨伊拉紧紧抓住妈妈的手，哭了起来。

妈妈说："萨伊拉，你喜欢这里。乖乖的，再见啦。"

妈妈离开了。萨伊拉站在活动室门口哭。

老师走过去，她看着老师，拉起老师的手。

老师把她带到有女孩在玩的玩偶区，并对她耳语了几句。

萨伊拉摇摇头，说"不"。

老师走开了，她跟着老师走。

老师让萨伊拉坐在小桌子旁。小桌中间摆了一盒蜡笔，还放着几张白纸。

萨伊拉终于拿起了两根蜡笔，开始在白纸上涂颜色。

贝斯走了过来，在桌子旁边坐下。

贝斯也从桌上的蜡笔盒中拿出了蜡笔，并在白纸上涂颜色。

开始时，两人没有说话。

接下来，贝斯问萨伊拉："我能借用一下你橙色的蜡笔吗？"橙色的蜡笔就放在桌上。

萨伊拉说："不行。"她用手把蜡笔盖住了。

贝斯一只手抓住萨伊拉的手，另一只手抢过蜡笔，放在自己嘴里。

萨伊拉说："这不公平！"她马上叫老师。

老师走了过来。萨伊拉说："她吃了我的蜡笔，搞得我画不成南瓜了。"

老师对贝斯说："不能吃蜡笔。"

老师被其他幼儿打断，走开了。

萨伊拉起身，走到阅读角，拿起一本书。

萨伊拉拿着书在活动室里到处转。她细心地观察别人在做什么，但没有参与。

萨伊拉对布莱恩小声说："贝奇昨天画画了，她今天还要画画。你看！"她用手指着画架。

布莱恩没有回应。萨伊拉哀求老师说："我想要画画！"

老师说："等贝奇画完了，你就可以画了。"

观察者在上述连续记录的基础上，填写了《幼儿发展评估表》（自尊），如表 3-1 所示。这样，观察者就可以特别关注那些没有画"√"的方面。观察者看完本书后会知道，像萨伊拉这样刚上幼儿园的 3 岁幼儿，在妈妈离开时通常会缺乏安全感。因此，幼儿对妈妈的依恋很快会转移到对教师的依恋上，这与许多 3 岁幼儿刚入园的情况基本相同。但是，萨伊拉没有和其他同伴游戏。本章对于在自尊这一方面未达到发展要求的指标，都提出了相应的教育建议。这些建议有助于教师帮助幼儿较好地完成从家庭到幼儿园的过渡。由于萨伊拉到幼儿园只有一个月，还有一个过渡期，因此，她需要教师给予一些特别的帮助。

表 3-1　幼儿发展评估表（自尊）

| 姓　名 _____ | | 观察者 _____ |
| 幼儿园 _____ | | 日　期 _____ |

指导语：在幼儿时常表现出来的项上画"√"，在没有机会观察到的项上写"N"，其他项留空。

行为指标	证据	日期
＿和主要照料人分离时没有困难	萨伊拉紧紧抓住妈妈的手，哭了起来	10/22
√与教师形成安全依恋	妈妈离开后，紧紧地跟着老师	10/22
＿能成功完成一项任务	开始涂色，但贝斯过来后就停了下来	10/22
＿能自主地选择活动	老师把她安排在画桌旁	10/22
√能维护自己的权利	试图阻止贝斯拿她的蜡笔	10/22
＿为自己做事时充满热情	观察别人，但没有参与	10/22

一、事实依据

把实际看到的事实简洁、客观地记录下来，这很重要。如果是将观察记录直接写在《幼儿发展评估表》上，那么可以是对所观察到的幼儿行为或言语的简要描述。如果是将连续记录转录到表上，则要把事实依据也一并转录。如果是没有机会观察到幼儿在某个行为指标的表现，则可以在该指标上标"N"（表示"没有机会观察到"，不适用）。如果幼儿有机会表现某个指标，但还没有表现出来，则先将该指标空着，注意加上注释。

例如，在表 3-1 中，观察者将第一项行为指标留空，但加注了所观察到的幼儿行为。对于"和主要照料人分离时没有困难"这一指标，观察者没有画"√"，而是在其中注明"萨伊拉紧紧抓住妈妈的手，哭了起来"。有了这些信息，教师才能更好地解释记录的内容，并为该幼儿制定相应的教育方案。

根据对萨伊拉所做的连续记录，观察者可以利用《幼儿发展评估表》，继续对该幼儿在其他领域的发展状况进行评估。显然，教师还需要在一日活动中，对萨伊拉在其他领域的行为指标进行一系列的观察。观察的时间段可以安排在入园时，也可以安排在自主游戏活动时，或者在户外游戏、午餐、午睡和离园时。这样，就可以对该幼儿有较为全面的了解。

我们知道，《幼儿发展评估表》并非测试，而只是幼儿可能表现出来的一些发展指标。如果观察者在填表时，由于被观察的幼儿没有表现出相应的行为，导致有些指标未填，那么，可能有以下原因：

- 她还做不到，因为她尚未达到该发展水平；
- 她没有相应的行为表现，因为她对该指标所指向的活动不感兴趣；
- 活动室环境的布置未能激发该幼儿的行为表现。

教师应观察自然发生的行为，而不应诱发某种行为。例如，教师不宜问幼儿是否认识某些颜色。在幼儿自然的游戏活动中所观察到的情况，才能成为幼儿是否达到某项行为指标的事实依据。教师可以设置一定的活动情境，让幼儿有机会在游戏活动中自然表现出教师想要观察的内容。但要注意，不能强迫幼儿参与教师安排的活动，而应让幼儿自愿参与。例如，即便班里有美工区，而且每天都安排了各种美术活动，但是如果某幼儿不想参与美术活动，那么该行为指标的评价栏就应该留空。不要写上"N"，因为"N"表示没有机会观察幼儿的行为表现，而在上述情境中，实际情况是，幼儿不是没有机会表现自己在某方面的技能，而是选择不参与。不过，教师可以在该行为指标后面加上备注，例如，"班里提供了画架和各种美术活动，但是布莱恩小朋友不参与美工区的活动"。

根据前面有关萨伊拉的连续记录，观察者可以在情感发展领域中画

"√"，并备注以下的事实依据："对班级中的活动感兴趣，并愿意参与"；在社会交往领域，标明"能用自己的玩具／材料独立游戏"；在口头语言领域，可标注"能用扩展句"；在美术、音乐和舞蹈领域，可注明萨伊拉"能画出一些图形"。其他的观察，也可以在同一张表上记录，并标明记录的日期，这样，教师对萨伊拉就逐渐会有一个较为全面的了解。

二、学习计划

基于对某一幼儿观察资料的分析、解读，教师就可以为该幼儿制订一套有针对性的学习计划了。教师需要审视幼儿的各个指标，并找出该幼儿至少在三个领域的强项。例如，虽然萨伊拉的观察记录还很不齐全，我们还是可以找到萨伊拉的一些优点和强项，其中包括：

- 能够维护自己的权利；
- 能够用扩展句表达自己；
- 喜欢艺术，并且表现出一定的艺术技能。

在为萨伊拉制订初步的学习计划时，要考虑到她在这三个方面的强项。当然，要做出一个可靠的综合评估，不能只靠一次观察。我们要尽可能地在不同的时间、通过不同的活动、从不同的角度收集某一幼儿尽可能多的素材。对一个幼儿最好的综合记录，是将班里各位教师对该幼儿的观察记录汇总起来。每位观察该幼儿的教师在记录相应的观察时，都应该标上日期。如果每位观察者用的是同一份《幼儿发展评估表》，那么，为便于分辨各自的记录，每个人可以在表上用不同的符号、字母或颜色，记录不同的观察和相应的事实依据。

以下以萨伊拉为例，说明如何基于《幼儿发展评估表》制订学习计划，我们先基于对萨伊拉的上一次观察，制订一个初步的学习计划。在确定了萨伊拉的强项之后，我们还需要明确萨伊拉在哪些方面需要得到加强。我们不使用具有负面意义的"弱项"这个词，因为这些并非"弱项"。如前所述，用词很重要，需要慎重。如果我们使用的是负面的词语，我们就会从消极的角度去看幼儿。而如果我们将这些方面界定为只是需要加强的发展领域，那么，我们就会为幼儿制订积极的学习计划，帮助她继续发展，使她在有待加强的领域得到改进和提升。

我们依然可以从《幼儿发展评估表》中没有画"√"的指标中，找到萨伊拉需要改进的三个领域。例如，萨伊拉需要：

- 减轻与母亲分离时的焦虑；
- 学会自己选择活动；
- 学会与其他幼儿一起玩。

最后，学习计划还需要包括具体的教育措施，包括如何结合幼儿已有的强项，帮助幼儿改善需要发展的领域。具体的教育措施既可以来自教师自己的经验，也可以参考每一章节各发展指标"给教师的建议"部分。由于萨伊拉表达能力较强，而且看来喜欢做一些特别的事情，因此，不妨考虑让她和另一个幼儿组成一个小组，并让她做组长。在幼儿初次入园时安排这种活动，能帮助幼儿适应，减轻幼儿与母亲的分离焦虑。让她做组长与同伴一起参与别的活动时，可以使她根据自己的需要选择活动。萨伊拉对画画的兴趣也能够促使她与其他幼儿一起游戏，并参与班集体的活动。

为此，教师为萨伊拉制订了初步的学习计划，该计划包括了三项教学活动（见表 3-2）。对萨伊拉的后续观察，可以帮助教师判断这些活动是否对萨伊拉有所帮助，是否要选用其他的活动方案。萨伊拉所在班级的教师需要继续做观察和记录，以便评估这些活动能在多大程度上帮助萨伊拉和班上其他的幼儿，同时了解还需要哪些个别化教育方案。

表 3-2 教学计划表

姓名	萨伊拉	年龄	3 岁	日期	10/22

优势和自信的领域

1.能够维护自己的权利；

2.能够用扩展句表达自己；

3.喜欢艺术，并且表现出一定的艺术技能。

需要加强的领域

1.减轻与母亲分离时的焦虑；

2.学会自己选择活动；

3.学会与其他幼儿一起玩。

促进能力提升的活动

1.在萨伊拉入园时安排一些过渡性活动，如安排萨伊拉和贝奇一起清扫兔笼，然后喂兔子；

2.让萨伊拉把自己的声音录下来，然后教贝奇怎样录声音；

3.萨伊拉和贝奇一起为班级画一幅"太空船"，其他幼儿也可以一起画。

　　需要明确的是，在幼儿园中，对幼儿的观察是一个持续的过程。对于需要特别帮助的幼儿，尤其需要进行跟踪观察。这样，教师才能知道所设计的学习计划与活动方案对幼儿是否有帮助。建议将观察的结果与班级中的其他教师及幼儿家长分享。请他们做类似的观察。而后，将其他教师及幼儿家长的意见和建议整合到教师为每个幼儿制定的个别化教育方案中。

------ 学习活动 ------

　　1.参照"自尊"部分的各项行为指标，在每天早上幼儿入园时，观察班里的每一个幼儿，持续观察三个早上。注意观察哪个幼儿在父母离开时较平静，哪个幼儿在父母离开时很焦虑。对于需要帮助的幼儿，教师可以采取哪些措施？将这些措施实施的效果记录下来。

2. 参照"自尊"部分"与教师形成安全依恋"这一行为指标，对班里的每一个幼儿进行几天的观察。对于达到发展要求的幼儿，在表上画"√"，并把事实依据记录下来。他们还表现出哪些特征？

3. 提供一些拼图，邀请幼儿参与拼图活动。注意哪些幼儿完成了拼图，哪些幼儿没有完成。对于没有完成拼图的幼儿，教师可以提供哪些帮助？

4. 从班中选择一个不太能自主参与游戏活动的幼儿。在三个不同的时间段对该幼儿的言行做一个连续记录。然后，将连续记录的信息转录到《幼儿发展评估表》"自尊"领域。教师如何解释所收集的素材？能否由此得出一些结论？

5. 持续几天观察参与户外活动的幼儿，是否有迹象表明幼儿之间存在欺负行为？是否有幼儿挺身而出维护被欺负的幼儿？对所观察到的现象做一个连续记录。

6. 选择一个在"为自己做事时充满热情"这一行为指标上画"√"的幼儿。观察该幼儿在班级活动开始前 30 分钟内的表现，连续观察三天。根据观察结果，判断在"自尊"部分的其他行为指标上，有哪些指标可以画"√"。关于这个幼儿的自尊发展，有哪些事实依据可以放入幼儿成长档案袋？

第 四 章

幼儿情感的发展

本章聚焦于观察幼儿情感发展的关键指标：

- 以适宜的方式释放压抑的情绪；
- 用言语而非消极行为表达愤怒；
- 在感到害怕时能保持冷静；
- 对他人表现出亲近、热心和关爱；
- 对班级活动表现出兴趣并积极参与；
- 时常面带笑容，看起来很快乐。

☑ 第一节　引言

一、幼儿情感发展

　　幼儿情感发展有别于其他领域的发展。尽管幼儿的情感与身体、社会性、认知、语言和创造性等其他领域同步发展且相辅相成，但幼儿情感的发展似乎并不明显。幼儿似乎不断重复出现相同的情感反应，甚至人的一生都是如此。然而，我们要知道，重复的其实并非情感本身，而是个体对情感的反应。

所以，需要控制的是对情感的反应。个体对自身情感控制的能力称为情感能力。情感能力是幼儿需要发展的方面。尼森和霍金斯（Nissen and Hawkins）认为，情感能力具体表现为三个方面：情绪表达、情绪认知和情绪调节。其中的每个方面都对幼儿与他人互动、形成良好关系的能力发挥着重要作用（2010）。

情绪表达就是我们所说的情绪本身。积极的情绪表达包括快乐、爱和兴奋，而消极的情绪表达通常是痛苦、愤怒和恐惧。如果幼儿能够识别他人情绪表现，说明他具备一定的情感认知能力。但对教师来说，最重要的是培养幼儿的情绪调节能力，即幼儿在社会交往中管理情绪的能力。

无论是对积极的情绪还是对消极的情绪，幼儿时常都会感到不知所措。情绪调节能力有限，这可能又进而导致幼儿做出令人不安的行为。尼森和霍金斯注意到，幼儿的情感发展状况会影响所有其他发展领域，社会性、情感和认知的发展尤其相互关联。因此，提升情感能力可以帮助幼儿形成良好的社会关系，培养幼儿积极的自尊，并为学业成功奠定基础。

为了帮助幼儿提升情感能力，教师要尽可能多地了解情感及其表达方式。情感源于大脑神经系统。但是，情感是否同思考能力一样，也受遗传、生理成熟度和环境的影响呢？答案是肯定的。脑研究的结果表明，"大脑发展的成熟度很大程度上影响人在不同年龄段的情感发展"。有关幼儿发展的研究也表明，人类的某些情绪表达似乎具有普遍性。例如，无论哪个国家的婴幼儿，分离焦虑开始出现的时间和原因都大体相似。类似地，无论何时何地，某些类型的情绪似乎都会引发人们"是战还是逃"的反应。

发展心理学家研究普遍情感反应时，大多是从功能的角度探讨情绪问题，例如分析情绪如何有助于人类适应和生存。发展心理学家发现，有些情绪在婴幼儿阶段能激发生存反应，但在年龄稍大阶段，这些情绪的原有效用就消失了。例如，婴儿在母亲离开时表现出强烈痛苦和苦恼，是希望以此引起妈妈的关注和照顾。但是，如果换作一个 4 岁的幼儿在每天入园时间妈妈离开时都哭闹，这对于父母来说已经不起作用了。尽管一些基本的情绪有助于个体及种群的生存，但是更高级的情感兼具服务社会的功能，因此，幼儿必须在一定的社会情境中有效地学习和掌握高级的情感反应。

有关大脑的研究为我们认识情绪控制提供了很多线索。例如，根据加拉格尔（Gallagher）发表于 2005 年的研究报告，大脑的右半球主要是负责处理消极的、强烈的情绪和创造力，左半球则主要负责处理积极的情绪、语言发展及对新事物和新体验的兴趣。幼儿的大脑在 3 岁前发展速度较快，如果没有成人的帮助，大多数幼儿都做不到自己调节情绪，由此教师帮助幼儿学会调节自己的情绪是很重要的。

本章侧重通过分析观察到的幼儿情绪表达，探讨幼儿的六种不同情绪，即难过（distress）、生气（anger）、害怕（fear）、兴趣（interest）、喜欢（affection）和快乐（joy）。在讨论了每种情绪之后，会提出相应的教育建议，以帮助那些没有表现出特定情绪反应的幼儿改善他们的行为。《幼儿发展评估表》中的每一项指标代表一种特定的情绪。不过，需要注意的是，这些指标并非按照幼儿情感发展的顺序排列的，因为对于情感发展而言，顺序并非一个重要的因素。

许多心理学家认为，人的基本情感有 10—12 种，常被归类为：兴趣和激动，享受和快乐，喜欢和爱，惊讶和震惊，忧伤和痛苦，生气和愤怒，反感和厌恶，蔑视和鄙视，害怕和恐惧，羞怯和羞耻，难过和悲伤，内疚和懊悔。幼儿的情绪反应主要包括如下六种：难过、生气、害怕、兴趣、喜欢和快乐。

为了促进幼儿情感能力的发展，教师需要关注培养幼儿积极的情绪反应，并教导幼儿调节不良的情绪反应。帮助幼儿调节不良情绪反应的策略主要有以下五种（当然，也要根据幼儿具体的情绪和情境而定）：

- 消除或减少引发消极情绪的因素；

- 允许幼儿通过哭、向大人倾诉来减轻消极情感反应；

- 提供帮助和安慰，教幼儿自我控制的方法；

- 以身作则，为幼儿树立情绪控制的榜样；

- 为幼儿提供适当的用语言表达消极情绪的机会。

如果吉娜推倒了罗恩的大楼，罗恩会说什么？

二、帮助幼儿管理不适宜的情绪表达方式

当幼儿能用言语表达自己时，便意味着开始能掌控自己的情绪。他也许会告诉你所发生的事情或他的感受，这是迈向情绪自我控制的第一步，即开始具备情感能力。然而，很多幼儿并不具备迪尔韦斯特（Deerwester）所说的"情绪素养"（emotional literacy），也就是还无法用适宜的词语表达自己的情感（2007）。

迪尔韦斯特认为可以引导幼儿观察别人表达情绪时的面部表情和肢体语言，借此识别他人的情绪。此外，幼儿也需要积累一些"情绪词汇"，如开心、难过、生气、惊讶、失望、兴奋、暴躁、嫉妒等。对于大多数 3—5 岁的幼儿来说，这些还都是新词。他们或许听过这些词，但并不清楚其中的含义。

教师可以借助游戏、歌曲、书、毛绒玩具等，让幼儿先了解这些词的意思。在每个幼儿都平静的时候，教师可以和幼儿玩游戏，每次学习一种情绪。

情绪发展领域的教育目标与其他领域的教育目标是相同的，都是培养幼儿的自我控制能力。为此，教师首先需要了解幼儿目前的情绪状态。幼儿是否经常哭闹、不高兴或抱怨？或是他们常常面带笑容？抑或对他人表现出愤怒或攻击性？《幼儿发展评估表》列出了六项关键指标，体现了具有代表性的情绪。每一项指标代表前面所列的六种情绪中的一种。通过班级观察，教师可以了解哪些幼儿具备了表中所列的自我控制能力。对于自我控制能力相对较弱的幼儿，本章"给教师的建议"部分列出了有针对性的教育方法。

☑ 第二节　幼儿情感发展的关键指标

一、以适宜的方式释放压抑的情绪

当幼儿遇到压力而又无法应对时，就会产生难过的情绪。浅层的难过可能是由于疼痛、极端气候或噪声引起的身体不适；深层的难过主要源于失去心爱的人或物，表现为极度痛苦或忧郁。人生中痛苦的一个基本原因是身体上或心理上的分离，尤其是与所爱的人分离。那些感到自己被抛弃的幼儿（即便事实并非如此），也会与那些真正被抛弃的幼儿感同身受。当被不公平地对待，如被忽视或被虐待时，幼儿也会感到痛苦。

脑研究的成果表明，人体会通过释放激素调节身体机能，以此对周围环境的变化做出反应，其中一种激素称为皮质醇。当人们遇到压力时，身体就会释放皮质醇，帮助人们应对压力。即便是日常的不适，如饥饿或听到十分嘈杂的声音，也会导致皮质醇水平的增加。不过，如加拉格尔所言，长期分泌大量的皮质醇会引发记忆和自我调节方面的问题（Gallagher，2005）。因此，教师为幼儿营造一种宁静的环境至关重要。在这样的环境中，幼儿会感到被呵护、关爱，觉得安全、舒适，并且能学会调节源于压力的不良情绪。

幼儿难过时通常会哭泣、抱怨或露出伤心的表情。幼儿也可能会在这时黏着大人。有家长认为难过并不是孩子最严重的负面情绪，所以总是不把它当回事，这让处于伤心中的孩子感到不舒服、失望或被拒绝。其实这种情绪应引起教师和家长的关注。当幼儿感到忧伤时，说明幼儿遇到了问题。如果长期对幼儿这种消极情绪置之不理或者不能消除其诱因，那将会破坏幼儿对教师和家长的信任感，甚至导致这些幼儿对其他难过的幼儿漠不关心，因为他们觉得别人也是这样对待自己的。

幼儿在幼儿园感到难过的主要原因是什么呢？对于许多幼儿来说，难过主要源于与母亲或主要照料人的分离。身体上不适或疼痛、被同伴排斥或欺负、对自身表现不满或者缺乏某种技能，也是造成幼儿难过的因素。当幼儿受到家事，如弟弟妹妹出生，家人逝世或住院，搬家或父母离婚的影响，他们可能会把这种不安带到幼儿园，并表现出相应的行为。幼儿感到难过的原因如下：

- 与母亲分离；
- 身体疼痛；
- 被同龄人排斥；
- 被同龄人欺负；
- 表现不佳；
- 作息表调整。

那么，教师应该怎样帮助幼儿呢？教师在幼儿情感能力发展方面的主要作用是帮助幼儿掌控或调节自己的情绪。教师不应该去控制幼儿的情绪，而是应帮助幼儿找到一种内在的控制自己情绪的方法。

成人往往想要去控制情绪状况。事实上，当幼儿遇到情绪问题时，会期望成人帮他找到解决的方法。但如果成人照做，反而不利于幼儿的成长。教师的角色应该是一个协助者（facilitator），而不是控制者（controller）。否则，当幼儿下次遇到同样的情绪困扰时，如果教师不在，幼儿将无法自己去解决问题。正如其他发展领域一样，教师在幼儿情感发展领域的总体教育目标是帮助幼儿提高情绪能力，即对情绪的自我控制。

虽然说教师对幼儿情绪表现的反应要取决于具体的情境，但是，当幼儿伤心时，教师首先要给予安慰。当幼儿感到不高兴或不舒服时，可能会牢骚满腹或啼哭不止。这时，教师可以通过安慰性的言语或者拥抱等动作，对幼儿表现出关爱。

要求幼儿马上收起眼泪，这通常不是帮助幼儿控制情绪的有效方法。毕竟，流泪是情感宣泄的一种方式。如果教师强行要求幼儿停止哭泣，幼儿会认为教师对他的遭遇毫无怜悯之心。其实，当幼儿听到教师抚慰的言语或感受到教师的抚爱时，他可能会自己擦干泪水。最近的许多研究表明，哭泣不仅具有心理上的治疗价值，而且对身体也有益处。人体处于紧张状态时，体内积累的毒素可以通过眼泪排解出来，甚至还能降低血压、脉搏和体温。心理学家索尔特（Solter）说过，哭不是伤害，而是避免伤害（1992）。

博令和罗杰斯（Bowling and Rogers）2001年提出了这样一个问题：当幼儿在哭泣时被成人制止，那么这些被堵住的情感去哪了呢？答案是众所皆知的："被堵住的情感要么会爆发出来，表现为踢、打或吼叫，要么被压制到心里，幼儿表现出退缩行为，转而从毛毯或拇指寻求依恋。"他们建议，帮助幼儿释放情绪和治疗情绪创伤的最好方法，是一对一地给予幼儿全心的关注。教师可以采用以下一种或多种策略：

- 给予幼儿安慰；
- 允许幼儿哭泣；
- 转移幼儿的注意；
- 帮助幼儿用语言表达自己的情绪。

至于说要掌握情绪，今后不再感到难过，这是不可能的，也是不合理的。难过的情绪可以得到缓解，也可能在一定程度上得到控制，但不能完全得到控制。我们也不应该抱有这种不切实际的期望。难过是个人感到不顺时所出现的必然症状。在幼儿园，我们只能减轻而不能阻止幼儿产生难过的感受。如果教师的教育方法恰当，那么幼儿就会让自己的心情慢慢平复，或将注意力转移到别的事情。但是，如果幼儿自我意识不强或极度痛苦，也可能一时无法平静。如遇这种情况，教师可以怎样去帮助幼儿呢？

给教师的建议

1. 抱着幼儿坐摇摇椅

最好在班级里面放一张成人的摇摇椅。有时，安抚幼儿最好的办法，就是抱着他坐在椅子上摇一摇。

2. 让幼儿抱一个柔软的玩具

当幼儿抱着柔软的东西时，常会得到一种精神上的慰藉。我们有时看到学步儿总是抱着一条小毛毯，其实就是为了得到一种慰藉。所以，在活动室里应该有一些可爱的绒毛小玩偶或类似的玩具，不仅可以用于游戏，也可以在幼儿伤心时使用。

3. 让幼儿使用具有抚慰作用的材料

让幼儿玩水或用手指作画能够舒缓幼儿的情绪。当幼儿感到不悦时，可以用画画、玩水、挤压海绵等无害的方式发泄。

4. 让幼儿和玩偶说话

化解或控制不悦的情绪最好的方法之一，是用语言将这种情绪表达出来。教师可以指定一个玩偶为"情绪娃娃"，并把它放在班级中某个特定的地方。当幼儿心情不好的时候，就可以过去和它说出自己的感受，也可以问它的感受。教师也可以给幼儿示范如何和"情绪娃娃"对话，这样幼儿可以学着疏导自己的情绪。

幼儿与玩偶对话

5.给幼儿读书

有的幼儿在感到烦躁时，会让教师读一本他们最喜欢的书。教师也可以为他们保留一些对缓解情绪有帮助的书，让他们在心情不好时自己看。

二、用言语而非消极行为表达愤怒

也许是因为"愤怒"容易造成潜在的伤害，因此，无论在幼儿园还是社会，愤怒都是人们甚为关切的一种情绪。人们也十分关注如何较好地控制"愤怒"这种情绪。所以，我们很早就开始教育幼儿在生气的时候什么该做，什么不该做。然而，通常这种方法并不是很有效。有一种积极的方法，能够让幼儿学会控制愤怒，使得愤怒逐渐消退而不伤及自己或他人。

首先，我们需要对"愤怒"这种情绪有所了解，知道什么是愤怒，什么会引起愤怒，人为什么会愤怒。愤怒是当我们身体或心理受到限制，不能做自己想做的事情时，或在努力过程中受挫、被中断，遭受侮辱，或被迫做违背我们意愿的事情时产生的一种情绪或感受。遇到这种情况时，我们会眉头紧皱，满脸通红，热血沸腾，肌肉紧张，咬牙切齿，怒目圆睁。当我们感到极度愤怒时，我们可能会爆发。敌意（hostility）是愤怒的另一种极端表现形式，这是一种"冷漠的愤怒"。

与其他负面情绪相比，愤怒会带来一种身体上的力量感和更强的决心。其实，人被激怒时会将身体的力量汇集起来进行攻击。原始人在愤怒时，能够迅速调动身体的能量抵御危险，这对于生存至关重要。在现代社会，人们依旧会愤怒，虽已不再是为了生存，但这种积累在体内的负能量需要向外宣泄或以某种方式减缓。否则，这种负能量将会指向自我。医学研究发现，长期压抑怒火是皮肤病、溃疡、偏头痛、高血压和某些心理障碍的其中一个诱因（Izard，1977）。

大多数父母从一开始就教育自己的孩子不要把不高兴挂在脸上。当孩子们一把情绪露在脸上时，他们就能感受到父母的不悦。因此，很多孩子很早就学会了隐藏或掩饰自己的不满，而有些孩子则以攻击性行为发泄自己的情绪。尽管这两种情绪反应方式都不甚如意，但许多人终其一生都是这样处理愤怒的。

我们需要一种积极的方法，从一开始就教会幼儿生气的时候应该做什么（即如何表达情绪），而不是告诉他们不应该做什么（即如何压抑情绪）。怒气肯定需要以某种方式释放，无论是成人还是幼儿，都需要无害地"宣泄怒火"。

在幼儿感到生气时，许多教师采用的一种有效方法，就是引导幼儿像在难过时那样，用言语表达他们的感受。言语表达既不是大喊大叫，也不是谩骂，而是让幼儿用词句说出是什么让他们生气了。这种用言语表达的方法至少有两个好处：一是让幼儿有了一种可接受的方式去释放内心强烈的情感；二是让幼儿学会掌控自己。让幼儿去应对自己的情绪感受，而不是由成人取而代之，能够有效增强幼儿的自尊。

类似"愤怒"这种强烈的情绪，容易让幼儿感到不知所措，甚至产生恐惧。如果幼儿能学会自己而不是依靠外在的力量控制情绪，那么当成人不在身边的时候，幼儿就能较好地处理不良情绪。愤怒的情绪总是要通过某种行为表现出来。如果幼儿学会了使用言语，而非通过冲动的行为来表达愤怒，那么，他们即便做了某些不当的行为，也不会事后感到内疚或自责。

亚当斯（Adams）认为，教师可以引导幼儿说出自己的感受（2011）。她把对情感的理解称为"情感素养"。她建议，成人可通过制作情感词汇表来扩大幼儿的情感词汇量，这些词是幼儿在生气时可以用的。当一些不愉快的事情发生时，教师可以先示范使用这些词，然后幼儿可以学习运用。

生气（angry）	恼怒（cross）	暴怒（furious）
抓狂（mad）	脾气暴躁（grumpy）	厌恶（disgusted）
心烦意乱（upset）	易怒（crabby）	沮丧（frustrated）
激怒（irritated）	烦恼（annoyed）	触怒（enraged）

万事开头难。让幼儿学会用言语去表达自己的情绪，起初并不容易。对于语言交流能力较为欠缺的幼儿，他们并不会自然而然地用言语表达。而对于正在气头上的幼儿，他们更难说出自己的情绪。他们认为通过肢体动作、喊叫或哭闹更容易发泄自己的不满。但其实对于3—5岁的幼儿，他们能学会用词语表达自己的感受。

那么，作为教师，我们应怎样教他们呢？首先，教师要以身作则，给他们做出示范。当教师自己感到生气的时候，要告诉幼儿你的感受，以及为什么有这种感受："看到你把录音带扔在地上，我感到很不高兴！如果把录音带摔坏了，别的小朋友就听不了里面的音乐了。"或者，"路易斯和维特，看到你们两个人又在一起欺负娟了，我很生气！要知道，两个人对付一个人是很不公平的！"

教师必须要让幼儿明白，让教师生气的是幼儿的行为，而不是幼儿本身。无论幼儿多么生气，无论他们的行为多么让教师不悦，教师依然会尊重他们，喜爱他们。无论是从言语还是行为表情上，都让幼儿知道教师仍认为他们是好孩子。

此外，每次幼儿发脾气的时候，教师都要干预，要反复引导幼儿用言语表达自己的感受："萨拉，告诉杰西卡她拿走你的书时，你有什么感受。""罗伯特，不要打路德。告诉他你的感受。"要和幼儿保持眼神的接触，帮助幼儿与同伴进行眼神接触，这样有助于消除怒气："罗伯特，看着路德的眼睛，告诉他你的感受。"

显然，上述很多是成人用语，但是，如果教师在表达愤怒的情绪时常用这些词，或者其他人每次在生气时也用这些词，那么，教师可能会很惊奇地发现，幼儿在不开心时，也能很快地用这些词表达自己的感受。教幼儿用言语表达愤怒是一个耗时的过程，但也是让幼儿学习的过程。幼儿必须要学会从内心控制他们的愤怒，学会将怒气转化为语言。如果教师认同这点，就会觉得为此而付出的时间和努力都是值得的！当幼儿开始告诉同伴："贾马，不要打他，告诉他你的感受！"此刻，教师就会欣慰地发现，教育已初见成效！

┈┈┈**给教师的建议**┈┈┈┈┈┈┈┈┈┈┈┈┈┈┈┈┈┈┈┈┈┈┈

1. 用言语与幼儿交流感受

在活动室中设置一个"情感角"，在里面贴上不同表情图片，如悲伤、生气、开心的人物图片。让幼儿告诉教师看到这些图片时的感受。可以从书里把带有情绪的图片复印下来。给幼儿提供一个可以用手操作的情感玩偶，幼儿可以抱着玩偶，和玩偶倾诉自己的感受。

2. 阅读

在一日活动中的任何时候，都可以给幼儿个体或小组读一些关于情绪感受的绘本，但不要在幼儿不开心时阅读。

如有一本书中，小骆驼拉马生气了，开始乱扔东西，妈妈把他从购物推车里拎出来，请他帮妈妈选购商品；当苏菲非常生气时，她想要踢东西，尖叫，抓狂到想要把世界撕碎，但她选择自己走到户外去爬树；当凯蒂·欧娜发脾气的时候，她会找有趣的事情，把自己逗笑。听你讲故事的小朋友在发脾气时会做些什么？他们能用言语表达他们的心情吗？让他们试试。

三、在感到害怕时能保持冷静

根据许多心理学家的研究，婴儿出生 6 个月后，开始出现"害怕"这种情绪。大概 5—9 个月的婴儿开始注意到陌生的面孔，并感到害怕。在此之前，婴儿的身体和认知发展还不足以让他们区分熟人和陌生人。在有了分辨能力之后，婴儿开始将这些陌生面孔视为一种可能的威胁，之后才逐渐改变。

面临潜在的危险，遇到陌生的人、物或环境，以及某些特定因素，如黑暗、暴风雨、危急情境、电视中的暴力画面、狗或蛇等某些动物，很容易让婴幼儿产生恐惧。当人感到害怕时，就会焦虑和担心。根据受惊吓的程度，可能会表现出发抖、畏缩、躲避、逃跑、抱紧某人或哭泣。幼儿受到惊吓后，通常会试图寻求保护。

在某种意义上，恐惧的产生与年龄有关。在 2 岁前，幼儿通常不会恐高、怕黑或动物。似乎在这个年龄段，幼儿对这些事物还不知道感到害怕。随着日渐长大，幼儿会产生一些新的害怕，原有的恐惧则会消失。对于人类来说，恐惧似乎是一种警告信号，可以让人们远离危险或寻求保护。如果这种警示信号一直持续，但对于幼儿来说已经没有意义时，教师就有必要进行干预。

众所皆知，人极度恐惧时会感到麻木，即便是轻微的恐惧，例如焦虑，也会引发一定程度的身心紧张。焦虑的人在紧张的情境下很难放松下来。

在幼儿园里，以下这些情形都可能引起幼儿的恐惧：大人对幼儿大声说话；行为失控的幼儿伤害他人；因发生火灾或有炸弹而紧急疏散等紧急情况；暴风雨或自然灾害；造成人身伤害的事故。从校外疾驰而过、汽笛声长鸣的车辆或大声的拍门声，都会使他们紧紧抱成一团或惊哭不已。当幼儿看到、听到或感受到威胁的存在时，他们就会感到害怕。

无论发生什么，让幼儿能保持冷静的任务责无旁贷地落在了教师身上。教师该怎么做呢？首先，教师必须保持镇定，不慌张，预测接下来可能会面临的紧急情况；其次，提前进行紧急疏散演练。教师通过面部表情、声音和行动向幼儿传递教师很冷静、不慌张的信息。幼儿会观察教师如何应对这些紧急或危急的情况。成人要表现出镇定自若、平静的语气和自信的行为。

如果教师在遇到危险时面露惧色，就会引起幼儿的恐慌。那么，如果遇到类似枪击、炸弹或爆炸这些危急事件，教师应该如何应对呢？如果教师惊慌失措，那幼儿也会一样。

对于各种危急情况，教师要未雨绸缪，并做好心理准备。可以和同事们讨论在发生紧急情形时每个人的应对措施。和同事一起事先演练遇到危急情境时各自的任务，可以帮助每个人更好明确自己的角色，做到各司其职、镇定自若。例如，可以安排所有教师参与一次消防演练，一开始时先不要让幼儿参与，后期再让幼儿也加入演练。在演练的过程中，注意观察幼儿的状况，哪些幼儿在危急时能听从教师的引导？哪些幼儿会被吓哭或失控？如果只是一两个幼儿无法控制他们的恐惧，教师可以给他们特别的安抚，让他们和其他幼儿一起，通过一些放松的活动平复心情。

┈┈**给教师的建议**┈┈┈┈┈┈┈┈┈┈┈┈┈┈┈┈┈┈┈┈┈┈┈┈┈┈┈┈┈┈┈

1. 消除或减少引起害怕的因素

如果教师知道什么让幼儿感到害怕，那么就有可能消除其诱因。如果不知道，可以询问幼儿。让幼儿知道，无论发生什么，教师都会在他身边。如果幼儿害怕外面操场上的狗，教师可以把幼儿带回室内，并让另一位同事把狗赶走。如果幼儿害怕打雷、闪电，则可以在电闪雷鸣时拉上窗帘，让幼儿围着坐成一圈，唱一些有趣的歌，这些做法都有助于减轻幼儿害怕的心理（Beaty，2012）。如果幼儿因为看到电视上的暴力镜头而感到害怕，就必须和幼儿交谈，让他们把害怕的情绪表达出来，让他们感受到在幼儿园是安全的。

2. 给幼儿支持和安抚

当幼儿感到害怕时，可以通过下面的一些方法抚慰他们：抚摸，拥抱，抱着他坐在大人腿上或坐在摇摇椅上，或者让他们坐在教师身边，听教师轻声说话或给他们讲故事。神经科学家发现，抚摸能刺激幼儿大脑释放生长素。另外，情绪压力需要释放，否则会导致皮质醇的分泌，而皮质醇水平过高可能会干扰幼儿脑神经元之间的连接。

3. 让幼儿哭一会儿

如前所述，人在压力中积累的化学毒素可以通过眼泪排解出来。不要去阻止一个受惊吓的幼儿哭泣。可以安慰他，告诉他说哭一会儿没有关系。许多幼儿用眼泪来发泄他们的恐惧情绪。哭泣是一种宣泄。之后在适当的时候，再抱一抱他，或和他随意地聊天，让他逐渐平静下来。

4. 用一些平静的艺术活动，转移幼儿的注意力

某些艺术活动能有效地让感到害怕的幼儿平静下来：可以让他们玩橡皮泥，手握着橡皮泥，用力挤压，让橡皮泥从指缝间出来，这样的活动能帮助幼儿释放压抑的情绪。手指画也是一种有效缓解害怕情绪的方法。幼儿用手指在纸上画画时，内心的恐惧也随之烟消云散。此外，还可以让幼儿在地板上，用自己的手臂、手掌等画画，如把手掌拍在纸上，印出手印。玩水也是一种让幼儿平静下来的方法。可以让幼儿把水装在瓶子里，然后把水从瓶子里挤出，喷进别的容器里面，或者用打蛋器搅起泡泡，用吸管在水中吹泡泡，或者把水从一个容器倒进另一个容器里。

5. 让幼儿帮助同伴

如果一个幼儿帮助另一个也感到害怕的幼儿摆脱恐惧，会产生助人达己的功效：助人的幼儿在这个过程中也可以消除自己的恐惧感。并非每个幼儿都能成为助人者，但那些能帮助别人的幼儿，会感觉到自己不再那么害怕了。在帮助别人时，他们可以一起读故事书，玩指偶游戏、拼图游戏，或者一起听音乐。在有他人相伴时，幼儿之间相互帮助的可能性较大。教师可以请两个幼儿和第三个幼儿一起玩游戏。这样，这三个幼儿就不会再将注意力放在引发害怕的情境上。

6. 阅读

阅读有助于消除幼儿的害怕心理。教师可以从绘本故事切入，引导幼儿参与消除害怕的游戏活动。有时，教师只是和幼儿讲绘本故事中的一些情境，有时则会结合绘本内容，开展画画、玩水或积木建构的游戏活动。

绘本故事情境各有不同。如在一个故事中，战战兢兢的小猫走进暴风雨中营救了他的主人，自己也不再害怕了；小猫头鹰刚开始在黑暗中时会有些害怕，爸爸给他读故事，告诉他害怕黑暗很正常，之后小猫头鹰也就克服了对黑暗的恐惧；小女孩起初担心轮到自己说话时，会忘记要说什么，但最终还是记起来了，并说了出来；阿姨告诉孤儿院的孩子们如果发生龙卷风该怎么做后，他们学会了互相拥抱；阿姨通过玩一些简单的游戏，帮助小女孩克服恐惧；营地的孩子们即便用押韵的词也没能把熊赶跑，直到他们发出"乒"的声音，熊才被吓跑了；孩子们起初受到了鳄鱼的威胁，但他们齐心协力，吓跑了鳄鱼。

四、对他人表现出亲近、热心和关爱

当周围的人都充满温情时，幼儿就学会了对他人友善；当周围的人都向他们表达爱意时，幼儿就学会了爱；当身边的人给他们始终如一的关怀和爱时，他们也就学会了体贴关爱他人。从婴儿开始，友善、温暖和爱就如同食物和水，是幼儿成长发育所不可或缺的。

如果照料人和幼儿之间缺乏爱的表达，那么，幼儿长大后可能就难以对周围的人表达友善、温暖和爱。无论是父母还是教师或其他照料人，如果发现幼儿有可能出现这种情感问题，马上矫正还为时不晚。教师作为幼儿生命中的"重要他人"，要给幼儿无条件的爱——无论幼儿是谁，外貌或表现怎样，来自哪里。每个幼儿都需要他周围的成人给予这种温暖。这样，在幼儿长大之后，才能学会给予别人温暖和爱。教师和幼儿建立一种真诚的关系，才能使幼儿和教师及班里的其他小伙伴建立良性的关系。

你认同这种看法吗？你是否会觉得自己对幼儿还不是十分关怀体贴呢？是否会觉得向他人表达关爱有些困难？我们需要反思一下自己是否很好地承担了作为幼儿教师或照料人的角色，这很重要。幼儿需要周围的成人给予温暖和关心。如果幼儿教师做不到这点，或许需要重新考虑自己是否适合从事这份工作。

即便有些幼儿未能从家里的成人那里得到无条件的关爱，教师还是可以通过下列方法，给予幼儿温暖和爱：

- 亲近幼儿（站或坐在他们旁边，把他们抱在腿上）；
- 触摸幼儿（拥抱、轻拍／搂肩膀）；
- 非言语暗示（微笑、眼神接触、点头、挥手示意、握手、拉手）；
- 言语认可（"今天很高兴看到你的笑脸！"）。

幼儿也需要感受到班级里其他同伴的关爱。教师是幼儿的榜样，如果教师向他们表达爱意，幼儿也会将这份爱传递给其他人。很多幼儿会对教师柔情的眼神报以会心的微笑，过来拉教师的手，甚至拥抱教师。不过，也有些幼儿还是会有些胆怯、退缩，这些慢热型的幼儿不会很快表现出热心或与班级里的教师、同伴建立真正的联系，也许是因为在家里未能与主要照料人形成紧密的依恋关系。不要放弃这些幼儿。对于这些有需要帮助的幼儿，可以采用下面的方法。

------**给教师的建议**------

1.阅读与情感有关的绘本

某些关于爱与感情的绘本已成为经典，例如《妈妈，你爱我吗？》（*Mama，Do You Love Me?*）。

绘本中幼儿问父母是否在任何情况下都会爱自己。当父母的爱是肯定的、无条件的，他们就会感到安全。

2.让两个幼儿合作

开始的时候，教师可以安排两个幼儿一起听教师讲故事，或者让他们读给你听。这两个幼儿中可能有一个较为活跃，容易接受关爱，另一个可能不爱说话。但教师一定要对两个幼儿都表现出关心和爱。接着，可以问他们是否可以让另一个幼儿加入进来，并把刚才读的书给新来的小朋友看。然后，教师再找两个小朋友重复上面的过程。最后，用指偶游戏的方式，把故事内容表现出来。

五、对班级活动表现出兴趣并积极参与

兴趣是人类最常见也是最普遍的积极情感。当幼儿感兴趣时，会将目光转向吸引他们注意力的人或物，然后用好奇的眼光探索，其他感官也可能参与进来。当人们充满兴趣时，就会变得反应敏捷、活泼、自信和好奇。兴趣是幼儿学习的主要驱动力，也是幼儿创造力和智力发展的主要动力。

因此，在幼儿的成长环境中，需要有一些能让幼儿感兴趣的人物、材料或主意，这对于激发幼儿的兴趣、促进幼儿的成长至关重要。

心理学家认为，变化或新奇是引发兴趣的基础。新奇的事物首先吸引人们的注意。一旦引发了注意力和好奇心，人们便想要去更多地了解它，进而在这个过程中掌握更多的知识、技能，增进理解。换言之，兴趣是想要去认识的一种冲动。它使得我们能够对所好奇的事物保持注意。兴奋是兴趣最强烈的一种表现形式。

兴趣在婴儿早期就已经开始出现。婴儿的兴趣明显地表现在对人脸部的注意上：婴儿会将目光停留在母亲的脸上，并随母亲的移动而移动。拨浪鼓、瓶子、挂件、自己的手指和脚趾等，这些都可能成为婴儿探索的对象，他不仅会用眼睛去探索，还可能用嘴巴去探索。而后，婴儿会逐渐从外在的探索转变到主动的操作，例如，他会用脚去踢，用手去扔，或把东西从高处扔下去，好奇地想知道接下来会发生什么。

贫困常会使幼儿的成长环境缺乏多样化的活动或材料，进而影响幼儿兴趣和注意力的发展。如果父母为谋生而终日劳累奔波，就会无暇顾及孩子。有些父母甚至还会阻止孩子的探索。如果再加上每天负面的情绪，那么，幼儿刚萌发的兴趣很快就会枯萎。

因此，教师必须了解班级里哪些幼儿依然充满好奇心，而哪些幼儿的好奇心已近泯灭。每个幼儿对班级活动的兴趣和关注，是我们了解幼儿的线索。不过，要记住，新奇和富有变化的事物会激发幼儿的兴趣，因此，要有效地评价幼儿的兴趣，最好的方法就是设计一种新的活动，并观察谁对该活动感兴趣，是否积极参与活动，以及兴趣持续的长短。幼儿的兴趣具有非常明显的个体差异性，一个幼儿感兴趣的活动，另一个幼儿不一定会感兴趣。因此，教师需要为幼儿设计多种不同的活动和材料。记得在每次活动中逐渐地增加一些新内容。

兴趣也会影响注意的持久性。活动或事物的变化和新奇性能激发幼儿的兴趣，幼儿会因受到吸引而参与某项活动。如果他们觉得活动有趣，就可能会花更多时间参与该活动，并在活动中更加集中注意力。虽然我们知道幼儿兴趣维持的时间长短与幼儿的年龄及成熟度有关（幼儿年龄越大，兴趣维持时间越长），但我们也可以通过增强活动和活动材料的吸引力来加强幼儿的关注度。幼儿只有集中注意力才能更好地学习，注意的持续性对于幼儿的学习至关重要，因此，教师需要了解3—5岁的幼儿对什么事物感兴趣。

-----给教师的建议---

1. 关注自我

人们的兴趣千差万别，但是所有人，尤其是还处于自我中心阶段的幼儿，会对自己感兴趣。有些幼儿对幼儿园的活动不感兴趣。针对这些幼儿，想想与这些幼儿有关的新奇和不同的东西，提出问题，或给幼儿一些有趣的挑战，让幼儿喜欢上这些活动。例如，组织一次"酷酷鞋比赛"，从不太感兴趣的幼儿开始：让她设计一个图案，然后贴在自己的鞋尖上，扮演当天的"酷酷鞋公主"。然后，请她在地板上踏出有节奏的声音，教师再把这些声音录下来，播放给其他幼儿听，让其他幼儿也试着模仿，并把自己踏的声音录下来。之后由"酷酷鞋公主"选出下一个"酷酷鞋公主"或"酷酷鞋王子"。

2. 激发好奇

幼儿总是喜欢神秘的东西。邀请一位神秘嘉宾（可以是化了装或戴着面具的成人）到班级参观。让幼儿猜猜这位神秘嘉宾是谁。或者在袋子里装一个很大的毛绒玩具，让幼儿猜猜里面是什么。可以给幼儿一些暗示，如这种动物是吃什么的，也可以模拟这种动物的叫声。一些反应较慢的幼儿，可能会在你把毛绒玩具从袋子里拿出来时给取一个名字呢。简单的东西，如一个纸板箱或一个装满塑料的盒子通常也能引发幼儿的兴趣。

3. 阅读

如今很多书里都有搞怪的孩子、滑稽的动物和外太空的奇闻趣事，这些都能吸引幼儿的注意。这些书不仅可以用来阅读，还能激发幼儿参与野外探险。其吸引力谁人能挡？

如有的幼儿对恐龙感兴趣，可以让他们用纸箱板制成恐龙模型，参加幼儿园的宠物日活动。之后，可以用纸袋制作恐龙头，或者用恐龙玩具进行恐龙比赛。

教师要仔细观察是否所有的幼儿都乐于其中，如果有幼儿不感兴趣，没有参加这些活动，了解他们想尝试什么活动。

六、时常面带笑容，看起来很快乐

快乐是一种最积极也是最难以捉摸的情感。你要寻找快乐时，它却无影无踪；你想直接去体验快乐，它却东躲西藏。而在平常的生活中，它却经常不期而至。多数情况下，快乐不是空穴来风，而总是与其他一些事物相伴而生，比如一段愉快的经历、一个美妙的想法、一段珍贵的友谊。换言之，快乐是对自己、对他人、对生活感觉良好的一种情绪体验。

沃德和达梅尔（Ward and Dahlmeier）认为，人的快乐有两种：一种是情感上的快乐（affective joy），这是在与他人的关系中体验到的；另一种是认知上的快乐（cognitive joy），即成就感（2011）。他们对现在一些课堂缺乏乐趣表示担忧。他们说："目前儿童早期课程和小学课程强调评估、问责和提高学业期待，这可能会剥夺一些儿童和教师的快乐体验。"（2011，pp. 94-95）

我们认为，采用本章所提供的幼儿发展评估工具有助于让幼儿更加快乐，而不是剥夺幼儿的快乐。《幼儿发展评估表》是观察幼儿的有效工具，采用这个工具观察幼儿在自然环境中的游戏活动，对于每个人，都是一种快乐的体验。

如果幼儿郁郁寡欢，说明他对周围的事物没有良好的感受。我们需要认真观察幼儿，了解幼儿内在的情感状况。如若是缺乏快乐的体验，我们就应该采取积极的措施帮助他们。

快乐是指在愉快经历之前或之后的幸福感觉：感官上的愉悦，如拥抱、亲吻或抚摸；心理上的愉悦，如对美好时光的回忆，对见到心爱的人或者和朋友们一起玩耍的期待。对幼儿而言，游戏是快乐的主要源泉。

人们表达快乐的方式多种多样，如微笑、大笑、眼睛发亮、心跳加快、容光焕发或是内心充满自信，深感幸福。快乐的感觉或许转眼即逝，但它却可能会在过后几个小时一直影响一个人的行为和反应。

感受快乐的能力与生俱来，并存在一定的个体差异。然而，其后天的发展水平在很大程度上取决于母亲或主要照料人对婴儿的快乐情绪所做出的回应。一个人无法教会另一个人如何快乐，但可以营造一种愉悦的、充满乐趣的氛围。当幼儿感到愉悦时，照料人要及时给出积极的回应。

新生儿在出生后几天就会微笑。起初，这种微笑只是出现在白日梦或夜梦中。然后，在白天醒着时，如果有人用悦耳的声音和他们说话，他们也会面露微笑。在出生 5 周后，看到熟悉的人走近自己，他们也会笑脸相迎了。在出生后第一周，就开始出现由声音引发的微笑。到了第二、第三个月，只要婴儿感受到照料人对他们做出回应，即便没有看到或听到什么，他们也会自发微笑。面部表情仍然是最能引起婴幼儿微笑的因素。

笑有一定的发展顺序。快乐的感受最早出现在 5—9 周大的婴儿身上，这时，如果给他挠痒痒，婴儿会发出笑声。科学家认为，婴幼儿的动作发展与欢笑的发展有关。但是，婴幼儿也容易被他人的笑声和微笑所感染。以下一些情形会影响快乐情绪的产生：

身体状况欠佳；

疲劳；

感到无聊；

遭受苛刻的对待；

被忽视；

贫困；

照料人不快乐。

看到一个熟悉的人、物或场景，都可能让人感到快乐。变化和新奇能激发兴趣，而快乐则源于熟悉和舒适感。在组织活动时要记住：一成不变令人感到枯燥乏味，有一些改变会带来挑战，但频繁的变化又会让幼儿不知所措。因此，幼儿需要有相对稳定的一日活动时间表，不要让他们的环境突然之间变化太大。这样，他们就会每天开心地期待来幼儿园。

以下情况可引发快乐情绪：

- 有积极的自我形象；

- 和快乐的人在一起；

- 在活动中获得成就感；

- 有玩伴；

- 听到周围的笑声；

- 选择最喜欢的活动；

- 听最喜欢的故事；

- 玩最喜欢的玩具。

麦基（McGhee）认为，快乐与幽默是一种双向的关系（2005）。换言之，幼儿在幸福、快乐的状态下，更容易有幽默感。在幼儿眼里，什么都是好玩的，他们不时咯咯笑个不停。他们幽默的言行也会带来预料之外的快乐和幸福。

给教师的建议

1. 与父母交流

不快乐的幼儿可能是因为生活不幸福。对于这些幼儿，教师需与他们的父母交谈，设法了解幼儿在家里的表现：幼儿是否受某些特别的问题或压力的困扰？性格怎样？他总是感到不高兴吗？他最喜欢的食物、颜色、玩具和活动是什么？什么事情会让他开心？或许在幼儿在园时间，你可以利用他喜欢的东西让他感到开心、快乐。

2. 做一个快乐的人

如果幼儿觉得有人认为他们是快乐的，喜欢和他们在一起，那么幼儿也会感到快乐。教师要做一个快乐的人。

3. 阅读

有大量绘本能让婴幼儿开心、快乐。如在一个关于外星人爱内裤的故事中，光是"内裤"这个词就会让幼儿咯咯笑起来。幼儿笑完之后还能画画，这对幼儿来说是多么伟大的艺术作品啊！

通过表4-1，教师可以清楚地了解幼儿情绪表现的常见原因和可能出现的行为，以便更好地回应幼儿。

表4-1 幼儿在班级里的情绪表现

情绪	常见原因	可能出现的行为表现
难过	与所爱的人分离，被抛弃	哭泣，抱怨，黏人
生气	身心受到约束，被侮辱	脸红，大声说话，尖叫，挑衅他人
害怕	感受到威胁	肌肉僵硬，发抖，紧抱他人，哭泣
兴趣	变化、新奇	目不转睛地看，探索，睁大眼睛
喜欢	表达对同伴或教师的喜爱	站或坐在教师旁边，触摸、拥抱别人，微笑，和同伴手拉手
快乐	愉快的体验、快乐的回忆、友谊	微笑，大笑，眼睛闪闪发光，神采飞扬

☑ 第三节 幼儿情感发展的观察与记录

为了更好地理解和解读每个幼儿情感发展的状况，最好是能按照《幼儿发展评估表》中有关情绪发展的指标，为每个幼儿都填一份表。例如，教师使用观察收集到的资料，为萨伊拉进行了记录（见表4-2）。

表4-2 幼儿发展评估表（情感）

姓　名	萨伊拉（3岁）	观察者	康妮
幼儿园	小班	日　期	10/22

指导语：在幼儿时常表现出来的项上画"√"，在没有机会观察到的项上写"N"，其他项留空。

行为指标	证据	日期
√ 以适宜的方式释放压抑的情绪	贝斯拿了她的蜡笔，她能在教师的安抚下平静下来	10/22
√ 用言语而非消极行为表达愤怒	贝斯拿她的蜡笔时，她对贝斯说："这不公平！"	10/22
N 在感到害怕时能保持冷静	没观察到	10/22
√ 对他人表现出亲近、热心和关爱	靠近老师，接触老师	10/22
√ 对班级活动表现出兴趣并积极参与	在活动室里四处转，对艺术方面感兴趣	10/22
＿ 时常面带笑容，看起来很快乐	很少面露笑容，显得不开心	10/22

萨伊拉和教师关系不错。但是，她看起来和其他小朋友不是很合得来。她还没能和其他小朋友一起玩，只要一发生她觉得不愉快的事，她就跑到教师那里去。另一个表现是她似乎总是面无笑容，看起来闷闷不乐。这可能是因为萨伊拉很容易和其他幼儿闹别扭，所以她很少表现出高兴。

对萨伊拉的观察是在开学初进行的。那时，所有的幼儿都还不熟，也还没有适应幼儿园的生活。在"给教师的建议"这部分所推荐的一些活动，或许能够帮助萨伊拉更好地与小伙伴们相处。萨伊拉在活动室里到处转，东玩玩，西碰碰，说明她还是想要参与其他同伴的活动。或许，萨伊拉可以和另一个小朋友一起画画。教师可以为萨伊拉找一个已经顺利过渡的小朋友，让她帮助萨伊拉适应幼儿园的生活。

如果幼儿情感能力的相关信息对于教师的工作十分重要，那么，教师也可以使用上述情感能力指标对全班幼儿进行观察。教师可以将每个关键指标列在一张纸上，而后，基于观察结果，将已经达到该指标要求的幼儿名字列在这张纸上。在每个指标的观察都完成后，教师可以一目了然地知道全班幼儿的情感能力状况。名字出现少的指标通常表明这个方面更需要教师的关注和帮助。适合整个班级的活动也会对这些幼儿有所帮助。

对幼儿情感能力的观察，也可以采用其他的方式。幼儿发脾气往往是最为棘手的事情。一位教师注意到尼尔总是生气，喜欢和其他男孩打架。其他男孩对教师说是尼尔先打人的，但尼尔不承认。教师决定从头到尾观察并记录尼尔打架的情况。

起初，她采用连续记录法观察并记录尼尔的行为。当尼尔和别人打架时，她用《ABC 事件取样观察记录表》。A 是"前因"，即发生在打架前的事；B 是"行为"，即打架的过程；C 是后果，即打架后发生的事（见表4-3）。经过对三次打架行为的观察、记录和分析，她终于明白了尼尔打人的原因。

表 4-3　ABC 事件取样观察记录表（尼尔）

时间	前因	行为	后果
10:15	里奇不停地把卡车开进尼尔在玩的积木建构区，并取笑尼尔	尼尔生气了，开始打里奇	老师阻止打架行为；里奇一直在说："是他先打人！"

教师发现两个大点儿的男孩一直在偷偷地取笑尼尔，尼尔知道后非常

生气，便对他们动手。教师和这两个男孩谈话，告诉他们取笑别人的行为是不对的，他们应该友好地和尼尔相处。同时她告诉尼尔，如果他们再次取笑他，他可以用语言表达，而不是打他们。教师和这三个小朋友一起讨论了这个问题，他们都同意改正自己的行为。教师认为利用事件取样法有助于明晰幼儿的问题所在，之后她也会继续使用这种方法。

其实，像这样的情绪问题在幼儿教育中是很常见的。教师如果能意识到这一点，并善于对幼儿的行为进行观察，就能更好地了解班里发生的事情，也能知道哪些幼儿需要特别的帮助，进而更好地促进幼儿情感能力的发展。

学习活动

1. 针对幼儿情感发展的六条指标，对幼儿进行为期一周的观察。哪些幼儿不能恰当地释放不良情绪？教师应该怎样帮助这些幼儿？制定一个方案。

2. 选择一个经常乱发脾气的幼儿。在该幼儿发完脾气之后，教师与他交谈，告诉他用语言表达生气的感受，而不是用攻击性行为。将过程记录下来，并制定一份后续的教育方案。

3. 帮助一个看起来比较胆小的幼儿，给他读一本相关的故事书。之后把教育的成效记录下来。

4. 调查班级里是否有对其他小朋友比较冷漠的幼儿。一对一给予关注，让他们感觉到，班里的老师和小朋友们喜欢和需要他们。在一些学习活动中，让他们和其他小朋友合作，之后再观察这些幼儿是否变得更愿意与人亲近。

5. 推出一个全新的、与众不同的展览，观察哪些幼儿注意到它并感兴趣。对于没有注意到的幼儿，试着找出他们最喜欢的东西（如宠物、食物、电视节目、游戏等）。让幼儿帮教师一起设置他们感兴趣的活动。

6. 选择一个爱笑、看起来很快乐的幼儿，对该幼儿进行为期三天的连续观察。根据你的观察，该幼儿表现出了《幼儿发展评估表》上哪些关键指标？分别有什么事实证据？根据这些观察，可以得出什么结论？是否需要其他证据？

第 五 章

幼儿社会交往能力的发展

本章聚焦于观察幼儿社会交往能力发展的关键指标：

- 独自玩玩具或材料；
- 用相似的玩具或材料与其他幼儿玩平行游戏；
- 参与小组游戏；
- 积极参与正在进行的游戏；
- 与其他幼儿交朋友；
- 用积极的方式解决游戏中的冲突。

☑ 第一节 引言

一、幼儿社会交往能力的培养

幼儿社会性发展水平集中体现在如何与同伴交往上。研究表明，若童年早期社会交往能力欠佳，那么，这个人在今后的生活中很可能会出现与社会要求格格不入的行为（ Nissen and Hawkins，2010 ）。

其实，幼儿一直在试图提升自己的社会交往能力。起初，幼儿会完全以自我为中心，这似乎源自人的生存本能。他们进入幼儿园时，开始认识到自己是一个与众不同的个体，学习与同龄人相处。

有较强自尊的幼儿入园后的适应性也很好。在与主要照料人分开时，他们不会显得很焦虑，也更愿意尝试新事物，结识新朋友。开普尔（Kemple）曾就有关的研究文献进行深入的分析，结论与上述观点一致：个体在婴儿期与母亲依恋关系的质量，能预测幼儿入园后与他人的社会交往状况（1991）。

然而，幼儿在班里与同伴的交往会遇到新的问题。很多——即便不是大多数——3—5 岁的幼儿，都还没能掌握交朋友或与人相处的社会交往能力。他们关注的焦点是自己。他们在家里衣来伸手，饭来张口。即使家里有了一个新生的宝宝，取代了他原来"集万千宠爱在一身"的地位，他也会使出浑身解数，想要成为父母心目中的第一。

当他们踏入社会之后，自我中心就会有碍于社会交往能力的发展，他们必须学会和他人相处，学会成为群体中的一员。许多家长将孩子送入幼儿园，就是想要他们学会与人相处。许多幼儿园也将帮助幼儿发展基本的社会交往能力作为教育的目标。那么，在社会交往方面，幼儿到底需要学习什么呢？以下就是幼儿需要学习的一些重要能力：

- 与其他幼儿接触和玩耍；
- 与同伴互动，互谅互让；
- 与同伴相处，和谐互动；
- 与其他幼儿交朋友；
- 从其他幼儿的角度看问题；
- 参与正在进行的游戏活动；
- 解决人际冲突。

无论是通过自己的努力还是借助教师的帮助，如果幼儿能学会这些社会交往能力，那么，在未来人生的路上，他们将能更好地与他人相处。

本章主要阐述幼儿与同伴交往、互动和相处的能力。要确定每个幼儿在社交技能方面的发展现状，就需要先了解体现其发展水平的行为指标。在幼儿游戏活动领域，弗洛斯特（Frost）是一位公认的专家。他认为，幼儿主要通过游戏发展自己的社会交往能力；社会交往有助于幼儿认识自我及他人，也有助于彼此在游戏中结交朋友。幼儿能否在一起愉快地进行游戏活动，社会交往能力的发展水平是一个重要的影响因素。

二、游戏的重要性

在学前教育领域，维果斯基（Vygotsky）是最早关注幼儿社会互动的研究者之一。他提出了"最近发展区"的概念，用于表示通过社会互动而使幼儿的理解力得到提升的情形。在社会互动过程中，幼儿的社会性游戏是不可或缺的重要组成部分。尽管瑞士心理学家皮亚杰也关注游戏和社会经验的重要性，但是，皮亚杰关注的还主要是幼儿的个体发展，而维果斯基关注的是幼儿之间的社会交往（Van Hoorn et al.，2003）。

三、其他有关早期游戏活动的研究

什么因素决定了幼儿与人相处能力的发展？这是许多幼儿研究专家都感兴趣的问题。20 世纪 20 年代末，美国学者帕顿（Parten）开创了对"幼儿的社会参与"的研究，她的研究成果于 1932 年发表。自那时起，社会性游戏一直是有关幼儿社会交往能力的研究重点。帕顿的研究发现，幼儿的社会参与可以分类，这些类别与幼儿的年龄和成熟度密切相关。

帕顿将幼儿的游戏行为分为以下六类。许多研究在确定幼儿社会技能发展水平时，都是基于这一分类法。

1. 无所事事：幼儿不参与其周围的游戏活动。他待在一个地方，跟着教师，或者四处闲逛。

2. 旁观者游戏：幼儿花很多时间看他人的游戏活动，有时还可能与他们交谈几句，但他不加入游戏活动，或与他们没有直接互动。

3. 独自游戏：幼儿参与游戏活动，但他只是自己玩，既不和别人玩，也不玩别人的玩具。

4. 平行游戏：幼儿自己玩，旁边有其他幼儿也在游戏，他时常会使用别人的玩具或游戏材料。

5. 联合游戏：幼儿与其他幼儿使用相同的材料游戏，但他自娱自乐，不遵从小组的活动意图或兴趣。

6. 合作游戏：幼儿在小组中开展有组织的游戏活动，游戏活动有具体的指向，小组成员扮演不同的角色。（Parten，1932，p. 248－251）

自 1932 年以来，许多研究人员发现依然可以观察到帕顿的这些游戏类别。弗洛斯特、沃瑟姆和赖费尔指出，帕顿关于游戏行为分类的研究，得到了多年来许多研究者的印证（Frost，Wortham and Reifel，2012）。而且，这些分类不仅可用于描述游戏活动，对于描述幼儿其他的社会交往情境也同样适用（2012）。研究者发现，尽管时至今日，许多幼儿在这些发展阶段的进程提前了一些，但是，任何一个幼儿所表现出来的社会参与水平，依然遵循一定的发展进程。每种发展水平或类型，都与年龄有一定的关系。

研究人员在观察幼儿的游戏时，喜欢使用帕顿的游戏分类理论作为指引，因为在幼儿的游戏中，很容易观察到对应不同游戏类型的游戏行为。然而，在帕顿的研究之后，涌现了大量关于幼儿社会性发展的新成果。今天，我们依然认为帕顿等研究者关于游戏分类的早期研究对于收集幼儿社会发展的观察数据颇有价值，但我们也会融入新的研究成果。

四、神经科学研究

弗洛斯特、沃瑟姆和赖费尔探讨了脑科学的新研究，该研究分析了人脑的功能及其对幼儿发展的影响（Froster，Wortham and Reifel，2012）。研究者异常兴奋地指出，脑科学研究的成果意义重大，影响深远，所有的人，不分年龄和信仰，都受脑科学研究的影响。这意味着，陪伴幼儿成长的成人，也必须具备脑科学的基本知识。通过计算机断层扫描（CT）、磁共振成像（MRI）和正电子发射断层扫描（PET）等脑部扫描，科学家发现脑部发育与幼儿游戏之间存在重要的关联：

- 所有健康的幼儿都在游戏；
- 随着神经元之间开始以惊人的速度建立连接，游戏迅速多样化，复杂程度也不断提高；
- 游戏为幼儿提供了日后生活所需的技能；
- 早期的经验对于神经元的连接及幼儿各项能力的发展具有重大而直接的影响。

弗洛斯特及其同行的研究表明，生命之初的几年对于一生的发展至关重要。游戏化的活动对于脑发育及之后的脑功能具有积极的影响。此外，他们还指出，正是"看似不经意的游戏"，潜移默化地影响了脑部的发育。似乎只有脑科学家通过脑部扫描，才能得到确凿的证据，证明环境刺激对幼儿发展的影响。然而，对于幼儿教师来说，要获取游戏活动影响幼儿发展的证据，还有另一种工具：观察。通过对幼儿的系统观察，教师可以更好地认识游戏活动对于幼儿脑部发育的作用。也可以说，细心的观察，就是教师的"脑部扫描仪"，借此可以认识脑部发展的状况。

观察是教师认识儿童发展的"脑部扫描仪"

五、社会性游戏发展

由于社会性游戏的发展与年龄密切相关，教师可以在幼儿从单独游戏到平行游戏再到合作游戏的过程中，观察社会性游戏的发展。因此，"与年龄相关的生理成熟度"（大脑发育）意味着幼儿的社交技能水平取决于认知、语言和情感成熟度。因而，幼儿年龄越大，他与社会交往的经验可能也就越多。观察者注意到，快满 1 岁的婴儿已经出现在游戏中模仿对方的迹象了。

到 2 岁时，只要有机会，他们就已经开始参与同伴游戏。他们通常通过与另一个学步儿平行游戏来开始同伴游戏。通常他们只与一个同龄的小伙伴互动。同时和一个以上的小伙伴玩耍，还是略为困难。"三人行"对这个年龄来说不会持续很久。

3 岁时他们变得更为成熟和有经验，他们已经可以同时和多个小伙伴一起玩耍。随着他们不再那么以自我为中心，也能更好地理解同伴的看法，3 岁幼儿的社会性游戏会更顺利地进行。幼儿能更熟练地表达想法，倾听玩伴的意见，并根据情况调整自己的行为，这一切都有助于社会性游戏的开展。

社会性游戏的发展特点如下。

- 1 岁：开始在游戏中互相模仿。

- 2 岁：和另一个玩伴一起玩，有时彼此会有互动；不太能与一个以上的玩伴玩。

- 3 岁：可以同时与多个玩伴玩，较少以自我为中心，更能从别人的角度看问题，社会游戏更顺畅。

六、教师的角色

如今，越来越多的幼儿表现为情绪调节能力欠佳，缺乏社会交往能力，偏爱暴力性的游戏主题。这些问题让许多教师感到忧心忡忡。

教师该如何帮助幼儿克服这些问题？许多幼儿在没有教师帮助的情况下，学习如何与同龄人交往和玩耍。然而，也有一些幼儿需要得到教师的帮助才能更好地学会与人交往。这些幼儿通常包括刚入园的幼儿、害羞的幼儿、缺乏经验的幼儿，或来自问题家庭的幼儿。如果缺乏帮助，他们很难学会如何与人交往。罗杰格（Rodrigues）等还认为，其实发育迟缓的幼儿也有相似的问题，他们的社会交往圈较小，朋友也不多（2007）。

在混龄班中，在参与小组游戏、扮演游戏角色、解决矛盾冲突方面，通常年龄最小的幼儿遇到的问题最多。这些幼儿肯定需要得到教师的帮助。在帮助幼儿提升社会交往能力、得到同伴接纳的过程中，教师扮演着特别的角色。

教师要帮助幼儿发展被同伴接纳的交往技能。在幼儿社会交往能力的发展过程中，教师应该如何发挥自己的重要作用呢？围绕这个问题，我们将依据《幼儿发展评估表》进行探讨。当然，表中的每项指标都是描述性的，而非判断性的。这些指标包括：独立游戏、平行游戏、小组游戏、参与游戏、交朋友、解决冲突。我们希望通过观察个体在每一个指标上的表现，了解该幼儿的社会交往能力。在观察和评定过程中，如果没有对其中某些指标项画"√"，则要注意避免对幼儿做出负面的判断。所有的指标本身既不是消极的，也不是积极的；指标只是对行为进行描述而已。在观察幼儿的交往行为时，我们不仅要确定是否在相应的指标项上画"√"，而且，更为重要的是，我们要将在该指标画"√"或不画"√"的事实依据记录下来。不仅要记录那些画"√"指标的事实依据，而且同样重要的是，对于我们没有画"√"的指标，也要做好描述性的事实依据的记录。

以下是帮助幼儿发展被同伴接纳的社交技能的策略：

- 班级环境的设置要便于开展小组活动；

- 通过观察和记录，确定谁单独玩，谁与谁玩平行游戏，谁与谁玩小组游戏，谁能参与别人的游戏，谁交了新朋友，谁能解决冲突；

- 帮助幼儿友好地主动与人接触；

- 帮助幼儿参与正在进行的游戏活动；

- 帮助幼儿学会解决与他人的冲突。

☑ 第二节　幼儿社会交往能力发展的关键指标

一、独自玩玩具或材料

许多幼儿在刚进入幼儿园时，起初都是自己玩耍。这可能是因为他们对新的环境还感到有些陌生，或还缺乏与不熟悉的人一起玩的自信。也可能是因为被玩具和材料所吸引，想要自己尝试，所以会独自游戏。此外，还可能是因为一些园所在理念上鼓励幼儿独自游戏，或者是幼儿有一个自己的项目，想要自己完成。当幼儿独自游戏时，教师要观察并记录幼儿的实际行为，同时，也要记录该幼儿是否参与了其他幼儿的活动。即便已经进入到合作游戏阶段，许多幼儿在完成自己的项目时，依然会独自游戏。教师对此不要大惊小怪，以免让幼儿感到气馁。

帕顿将"独自游戏"界定为：幼儿与附近的其他同伴各自玩不同的玩具，彼此都没有试图接近对方。每个幼儿自娱自乐，不会顾及别人再做什么。（Parten，1932：250）

对于一些幼儿来说，独自游戏是社会性游戏的起始阶段，而后，他们才开始和他人一起游戏。如果有幼儿从不和小伙伴一起玩，或只是各玩各的，可以将幼儿的这种独自游戏视为游戏活动的起始阶段。

斯密兰斯基（Smilansky）和鲁宾（Rubin）分别在 20 世纪 60 年代和七八十年代进行有关研究，从幼儿社交技能的角度和认知发展的角度，考察幼儿的游戏行为。他们认为，幼儿游戏的水平不仅取决于是否与别人一起游戏，还取决于他们在游戏中做什么。

要确定独自玩游戏的幼儿是否真的处于社交游戏的初始阶段，就要留意观察他们在做什么。如果正在摆弄玩具和材料，或在设法弄明白这些玩具怎么玩，那么，他们就处于游戏的初始阶段。例如，在积木游戏中，处于游戏活动起始阶段的幼儿，通常会先拿起一块积木，放下，再用它敲敲打打，或者把它放进一个容器里，然后又把它倒出来。较有经验的幼儿会将积木堆叠成塔，摆成道路，或者用它们搭房子。

如果你观察到幼儿自己在建构或创建一些东西，这可能表明他不是初学者。初学者通常只是自己摆弄材料而已。如果幼儿在游戏活动过程中有目的地使用材料，如试图搭建一座房子，画画，或在用橡皮泥制作某种东西，则表明该幼儿已经具有较高水平的创造性。这种较高水平的技能发展可能使幼儿能够从自己制作的东西中获得满足感。教师不应该阻止这些幼儿独自游戏，而应该为他们提供丰富的机会，让他们充分表达这种创造力。这些幼儿将会自然地参与小组游戏活动。

如今，我们的社会正在创造另一种类型的独自游戏者：那些花大量时间独自玩电子游戏或互动视频游戏的幼儿。对于这些幼儿，教师需要为他们提供帮助，向他们介绍传统的游戏材料及同伴。你所在的幼儿园里有电视或其他高科技的玩具材料吗？如果我们想要帮助幼儿发展社交技能，那么，除电脑外，这些高科技的材料应该只是放在家里，最好不要在幼儿园中使用。即使幼儿使用班里的电脑，也不应该是幼儿自己一个人的活动，最好是安排两个幼儿一起使用。然而，如果幼儿在自主游戏活动的时间里，既没有独自游戏，也没有参与任何其他类型的游戏活动，那么，教师可以尝试采用以下几种方式帮助他。

------ **给教师的建议** --

1. 为幼儿提供熟悉的材料

面团是许多幼儿熟悉的材料，只不过多数幼儿没有机会玩。可以邀请不怎么参与游戏的幼儿和面，然后给他一些工具，比如给他小擀面杖和饼干模具，让他玩面团。

2. 阅读

读一本感人、乐观的书，比如《皮特猫》（*Pete the Cat*）。书中的皮特发现了图书馆、餐厅和操场。当幼儿一边听你讲故事，一边在班里"晃荡"时，他会发现什么？

在《学前班那些事》（*Kindergarten Rocks*）中，德克斯特小朋友在踏入学前班的第一天，感到有点小害怕。听故事的幼儿可以一边听故事，一边看看能否找到德克斯特做过的事情（画画、烹饪、玩游戏、写信件、玩积木、装扮和看书）。

二、用相似的玩具或材料与其他幼儿玩平行游戏

平行游戏是一种很神奇的现象，真的要亲眼所见才会相信它的存在。平行游戏通常涉及两个幼儿，他们乍看起来好像是在一起玩。但当你走近一看，会发现原来每个幼儿实际上都在玩不同的游戏，只不过他们用的是相似的玩具。这两个幼儿似乎在自言自语，而不是彼此交谈。

帕顿将平行游戏界定为："幼儿各玩各的，但他所选择的游戏活动自然会使他成为游戏中的一员。他所玩的玩具与周围小伙伴使用的玩具大同小异，只不过他按自己的想法玩，不曾试图去影响或改变其他幼儿的游戏活动。他只是在其他幼儿一旁玩，而不是和他们一起玩。对于周边来来去去的小伙伴，他显得毫不在乎。"（Parten，1932，p. 250）

幼儿园中有各种各样的平行游戏活动。玩这些平行游戏的主要还是较小年龄的幼儿。如前所述，幼儿园中的平行游戏，似乎能让幼儿学会如何在室内与他人一起玩。想象在一个活动室里有一群高度自我中心的幼儿，他们大多还互不相识，你会觉得这些幼儿互不干扰地玩平行游戏合情合理。他们一起来到一个有很多玩具和活动的场所。他们应如何应对呢？

他们首先会自己去尝试怎么玩。接着，他们会用相同的材料按自己的想法玩，所玩的游戏各有不同，然后才开始合作，交流想法，再以小组的形式一起游戏，并扮演自己的角色，完成分配的任务。曾经有人认为，学会合作游戏的幼儿可能会完全抛弃平行游戏。安德森和罗宾逊（Anderson and Robinson）更倾向于认为，平行游戏也可以作为幼儿从一种游戏状态过渡到另一种游戏状态的桥梁（2006）。在你所在的班级中，情况怎样呢？

·····给教师的建议·······································

1. 尝试为两个幼儿安排一次手指画

放置一张可以两人并排坐的小桌子，拿出手指画颜料。邀请其中一个不太想参加的幼儿和另一个幼儿一起画画。不要强迫不太想参加的那个幼儿。也许，可以先让他独自玩，然后再询问他是否可以让另一个幼儿坐在他旁边玩。这时，他就不只是和另一个幼儿平行游戏了，而是和另一个幼儿一起游戏，因为他们要共用画画的颜料。

2. 为两个幼儿创设录音环境

在班里准备两部录音机，这很重要。准备两部录音机，可以为两个幼儿使用同样的材料玩平行游戏提供机会，因此很有价值。录音可以一个人玩。即使是腼腆的幼儿，当他拿起麦克风的时候，也会轻柔地说话，然后再听听录音机里自己的声音。那是很有趣的事情。可以让两个幼儿坐在同一张桌子上，各自对着自己的麦克风录音。久而久之，他们就会拿对方的麦克风来录音。

仔细观察这两个幼儿是否真的在玩平行游戏

3. 为两个幼儿提供一个计算机程序

在电脑前摆放两把椅子，然后打开一个简单的程序，让两个幼儿轮流使用。如果没人用，可以让一个知道如何使用电脑的幼儿试试你的程序。然后，告诉常自己玩游戏的另一个幼儿，电脑旁还有一张空椅子等着他呢。如果他愿意过去玩，另一个幼儿会帮助他一起玩。

三、参与小组游戏

当一组幼儿为了一个共同的目的，使用相同的材料，或者围绕一个共同的主题玩假装游戏时，我们就说幼儿在参与小组游戏或"合作"游戏。在大多数的幼儿园中，尽管不是每个幼儿都会参与小组游戏，但都会有许多小组游戏活动。观察者经常可以看到幼儿在积木建构区一起拼搭房子，或在表演区玩过家家或医生看病的游戏。

类似这样的小组游戏是自主游戏活动时间许多幼儿参与的主要游戏活

动。不过，也有一些幼儿还没有学会参与小组游戏或角色扮演所需的社交技能，只是经常在参与小组游戏的幼儿一旁玩平行游戏。其实，每个幼儿的情况都不一样，有些幼儿并不参与别人的游戏，就愿意自己在一旁玩；而有些幼儿则可能想要得到教师的帮助，以便参与其他幼儿的游戏中。

教师无论如何都不要强迫幼儿。有些幼儿对于在班里和其他小伙伴一起玩小组游戏还感到有些不自在。对于这些幼儿，要给他们机会让他们逐渐适应。只要他们自己感到时机成熟，就自然会参与小组游戏。在幼儿园中，小组游戏是最复杂的游戏类型，因此，许多幼儿需要一些自己的时间或玩平行游戏的时间。他们需要时间逐渐去结交同伴，认识朋友。他们也需要时间逐渐对小组游戏的内容产生兴趣。

教师的任务是通过多种方式鼓励幼儿参与小组游戏，为此，教师可以在幼儿自主游戏活动时间里，为幼儿提供参与小组游戏的机会，支持幼儿正在进行的游戏，时不时地为幼儿的游戏活动提供一些点子，给幼儿充足的时间以持续进行游戏活动，邀请有兴趣参与游戏活动的人参与游戏。

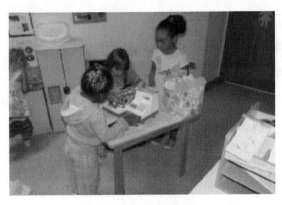

幼儿在戏剧游戏区游戏

对于想玩游戏但又不知道如何参与游戏的幼儿，请参见下一节中的建议。如果班里较少出现小组游戏活动，或许，教师就要考虑活动室的布置和材料的投放问题：学习区域划分是否合理？是否每个活动区都有足够的空间能让几个幼儿一起参与游戏活动？积木区应该至少能容纳4—6个幼儿一起在地板上搭积木，但也不要太大或太开放，以免所有幼儿都同时过来玩积木游戏。放置积木的架子可以不用靠着墙，这样，可以将积木区部分地围合起来，成为一个相对独立的区角。积木架子上应该摆放各种积木块，足够让各组幼儿搭建大型建构。建构游戏的配套材料可以包括人、动物、小型车辆和娃娃等。

幼儿所参与的许多小组游戏起初都发生在积木区。他们一起来到积木区，开始时是各玩各的，之后便与同伴玩平行搭建游戏，最后才组成一个小组一起搭建。教师要考虑的是：活动室里的空间安排和材料投放是否有助于小组游戏活动的开展？

除了积木区外，另一个较适合小组游戏活动的区域是戏剧游戏区。很多活动室里都有一个过家家的游戏区，其中有各种适合幼儿玩的厨具、镜子、娃娃和用于装扮的服饰。此外，教师还可以投放货架、书桌和玩具收银机，以及几个空瓶子和一些袋子，这样便可以创设一个商场购物的游戏场景。如果有可供几个幼儿一起游戏的空间或适合不同游戏主题的游戏材料，你或许会看到同时有多个小组游戏活动在进行。

⸺ 给教师的建议 ⸺

1. 结合郊游或外出参观开展游戏活动

无论郊游地点远近，在组织郊游活动后，都要尽量选择一个游戏区角，在其中投放一些与郊游活动有关的道具，为幼儿提供合作游戏的场景和机会。这样，幼儿就能自主地再现郊游活动，或表演其中一些他们感兴趣的活动。例如，在戏剧游戏区投放表演消防员用的帽子、雨衣、靴子等，或在积木区投放消防车玩具、消防用软水管及各种人偶。

2. 阅读绘本后开展游戏活动

激发幼儿开展自主小组游戏活动的方式之一，是在阅读了一本有趣的绘本后，投放一些道具，让幼儿能表演故事的情节或其中的部分内容。如果带幼儿去参观了社区的消防站，那么，参观后投放相关绘本就特别合适。在你的班里，幼儿看完绘本后，能将其中的场景在积木区表现出来吗？

无论哪个种族的幼儿，都喜欢假扮故事中的人物。所以，在提供给幼儿的绘本中，尽量选择包含各个种族和文化的图书，这有助于培养幼儿相互理解的意识。拉姆塞（Ramsey）认为，通过让幼儿感受这些故事，他们会对角色产生共鸣，学会站在另一个人的立场思考（1991）。

埃利斯（Ellis）等也同样持以上观点。他们引用了许多已有研究的发现，让人们认识到，故事、寓言和童话对幼儿社交技能的培养具有深远影响（2006）。这意味着，在和幼儿读完绘本故事之后，有必要与幼儿谈谈自己是否与书中各种角色有相似经历。

3. 自己组建一个游戏小组

幼儿喜欢和教师一起玩。如果教师在幼儿的游戏活动中能扮演一个角色，那就更好了。教师可以选择一个空闲的区角，在其中投放一些道具，以此吸引一些幼儿过来参与游戏活动。可能还没有人去玩沙盘。此时，教师可以扮成一名古生物学家，正在为博物馆挖掘一些恐龙化石。你可以戴上护目镜和探险家的帽子，带上一把小铲子。把积木区的一些玩具恐龙埋在沙子里。如果没有幼儿注意到你在做什么，则可以主动向幼儿发出邀请："我需要四个小朋友和我一起去戈壁滩探寻恐龙化石。"如果有超过四个幼儿想参加，可请他们报名参加下一轮。教师要确保手边有一本恐龙画册用于识别各种恐龙，最好还安排一台摄像机用于拍摄发现的恐龙。一旦幼儿参与进来，教师就可以悄然退出，让幼儿继续他们的探险游戏。

活动结束后，可以找个时间，和参与活动的幼儿读一本情节相对简单的绘本故事，如《骨头、骨头、恐龙骨头》（*Bones*, *Bones*, *Dinosaur Bones*）。书中讲述了六个探险者寻找恐龙骨头的故事。探险者找到了恐龙骨头，把它们挖出来，包起来，运到科学博物馆，然后把它们组装成霸王龙的骨骼。你班里的幼儿会想要创建自己的博物馆吗？

四、积极参与正在进行的游戏

你或许会留意到，班里的许多幼儿会设法加入别人正在进行的游戏活动。社会学家将这些加入他人游戏的策略称为"加入仪式"（access rituals）。想要加入某个小组游戏活动的幼儿，会尝试采用不同的策略参与游戏活动。

较小年龄的幼儿可能会先站在一旁观看别人的游戏活动，通过微笑或感兴趣的手势等非言语的方式，表现出自己对游戏活动的兴趣，希望能引起游戏中幼儿的注意，邀请或允许他参与游戏活动。

其他幼儿可能会走来走去看，或站着看，瞅准机会参与进行中的游戏活动。

对于感兴趣的游戏活动，他们可能会先在一旁玩平行游戏。如果自己被接受，就加入其中。

他们也可能以破坏性的方式闯入他人的游戏，声称游戏的场地或玩具是他们的。

年龄较大的幼儿经常使用"我能一起玩吗？"或"你们在玩什么？"等来获得参与游戏的机会。

在大多数幼儿园中，在自主游戏活动时，你会看到很多幼儿各自组合，在不同的游戏区角忙碌着：有些在积木区玩建构游戏，有些在角色扮演区化装，也有一些幼儿在搭积木、画画、玩面团，或在阅读区玩木偶。但也并非每一个幼儿都参与。有一些幼儿在一旁左顾右盼，有些幼儿还有些害羞，有些幼儿初来乍到，和其他幼儿还不太熟悉，他们想要参与正在进行的游戏，但却不知道如何参与。有些幼儿尝试过，但却被拒绝了。也有一些幼儿需要在教师的帮助下，才敢尝试加入他人的游戏。

然而，为什么幼儿在游戏开始后，就想将其他小伙伴拒之门外呢？克萨罗（Corsaro）的研究表明，幼儿意识到，要得到别人允许加入正在进行的游戏是一件很难的事情（2003）。正因如此，他们也会专注于保护好自己正在进行的游戏。虽然也会有一些幼儿通过使用攻击性行为闯入他人正在进行的游戏，但是，能成功加入他人游戏的幼儿，通常都会采用一些参与游戏的积极策略：

- 观察别人正在玩什么游戏；
- 模仿别人的游戏活动，如同玩平行游戏；
- 找到对游戏有用的东西；
- 表现出对他人在玩的游戏的兴趣，在一旁来回走动；
- 多次询问自己是否可以加入游戏。

幼儿想要加入他人正在进行的游戏，沟通技巧似乎发挥着重要的作用。想要加入游戏的幼儿先要和正在玩游戏的幼儿交谈，理解游戏者的回应和关切，之后，再相应地做出回应。例如，有一组幼儿正在玩带宝宝去看医生的假装游戏，莎琳想要加入这组幼儿的游戏活动，为此，她采用了一种成功的加入策略：她从角色扮演区抱了一个布娃娃，对在玩游戏的其他幼儿说："我的宝宝也要检查。"在这个例子中，她采纳了小组的游戏内容，即看医生，并用自己的方式推动游戏。同样重要的是，她还采用言语交流的方式，而不是在未经他人同意的情况下贸然地闯入他人的游戏。

假如她只是问："我能和你们一起玩吗？"那么，她就很容易被人拒绝。又假如她将其中的一个布娃娃抱走，或试图取代另一个幼儿的医生角色，她也肯定会被拒之门外。对于那些无法换位思考的幼儿，可能无法理解怎样才能加入别人正在进行的游戏。此时，教师的帮助就显得特别重要。

在某开端中心幼儿园中，罗莎是一个腼腆的小女孩，当她想参与其他幼儿正在进行的小组游戏时，大多数情况下都不能如愿，因为她太不自信了。她会先是在一旁看其他人玩，但每当她害羞地低声问是否能参与游戏时，却总是被小伙伴拒绝，然后她默默地自己走开。她本不该这么轻易就放弃的。克萨罗在研究中发现，在幼儿园，有超过一半的想要加入小组游戏活动的请求会被拒绝。但由于幼儿园里的小组游戏有很大的流动性，幼儿来来去去，想要参与游戏的幼儿其实是有很多机会的。第一次被人拒绝，并不意味着他会一直被人拒绝。

许多像罗莎这样的幼儿却不再尝试了。此时，教师就该出手相助，给予这些幼儿必要的指导，教师也可以自己先向幼儿示范一个成功加入游戏活动的策略，而后让幼儿尝试一下。如果罗莎怎么试都没效果，小伙伴就是不接纳她，那么教师就有必要找个时间，指导一下小组游戏中的幼儿如何接纳一位想要加入游戏的小伙伴。

对于想要参与他人游戏的幼儿来说，最有效的策略似乎是在一旁玩平行游戏，而最不成功的做法是搅乱游戏。研究人员发现，幼儿的平行游戏随着集体游戏和小组游戏的增加而逐渐减少。尽管如此，平行游戏依然是3岁和4岁幼儿社交游戏的主要类型。

无论如何，教师都不应强制要求小组游戏中的幼儿接受想参与游戏的幼儿。作为承担管理者角色的成人，教师的确有权要求小组中的幼儿接受想参与游戏的罗莎，但这样做并不能解决罗莎的问题。相反，小组中的其他幼儿可能会对罗莎感到不满，因为她是教师硬塞进来的。对于幼儿来说，当他们面临两难的社会交往困境时，其实是面临一个很好的学习机会。如果教师帮助解决了问题，那就错失了自己解决问题的机会。只有在当事的幼儿多次尝试未果的情况下，教师才适宜出手相助。教师的介入，应被当作解决问题的最后一个选项。

给教师的建议

1. 与当事幼儿和/或小组一起使用布偶

在合适的时候，教师拿出两个布偶，告诉罗莎这两个布偶的名字：一个是想要参与游戏的奥利，另一个是正在玩游戏的普利。教师告诉罗莎，奥利想要和普利玩，但普利不让她一起玩。教师可以问问普利，奥利做些什么才能和他一起玩？不管罗莎提出什么想法，教师都可以问问布偶。如果罗莎的想法是适宜的，就让布偶奥利和普利一起玩。如果罗莎提出的建议不太适宜，那就由教师给出适宜的建议。教师可以用同样的布偶游戏，指导不愿接纳其他幼儿的小组，引导他们接纳其他幼儿一起玩。还可以让幼儿把布偶套在自己的手上，扮演其中的角色。

2. 为每个幼儿创设一个加入小组游戏的机会

在小组游戏刚刚准备开始时，别的幼儿若此时想要加入游戏，相对会较容易。一旦小组游戏开始了，其他幼儿想要加入通常就会被拒绝。因此，对于教师来说，为每个幼儿提供时间和机会，让他们体验参与他人的游戏，就显得很重要。可以选择在晨间活动或自主游戏活动开始时，让幼儿了解有哪些可以参与的游戏，然后自己做出选择。

五、与其他幼儿交朋友

你可能会想：幼儿与同龄人交朋友真有那么重要吗？例如，在幼儿刚入园时，他们是否会担心能不能交到朋友？无论幼儿是否表露出这种担心，事实是，在第一次踏入陌生的班级时，许多幼儿心中十分关切的问题就是：能否交到朋友？自己会不会受班里其他小伙伴的喜欢？是否会有朋友在等他？与常人一样，无论到哪，幼儿也希望感到受欢迎和被接纳。

与人交往是成为社会人的必经之路。每个人在迈出家门之后，都需要为某一个群体所接纳。在这个群体中，我们至少都需要有一个能与我们建立关系的人，一个能成为朋友的人。幼儿也不例外。但他们交朋友的能力与成人有所不同。对于一个 3 岁、4 岁或 5 岁的幼儿，他是如何交朋友的呢？

有些幼儿在与人交往时得心应手，有些幼儿在与他人建立关系的过程中总是困难重重，有些干脆不与人交往。家长将孩子送入幼儿园的目的之一是让孩子能收获友谊，也就是人们所说的"社会化"。家长希望孩子在上小学之前，能学会社会交往的技能。换句话说，他们希望自己的孩子学会与其他小伙伴相处。

然而，这几年来，许多家长将孩子送去幼儿园的目的有了变化。家长、教师和整个社会都在帮幼儿做好进入小学的准备，似乎就是让幼儿掌握一些读写算等学业技能。交朋友及学习与他人相处还重要吗？学会与人交往，是否已变得无足轻重呢？

我们认为，幼儿各方面的发展是同步进行的。社交技能与认知技能同样重要，不能忽视对其发展的支持。如前所述，缺乏人际交往技能，对于幼儿后续的发展将会带来灾难性的后果。

当幼儿离开家庭，迈入幼儿园时，他们就需要与周围的人，尤其是同龄人建立新的关系。尽管人们时常也将幼儿之间的这种关系视为友谊，但这种友谊与年龄较大的儿童或成人的友谊相去甚远。幼儿以自己的兴趣和需要为中心，这使得他们很难建立友谊。他们更倾向于找到一位好玩的临时玩伴。拉姆齐将幼儿之间的友谊描述为"玩伴关系"，在这种关系中，幼儿将最经常在一起玩的同伴视为朋友（Ramsey，1991）。有些友谊更多的是基于游戏的便利性，还谈不上"志同道合"。

在幼儿真正学会从他人的角度看问题之前，他们与他人的关系总是有点一厢情愿。对于3—6岁依然以自我为中心的幼儿来说，友谊多是单向的，而非双方共同维系的关系。此时的幼儿所关注的是自己的需要。他们认为，自己想要的也必然是别人想要的。这就是为什么幼儿有时似乎玩得好好的，却突然之间发生了冲突的原因。参与游戏的幼儿都无法从他人的角度看问题。

那么，幼儿之间又是如何建立友谊的呢？2—3岁的幼儿在谈论朋友时，他们通常把每个人都当作朋友。他们确实有最喜欢的小伙伴，也能建立强烈的依恋感，但"友谊"这个概念一开始对他们来说并没有多少实际意义。

对于中班或大班的幼儿来说，友谊往往始于两个人一起玩。双方要彼此认同对方，而后接纳对方。这些幼儿之间可能是真正的朋友，但他们在幼儿园建立友谊的原因往往是在一起玩耍，而不是喜欢彼此的个性。在幼儿园中，幼儿之间是否能建立友谊，关键在于是否有机会一起参与游戏。

教师必要的帮助对于幼儿学会交朋友甚为重要。结交朋友对于幼儿发展有多方面的益处。莱利（Riley）等的研究表明，相对于没有朋友的幼儿，结交了朋友的幼儿在互动过程中会更加快乐，在遇到冲突时也能更好地解决问题（2008）。比起与还不是朋友的幼儿互动，他们在与已经是朋友的小伙伴互动时，会表现得更为得心应手。

为了能最有效地帮助幼儿和他人结交朋友，教师首先要通过观察记录，确定哪些幼儿参与小组活动，而哪些幼儿被排除在外。特别留意那些经常出现言语和身体攻击行为的或被排除在小组活动之外的幼儿，他们可能还没有找到朋友。他们可能会在班里四处游荡，东走走西看看，但实际上并未能参与游戏活动。有一些总是在一旁观望的幼儿是因为害羞或有退缩行为，他们没有被拒绝，只是被同龄人忽视。还有未能参与小组活动的幼儿是因为初来乍到，还没有找到被其他幼儿接纳的方式。此外，也有一些幼儿是因为外貌、语言、年龄或身体残疾等原因而被其他幼儿排斥在外。

在确定了哪些幼儿与小组活动中的其他幼儿尚未建立友好关系之后，就可以决定是让这些幼儿自己去解决问题，还是需要教师适当介入，提供必要的帮助。如果看到有幼儿走到你身边，紧紧依偎着你，这可能是一个信号，即希望得到教师的帮助，带他和小伙伴一起玩。而如果教师看到的是一个在一旁看别人游戏的幼儿，他似乎满足于与其他人玩平行游戏，那么，教师就应该给他多一些时间，让他逐渐适应游戏活动和其他幼儿，之后，他或许就能自己找到一起玩的朋友。身有残疾的幼儿也可能需要得到教师的帮助才能找到朋友。在融合教育机构中，大约 50% 的身有残疾的幼儿在与人交往时会受到同伴的拒绝。根据罗杰格等的研究，残疾的幼儿需要教师适宜的干预和介入，才能更好地提高社会交往能力（Rodrigues et al., 2007）。

给教师的建议

1. 帮助幼儿找到玩伴

教师可以组织一些唱歌或线上游戏活动，在这些游戏活动中，幼儿要找到一个小伙伴一起参与。不要让幼儿盲目地四处去找玩伴，因为有些幼儿可能会因为害羞等各种原因找不到朋友。教师可以采用另一种做法，即让幼儿静悄悄地快速配对，找到自己的玩伴。每天组织一些类似这样的结伴游戏活动，就能逐渐让想要加入游戏的幼儿感受到自己其实能够参与小组游戏活动，从而在日后的其他游戏活动中也感受到被接纳的快乐。

2. 不要过度关注幼儿交友的情况

教师如果时常在幼儿面前谈论哪些幼儿和谁成了好朋友，那么就可能在无意间给那些还没有找到朋友的幼儿施加了压力。在幼儿园，找到一位真正的朋友并不是关键。大多数幼儿还没有发展到这个水平。能找到一个玩伴才是重要的。

3. 创设有规定人数的游戏空间

创设若干个供两个幼儿一起游戏的空间。例如，摆放一张桌子，供两人一起用录音机录各自的名字，一起听故事，一起搭积木，一起画手指画，一起数桌面上有几只小恐龙。教师可以引导幼儿，特别是那些有视觉或听觉障碍的幼儿，到这些区域一起玩游戏。告诉幼儿，在称呼玩伴时要用对方的名字，这样他们才能更好地相互认识。

4. 示范与人交往的行为

如果教师发现有些幼儿在游戏时无法与人交往，教师就可以为幼儿示范与人交往的行为。"特里尔，到这来吧，你开那辆车，我开这辆车。我们来建一个停车库。让我们看看能不能找个人来帮我们。让我们问问拉文。嗨，拉文，我们打算用这些积木建一个车库。你想过来帮助我们吗？"

教师的示范一定能取得所期望的效果，因为幼儿都喜欢和教师一起玩，希望被教师选中去做事情。但是，如果拉文拒绝了教师的邀请，那就向另一个幼儿发出同样的邀请。这可以让特里尔了解如果被拒绝该怎么办。一旦幼儿参与进来，教师就可以悄悄地退出。

5. 绘本阅读

一些小朋友可能在家里有一个"想象"的朋友，但这个朋友很少来幼儿园。在《我太小了，我不能上学》（*I Am Too Absolutely Small for School*）中，妹妹劳拉告诉哥哥查理她不能上学的各种原因，其中一个原因是她的看不见的朋友劳伦感觉有点不舒服，不想上学。查理一条一条地说服了劳拉，然后，劳拉就和她的看不见的朋友一起去上学了。回家时，劳拉带回了一个看得见的朋友，她们一起坐在家里喝粉红色的草莓牛奶。但是这两个女孩中间空了一个位置。你应该知道谁在这个位置。

在《我最好最好的朋友》（*My Best, Best Friend*）中，劳拉和她最好的朋友洛塔无论在校内还是校外，总是形影不离。后来有一天，一个名叫伊维的女孩来到学校，洛塔被安排带伊维到学校四处参观，为伊维介绍学校的情况。很快，劳拉就感到被洛塔冷落了，直到查理和他的朋友让劳拉搭了一趟车，洛塔才回来。可以和幼儿谈谈各自与朋友交往的感受和经历。

六、用积极的方式解决游戏中的冲突

小组游戏活动不仅教幼儿参与游戏和交朋友的技巧，而且更为重要的是，它还让幼儿有机会学习相处。学习友好相处并非易事。在幼儿园，幼儿之间时常会发生各种冲突。幼儿需要学习如何以积极的方式解决这些分歧和冲突。不幸的是，许多幼儿从电视上学到可以用暴力解决冲突。教师的工作是帮助幼儿学习非暴力的冲突解决方法。在小组游戏中，冲突主要是因为：

- 角色；
- 游戏进程；
- 轮候；
- 玩具。

在角色游戏中，幼儿很在意自己扮演什么角色。在自主性的角色表演游戏中，有些幼儿总想要扮演母亲或父亲、医生等角色。如果同时有几个幼儿想扮演同一个角色，这就会产生冲突。冲突并不一定意味着身体上的打斗，但通常的表现是争吵，有时幼儿还会哭。如果争吵中的幼儿不能迅速解决冲突，就会导致游戏中断，有时甚至游戏小组会因此而分崩离析。

在角色表演游戏中，游戏的主题（例如，"让我们扮演医生""不，让我们扮演超级英雄"）及进程也会引发冲突。游戏的发展往往是现场临时起意的。以自我为中心的幼儿，在游戏过程中，通常都会固执己见，在谁扮演什么角色、将要做什么以及下一步会发生什么这样一些问题上，幼儿之间往往看法不一。

在幼儿园无论室内还是室外的小组游戏中，我们都常听到这样的话："轮到我了！""这是我的玩具！"3—5 岁的幼儿所关注的基本上还是自己或自己的需要。对于这个年龄段的幼儿来说，发现别人拿了自己想要的东西，或不听自己的指挥，会感到不悦。

　　幼儿时常会求助教师来解决这些冲突。教师要知道，幼儿有能力解决社会游戏过程中发生的冲突。其实，这也应是教师的教育目标：帮助幼儿学会以积极的方式解决游戏冲突。那么，教师要怎样才能做到这一点呢？对每个幼儿的细心观察，可以让教师了解到哪些幼儿已能自己解决冲突，哪些幼儿还不能。

　　在对幼儿进行观察时，与其聚焦幼儿在冲突过程中出现的负面行为，不如花些时间关注幼儿如何积极地解决他们之间的争端。如果我们用心观察，可以从幼儿身上学到很多东西。以下是教师在观察亚历克斯（4岁）活动时所做的连续记录。

　　亚历克斯、加尔文和多米尼克爬到了室内攀爬架的顶部，他们假扮成外太空的航天员。亚历克斯是太空船的船长。三个男孩发出太空船飞行时的呼啸声。亚历克斯假装操作着方向盘。有两个男孩爬上攀爬架，想要加入这个小组游戏。但没人理睬他们，后来这两个男孩就去别处了。

　　亚历克斯："你们瞧！有颗流星！"

　　加尔文："轮到我当船长了，亚历克斯。"

　　亚历克斯无视加尔文，继续驾驶。

　　多米尼克："不，轮到我了。我从来没轮到过。"

　　亚历克斯："我们正在被流星轰炸！你们得躲起来！"（他低下头）

　　加尔文："我现在是船长了。"

　　亚历克斯无视加尔文，继续驾驶。

　　多米尼克（对加尔文）："你不可能当船长。亚历克斯还在当船长呢。"

　　亚历克斯："你可以当副驾驶。太空船上都会有副驾驶的。"

　　加尔文开始假装驾驶。

　　亚历克斯："砰！我们被流星击中了！弃船！"（他滑到了地板上，跑过房间，其他男孩也跟着他跑）

　　4岁左右的幼儿特别喜欢这种活力四射的角色游戏，以上的太空冒险游戏就是这类游戏的一个典型代表。对于观察者来说，看到像亚历克斯这样一个 4 岁的幼儿能以如此冷静和成功的方式处理角色冲突，着实是很令人兴奋的。类似亚历克斯这样的幼儿，通常是这类游戏的组织者，从他的想法和表达能力来看，他显然很有经验。经常在一起玩耍的小伙伴，通过不断的试误，逐渐学会了怎么做能解决冲突，怎么做毫无用处。他们甚至还会发现对于某些特定的小伙伴，哪种做法富有成效，哪种做法收效甚微。

亚历克斯使用的第一个策略是忽视。他对试图参与太空船游戏活动的另外两个男孩视而不见。这两个男孩只好悻悻离去。所以，亚历克斯意识到，采用这种忽视的方法，能将不受欢迎的游戏者拒之门外。然后，另一个可能的冲突又出现了：加尔文也想当船长。

起初，亚历克斯同样采用了忽视的策略，对加尔文的请求充耳不闻。而后，另一位小伙伴多米尼克也想要当船长。此时，亚历克斯采用了另一种策略：转移注意。他告诉两位小伙伴，他们的太空船正受到流星雨的袭扰，要求他们都低下头去。这种"顾左右而言他"的策略有时会管用。事实上，这一策略对于其中一个小伙伴多米尼克是有效的，他不再要求当船长了，转而和亚历克斯合作。但是，这一方法对加尔文却不管用，加尔文还是想当船长。此时，亚历克斯又换了一种策略：协商。他提议让加尔文扮演另一个角色：副驾驶。加尔文接受了这个角色，这样，游戏就得以继续下去。但对于加尔文来说，他对原本提出当船长的要求做了一些妥协，接受了副驾驶的角色，而且也还是能像亚历克斯一样，扮演船长驾驶飞船，他对此还是感到很满意的。

亚历克斯应该心里也很清楚，他必须做出一些让步，否则的话，有可能加尔文会起身离开，或者继续喋喋不休地抱怨，打断游戏。显然，亚历克斯想要游戏能继续下去，也想要继续担任船长的角色。他成功地使用了协商的方法。

或许，你会质疑，在这么短的一个游戏中，这些都会真的发生吗？是的，的确会发生。你可以观察小组游戏中某幼儿的活动，并将所发生的每件事记录下来。然后，静下来思考所目睹的一切。当然，幼儿在交流和思考时，还不会用"策略"这个词。"策略"这个词是成人用来解读幼儿行为的。幼儿还不会用这种抽象概念进行思考。幼儿通过试误学习。在试误的过程中，一些机灵的幼儿就会学到，在发生冲突时，什么是有效的解决方法，而什么方法则效果欠佳。在游戏过程中发生冲突时，能用积极的方式成功化解冲突的幼儿通常采用以下策略：

- 忽视；
- 转移注意；
- 说理；
- 协商；
- 合作；
- 让步。

如果教师观察到有些幼儿似乎还不太懂得怎样有效化解游戏中的冲突，那么，教师可以考虑采用以下一些教育方法。

·····给教师的建议·····

1. 师幼共同观察和讨论游戏

在游戏过程中，有些幼儿一遇到冲突就对他人又打又骂。对于这样的幼儿，可以让他和教师一起看小组游戏的场景，然后讨论。假设你在观察记录亚历克斯等三人玩太空船的游戏，你可以和该幼儿说：

亚历克斯是太空船的船长，是吗？但是，加尔文想当船长，多米尼克也想要当船长。你觉得加尔文应该怎么做呢？是的，他告诉亚历克斯说他想要当船长。那么，亚历克斯是不是就让加尔文当船长了呢？没有。亚历克斯没有理会加尔文。那么，加尔文又是怎么做的呢？他有没有对亚历克斯大吼大叫啊？没有。他有没有打亚历克斯啊？没有。他又告诉亚历克斯说他想当船长。亚历克斯让他当船长了吗？亚历克斯让他当副驾驶，一起共同驾驶飞船。那不就是船长吗？

如果和这三个小伙伴在飞船上，你会怎么做呢？你觉得你的想法行得通吗？

如果教师在和幼儿一起观察游戏活动时，游戏过程中出现了一些攻击性行为，教师可以问问幼儿这些攻击性行为会导致什么后果。大多数幼儿都不愿意继续和有攻击性行为的同伴玩，甚至一开始就不会让有攻击性行为的同伴参与进来。

2. 利用指偶

对于在游戏中经常和其他幼儿吵架的幼儿，可以采用指偶游戏法，用两个指偶模拟一个类似的游戏场景。给两个指偶命名，例如其中一个叫"童顶嘴"（Tong-Talk-Back），另一个叫"冯友好"（Fonz-Friendly）。将两个指偶套在手指上，模拟一个游戏场景：童顶嘴和冯友好正在争吵，游戏玩不下去了。这时，可以问问幼儿，应该怎么说，游戏才不会中断呢？如果是他们，他们会怎么做？

3. 指导幼儿怎么做

有时，在幼儿遇到冲突时，教师需要走近幼儿，指导他们怎么说、怎么做。教师要明确告诉幼儿，不允许打、骂或伤害彼此。如果幼儿感到气愤，教师要引导幼儿学会用言语表达自己的感受。对于那些不知道如何表达自己的幼儿，可以对他们进行下面的辅导。

特蕾莎，珍妮把你的打蛋器拿走了，请告诉珍妮你的感受。不要骂她。告诉她为什么你感到生气。说出来。例如，可以这么说："珍妮，你把我的打蛋器拿走了。我很不高兴。我还没有用完呢。请你把它还给我。"

4. 组织一个小组角色游戏

有时，幼儿不知道怎样才能平和地解决冲突。遇到这种情况，可以考虑在幼儿平静下来之后，让其他幼儿玩小组角色游戏。玩游戏的必须是另一个组的幼儿，这样，发生冲突的幼儿就可以在一旁观看。教师也可以扮演其中的一个角色。接着，教师可以给几个幼儿分配角色并命名。教师先简要描述某种冲突场景，让幼儿表现出来。如果需要，可以随时暂停，以便讨论所发生的事情，思考是否有更好的解决冲突的方法。可以尝试不同的方法，看看哪种方法最有效。

无论幼儿在戏剧游戏中表演什么内容，教师都要用心观察幼儿，发掘其中独具特色的自发表现。在使用连续观察法记录幼儿行为时，尽量不要干扰幼儿，也尽量不要引起幼儿的注意。在记录之后，注意其中是否有体现幼儿学习了某种社会交往技能的迹象。

幼儿在小组角色游戏中可能学习的社会交往技能包括：

- 根据所扮演的角色要求调整自己的行为；
- 对他人及其需要表现出宽容；
- 不总按自己的意愿行事；
- 对他人做出适宜的回应；
- 帮助他人，也接受他人的帮助。

☑ 第三节　幼儿社会交往能力发展的观察与记录

怎样才能用《幼儿发展评估表》对幼儿进行相应的观察记录呢？请看以下案例。

有一个名叫莱昂的3岁小男孩，在1月份的时候初次入园。根据教师的观察，他好像不能很好地与其他幼儿友好相处。入园3周了，他还没有参与过任何的小组活动。教师计划对他做连续观察，以便记录他在自主游戏活动期间的表现，而后再将连续观察记录转录到《幼儿发展评估表》上。

莱昂从积木区的一个盒子里，拿出了两辆小车，然后，一手拿一辆车，在地上开车。他一边玩，一边嘟嘟地叫着。他自己玩了5分钟。玩着玩着，就靠近了积木区中另外两个正在搭楼房的小男孩。他想将车从楼房的墙上开过去。两个男孩把他推开。莱昂稍等了一会儿，然后又开着车过去，还是想从楼房的墙上开过去。那两个男孩又把他推开。莱昂的一辆车撞到了墙上，把墙弄塌了。其中一个男孩拿起莱昂的车，扔到一边。另一个男孩则把莱昂推到一边。莱昂哭了起来。哭声引起了老师的注意。老师问三个小男孩发生了什么事。莱昂低下了头，什么也没说。另外两个男孩则说："他想用他的车把我们的墙撞倒。"接着又补充说："我们不想他和我们一起玩。"

教师在一起分析了上述连续观察记录和相应的评估表中的信息。经过分析，他们认为，莱昂知道在活动室哪里找游戏材料和玩具，也知道怎样用这些材料。此外，从该幼儿的评估表中可以看出，他在独自游戏和平行游戏的过程中，都想尽量地靠近其他幼儿，因为他也想参与其他幼儿的游戏活动。不过，他采用的方法不被他人接受，自然也不成功，如他把车开到其他幼儿搭的墙上，把墙撞倒了。

教师还分析了该幼儿语言发展的情况，发现他的言语发展水平落后于班里的许多幼儿。可能这也是他没能很好地用语言表达自己意愿的原因。也许因为他初来乍到，还没和其他幼儿交上朋友，而他的一些冒犯性行为又导致一些幼儿把他排斥在外，不愿意接纳他（见表5-1）。

基于上述分析，教师决定尝试让莱昂和阿德里安结成对子。阿德里安有较丰富的游戏活动经验，或许能帮助莱昂认识其他幼儿，也可以教他如何加入别人的游戏。阿德里安也喜欢玩车。为此，教师叫莱昂和阿德里安一起用积木搭建了一个车库，供小车停放，并告诉他们，建好后，他们可以用班里的智能手机给车库照张相。过了一阵子，有另外两个小男孩也加入到他们搭建车库的游戏活动中。

类似的观察和记录，能够有效地帮助每个幼儿发展他们的社会游戏技能，促进他们在幼儿园中的学习和成长。

表 5-1　幼儿发展评估表（社会交往）

姓　名	莱昂	观察者	巴布
幼儿园	中班（K2）	日　期	1/20

指导语：在幼儿时常表现出来的项上画"√"，在没有机会观察到的项上写"N"，其他项留空。

行为指标	证据	日期
√独自玩玩具或材料	自己玩小汽车	1/20
√用相似的玩具或材料与其他幼儿玩平行游戏	拿着小汽车走近积木区	1/20
＿参与小组游戏		
＿积极参与正在进行的游戏	将小汽车开上房子，想要参与游戏，然后撞了	1/20
＿与其他幼儿交朋友		
＿用积极的方式解决游戏中的冲突	别的小男孩不和他玩时，将车撞到墙上	1/20

------ 学习活动 ------

1. 使用《幼儿发展评估表》社会交往能力部分，观察班里的每一个幼儿。谁还主要是在玩独自游戏？谁主要是平行游戏？谁主要玩小组游戏？是否有闲逛者或旁观者？

2. 选择一个主要玩独自游戏的幼儿。对该幼儿观察三天，并做一个连续记录。而后，分析他主要玩哪种独自游戏。怎样引导该幼儿提升游戏水平？教师应该对此幼儿进行引导吗？说说你的理由。

3. 选择一个主要玩平行游戏的幼儿。该幼儿主要玩哪种游戏？如何引导该幼儿提升游戏水平？使用本章中建议开展的活动，并记录结果。

4. 选择一个尚未能加入小组游戏活动的幼儿，尝试使用本章中提出的一些相关建议，帮助他加入小组游戏。

5. 在自主游戏活动期间，连续观察幼儿三天。特别注意一直和某个小伙伴一起游戏的幼儿。持续观察其中一对幼儿的活动，留意他俩是否在其他活动时也在一起。连续观察几天，看看他们的结对活动持续多久。将对这种"友情"的感受记录下来。

6. 观察一个在玩小组假装游戏的幼儿，并做好连续观察记录。而后，分析幼儿在解决游戏过程中的冲突时，采用了本章中所提出的哪种策略。如果幼儿没能有效地解决游戏中的冲突，分析一下原因，并提出帮助该幼儿的方法。

第 六 章

幼儿身体的发展

本章聚焦于观察幼儿身体发展的关键指标：

- 跑步时能控制速度和方向；
- 能爬上、爬下攀爬物；
- 能抛球、接球和踢球；
- 能拧旋钮和盖子、使用打蛋器；
- 能轻松捡拾和插入物体；
- 能自如地使用剪刀；
- 能自如地使用锤子。

☑ 第一节　幼儿大肌肉动作技能的发展

　　幼儿身体发展包括两个重要方面：由大肌肉控制的动作发展和由小肌肉控制的动作发展。本章前半部分主要探讨幼儿大肌肉动作，其中包括全身、腿部和手臂的动作发展；后半部分则主要探讨幼儿小肌肉动作，包括手指和手的动作发展。

幼儿的身体发展基本取决于其生物学基础。不过，维果斯基认为，环境条件与生物学基础具有同等重要的作用，这一观点值得我们注意（Sanders，2006，p. 18）。教师根据某一幼儿的最近发展区，为幼儿发展提供帮助和支持，也即"鹰架"（scaffolding）。最近发展区是指在成人或能力较强的同伴的帮助下，幼儿所能完成任务的难度水平。因此，本章的重要内容之一是探讨教师如何为幼儿个体和小组设计活动。

在幼儿发展过程中，动作发展较为外显，也较容易观察到。也正因为如此，我们有时反而会熟视无睹。随着年龄的增长，幼儿的个子会长高，身体会更加强壮，也能够完成更为复杂的任务。当然，他们也能自己学会跑、跳。既然如此，我们为什么还要关注幼儿的动作发展呢？桑德斯（Sanders）告诉我们：大多数幼儿，只要每天在家里或在园所环境中活动，就能自然而然地获得一些最基本的身体技能（2006）。但是，却依然有些幼儿甚至缺乏这样的机会去锻炼基本的身体技能，不能有效参与体育活动。不参与体育活动或不运动的幼儿，通常容易变得超重或肥胖。

一、幼儿需要更多的锻炼

和过去相比，现在很多幼儿都习惯于久坐不动，健康专家对此甚为关注。看电视的时间越来越长，对室外环境的安全性的担忧，导致幼儿跑、跳和运动的机会日渐减少，不少幼儿因此而不想出去运动了。在美国，有将近一半的幼儿没有参与足够的体育锻炼。众所周知，锻炼和身体活动对于骨骼和肌肉的发展至关重要。不仅如此，体育活动和锻炼还有助于控制体重、降低血压，甚至有助于减少以后患心脏病和肥胖症的风险（Staley and Portman，2000，p. 68）。当前脑研究的成果也促使人们更加意识到幼儿阶段增强身体锻炼的重要性。

　　弗洛斯特、沃瑟姆和赖费尔描述了在参与体育活动时幼儿大脑活动的过程（Frost，Wortham and Reifel 2012）。参加体育活动的经验对神经元的连接和选择，即突触的"修剪"产生很大的影响。体育运动对于大脑发育以及之后个体的发展具有重要的意义。

　　更为重要的是，发育中大脑的运动通路也遵循"用进废退"的原则。某一通路越常用，其机能也因不断被激活而逐渐稳定。亨特（Hunter）指出：静坐使人愚钝，使大脑停止发展。缺乏运动，身体也不会长（2000）。

　　幼儿时期缺乏锻炼，还可能造成其他严重后果。幼儿经常一边坐着看电视，一边吃着垃圾食品，致使身体超重，甚至肥胖。而肥胖又进一步导致糖尿病和其他严重的疾病。

　　有些教师会觉得，幼儿园拥有一流的场地，有秋千、滑梯，还有攀登架和练习平衡的设施，此外，还配置了三轮童车、滑板车、手推车等，这些应该足以满足幼儿身体发展的需要，难道这些还不够吗？许多幼儿教育研究专家认为：是的，仅有活动设施还不够。这些专家观察发现：在半个小时的户外自主游戏活动时间里，许多幼儿并不参与剧烈的体育活动；超过半数的幼儿或坐或站，或在一起聊天（Staley and Portman，2000）。

　　有些教师可能会说，那都是以前的事了。的确，时代在发展，时至今日，我们有了更好的场地和设施，幼儿和教师也更具主动性。果真如此吗？操场上的幼儿是怎样活动的？幼儿是否都有足够的活动量？要回答这些问题，教师可以参照表6-1《户外体育活动观察表》，观察每个幼儿在户外的活动情况，看看哪些幼儿在奔跑、跳跃、攀登、滑滑梯、荡秋千、爬单杠、投篮、推健身球。把参与这些体育运动的幼儿和没有参与这些运动的幼儿都记录下来。然后，看看是否同意专家提出的有半数幼儿较少参与运动的观点。专家还指出：对于18岁以下的少年儿童，每天参与30—60分钟的体育运动，对于健康十分有益（Werner，Timms and Almond，1996）。你班上幼儿每天大概运动多长时间呢？

表 6-1 户外体育活动观察表

姓名＿＿＿＿＿＿＿＿＿＿

＿在操场上奔跑	＿爬梯子
＿滑滑梯	＿玩单杠
＿在攀爬墙上攀爬	＿走平衡木
＿爬行通过管道	＿荡秋千
＿骑三轮自行车	＿骑踏板车
＿推 / 拉小推车	＿推健身球
＿抛接篮球 / 排球	＿踢足球
＿跳绳	

幼儿园教师不能仅仅为幼儿提供活动设备和活动时间，而要每天引导所有幼儿参与体育活动。如果幼儿每天有 30 分钟的锻炼活动，可以分在几个时段进行，每个时段 10 分钟左右，在室内或室外均可。如果教师设计的活动妙趣横生，幼儿必定乐于参与。教师可以在室外准备一个手鼓，在喊"动起来"的时候，使劲儿敲起来！在手鼓敲响之时，幼儿可以一起做各种有趣的活动。

幼儿在操场上快乐地玩耍

本章为幼儿设计了许多创造性的游戏活动，教师也可以参与其中。有些幼儿可能在大肌肉动作方面需要一些特别的帮助。为了确定谁需要这样的帮助，就必须对每个幼儿进行认真的观察。建议参照《户外体育活动观察表》(表 6-1)和《幼儿大肌肉动作技能观察表》(表 6-2),观察每个幼儿在这些关键指标的表现情况。尽管所有幼儿的身体发育都遵循"看得见"的顺序,但是,幼儿之间也必定存在个体差异,需要通过观察判定幼儿的发展状况。

表 6-2　幼儿大肌肉动作技能观察表

姓名_____			
	总是	有时	从不
左右脚交替下楼梯			
在平衡木上轻松地行走			
爬行通过管道			
跑步时能控制速度和方向			
双脚跳			
单脚跳			
能爬上、爬下攀登架			
能抛球、接球和踢球			
骑三轮童车、自行车和踏板车			
推、拉小推车和健身球			

教师必须熟悉幼儿大肌肉动作发展的一般顺序。这样,就可以用这些知识去判断某个幼儿的发展水平是否在正常的范围之内,是否需要特别的帮助。最后,教师可以汇集一些有趣的活动,激励每一个幼儿,包括发展滞后的幼儿参与活动。

二、评估幼儿的运动技能

新学期开始就可使用《幼儿大肌肉动作技能观察表》或其他类似的观察表,对班里的每个幼儿进行评估,以便确定哪些幼儿需要特别的帮助。可由一位教师带着幼儿玩跑、跳的体育游戏,另一位观察、记录。在另外一个时间,教师带着幼儿上下楼梯,或跟着一定的韵律活动腿脚和手臂,同样,由另一位教师做观察记录。再找个时间,让幼儿玩抛接球游戏,可以使用不同类型的球，让幼儿抛球、接球、踢球，同时进行观察记录。

　　教师可以通过标记和计分的方式来进行评级。每份观察表都能很好地呈现幼儿的运动状况。观察者可以计算各节点的标记数量或是将各节点的分数加在一起，获得最后的结果。记住：这不是考试，只是对幼儿在活动室或操场的活动的自然观察。可以根据需要，多花几天时间对每个幼儿进行观察。这样，对于每个幼儿掌握的活动技能，教师就会心中有数。同时，教师应该用整年的时间对幼儿进行持续性观察，从而更好地了解幼儿发展的情况。

　　了解了幼儿现有发展水平后，教师就可以有针对性地为幼儿设计发展适宜性的游戏活动。在幼儿参与这些游戏活动的过程中，教师就可以对每个幼儿进行相应的观察记录。纽曼和克拉诺维茨（Newman and Kranowitz）认为，幼儿运动技能的发展是有序的，每种技能的发展都承前启后（2012）。因此，幼儿园应当为幼儿提供系列化的材料和活动，帮助幼儿发展大肌肉动作技能。

☑ 第二节　幼儿大肌肉动作技能发展的关键指标

一、跑步时能控制速度和方向

　　提到幼儿的大肌肉动作，"跑步"是最先进入脑海的一个词。幼儿似乎总是精力充沛，不知疲倦。跑步是他们主要的活动方式。不过也有一部分幼儿跑步时动作不太协调，因此他们跑得就会较少。教师应该对幼儿抱有怎样的期望呢？教师首先要了解幼儿跑步的发展特点，而后才能确定幼儿的现有水平，思考如何最有效地帮助幼儿的发展。

　　3 岁幼儿的身体比例开始有所变化，不再看似"头重脚轻"，因此，他们比之前能跑得更稳当一些。另外，幼儿的腿长长了，在活动中的协调性也有所改善。与 2 岁时相比，3 岁时幼儿在起跑和停下时都能较好地控制自己的身体，不过，也还没达到能完全掌控身体的水平。由于 3 岁幼儿的大肌肉动作已更为自如，因此，他们能够更放松地享受跑步带来的乐趣。

到了 3 岁半，很多幼儿大肌肉动作的流畅性似乎突然消失了，这时，他们又经历一个笨手笨脚的阶段。教师要意识到幼儿身体在这个阶段的"不平衡性"，帮助幼儿渡过这一"难关"，幼儿很快就能恢复动作的流畅性。教师的帮助对这一处于不平衡阶段的幼儿至关重要。皮卡（Pica）解释说，幼儿能感觉到自己的笨手笨脚，为了避免陷入尴尬境地，他们会选择逃避各种体育运动（2011）。这会对幼儿的生活产生很大影响，使他们不再愿意参与体育活动。

教师对幼儿的发展变化要保持敏感，为此，教师要设法与每个幼儿在一起，鼓励和帮助幼儿参与力所能及的活动。在班里，不能给幼儿任何压力，不嘲讽幼儿。对于动作笨拙的幼儿，教师要设法为他们安排一些有趣的活动，使他们能在活动中获得成功，同时避免让幼儿参与一些竞赛性的活动。和其他领域一样，幼儿身体的发展也存在很大的个体差异性。有些幼儿的身体协调性一直难以提高，而有些则很小就显露出了专业运动员的素质。

鼓励幼儿参加锻炼最好的方法，是为幼儿提供多样有趣的活动，吸引他们参与。3 岁是开始让幼儿参与各种体育活动的最佳时机。在身体技能发展方面，有些 3 岁幼儿还处于起步阶段，注意不应该给他们贴标签，也不应将他们视为另类。每个幼儿的外貌、喜好和能力都不一样，每个幼儿身体发育的过程都不会一帆风顺，因此幼儿都需要得到教师的关爱和支持。教师可以借助表 6-3《幼儿跑步技能观察表》来观察幼儿的跑步活动，找出那些在体能发展上需要帮助的幼儿，也可以依照该表自制观察表。

表 6-3　幼儿跑步技能观察表

姓名_____	总是	有时	从不
能快速地跑			
能平稳地跑			
能自如地起跑和停下			
能自如地绕圈跑			
奔跑时挺直上半身			
能跳跃			

　　教师在使用上表对幼儿进行观察评定时，要结合幼儿的年龄和发展水平。一年后再看，幼儿变化之大会让你感到惊奇。去年还是笨手笨脚的男孩，今年已经是跑步的高手了；去年还是文静的小女孩，今年已然成为体育活动的小领队。一年中幼儿就会发生巨大的变化。

　　4 岁的幼儿已经能够跑得很好。他们的动作开始变得有力、敏捷。他们能自如地起跑和停下，他们喜欢绕圈跑。这个年龄段的幼儿似乎知道自己的身体能做什么，也喜欢参与各种活动。因此，教师要给 4 岁的幼儿足够的空间和时间去奔跑。开始时，可以在室内或户外玩一些跑步的游戏。尽量避免一些竞争性强、分输赢的游戏。

　　5 岁幼儿看起来突然长高了，主要是腿变长了。和 4 岁的幼儿相比，他们跑得更好一些，不少幼儿都喜欢参与能展示自己能力的游戏活动。5 岁幼儿跑步的速度和控制能力都有所改善。在跑过有些坑坑洼洼的路面时，4 岁幼儿可能偶尔还会摔一跤，5 岁的幼儿则很少摔倒了。5 岁幼儿在玩跑步游戏时，和其他活动一样，不再像 4 岁幼儿那样叽叽喳喳，也很少会再跑出界。

　　跑就是走和跳两个动作的结合。在奔跑时，幼儿会先迈出一只脚，向前冲的同时另一只脚会紧接着向前，然后再换另一只脚，交替着向前迈进。总之，在奔跑中，总有一只脚是先向前迈的。幼儿喜欢奔跑，他们常常假装自己是一匹马，随着音乐在房间里奔跑。

相较于跑，跳是一个更复杂的动作。许多幼儿在 6 岁之前甚至到了 6 岁都不能完全掌握这一技能。然而若你读过奥康纳的《预备，起跳》（*Ready，Set，Skip*），你会发现，虽然 4 岁幼儿还不能很好地跳，但他们仍会积极尝试。有一个小女孩向我们展示了她会蹬跳、爬、旋转和滑冰，但她不会跳绳。小女孩的母亲向她展示了如何跳：先用一只脚跳，紧接着身体腾空，然后另一只脚跳。"这才是跳。"妈妈说。

给教师的建议

1. 一些简单的跑步游戏

幼儿阶段的跑步游戏不应该是竞赛性的。"笨拙"的幼儿如果每次都跑在最后，就可能不再愿意参与了。教师可以设计简单的绕圈游戏。3—4 岁的幼儿很喜欢玩一些经典的游戏，如"鸭、鸭、鹅"游戏。这个游戏没有输赢之分。如果游戏规则太复杂，也不适合幼儿，因此要尽量让幼儿玩一些类似的规则相对简单的游戏，这样他们就会喜欢。教师也可以参与，比如让一些活动技能较弱的幼儿来"抓"自己。

2. 定向跑

教师可以设计各种室内外的活动。例如，每次让一个幼儿跑到对面那棵树，然后再跑回来，让每个幼儿都跑一次。而后，可以另外增加一项定向要求，如跑到树那边，再绕树一圈跑回来。

3. 伴着乐曲跑

安排幼儿在一个较大的活动场地伴着音乐跑，音乐或快或慢，或强或弱。然后，让幼儿装扮成小动物和着音乐的节拍跑步。一只小鹿是怎样穿过树林的呢？

4. 尝试一些想象性的跑

让幼儿假想自己是骑着马的牛仔，或是一架飞机。也可让幼儿假扮成小鹿或小狗等小动物跑步。在墙上张贴一些小动物跑步的图片供幼儿模仿。在活动室里安排一些想象性的跑步游戏，每次 10 分钟。如果在室内不适合，也可以安排在室外进行。克莱门茨和施耐德（Clements and Schneider）指出，幼儿除了睡觉之外，持续坐着的时间不能超过 60 分钟（2006）。你班上的幼儿情况怎样呢？

二、能爬上、爬下攀爬物

攀爬（climbing）需要手脚并用。这个动作其实是从婴儿期的爬行（creeping）发展而来的。大多数婴儿在爬到某地时，如果能扶着东西站起来，就学会了攀爬。如果成人允许，他们还能顺着楼梯往上爬。他们还可能会试着往下爬，不过，很快他们就会发现，只有重心在后面时，才可能爬得了。

多数 3—4 岁的幼儿都喜欢各种各样的攀爬活动。根据幼儿的年龄，可供幼儿练习的攀爬设备包括攀登架、梯子、攀爬网、树、岩壁、竹竿、排水管等。到 3 岁时，幼儿已经能够很好地上下攀爬了。

攀爬既需要有胆量，也需要有一定的肌肉力量和动作协调性。不过，只要有练习机会，大多数幼儿都能很好地掌握攀爬的技能。在幼儿园，室内、室外都要尽可能提供各种不同的攀爬设施，让幼儿有机会练习攀爬。在攀爬时，人们最担心的就是幼儿从高处跌落。因此，首先需要考虑安全问题，攀登架下的地面要尽可能柔软，在室内可以铺上地垫，室外则尽可能铺沙子或碎木屑。

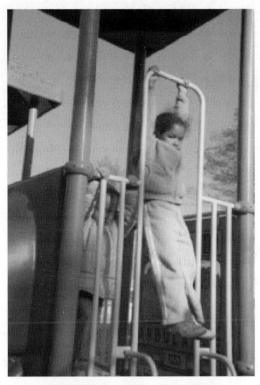

幼儿抓着顶部的栏杆，玩得很开心

　　并非所有的幼儿都会愿意去尝试攀爬。如果他们不愿意去攀爬，不要强迫他们。如果他们愿意尝试，则可以鼓励和帮助他们。并非所有的幼儿都想掌握攀爬的技能，这完全没有问题。幼儿和成人一样，有选择个人爱好和兴趣的自由。你在 4 岁时，是否也喜欢攀爬呢?

　　一旦掌握攀爬技能，能爬到攀爬架的顶端时，幼儿是非常激动的。对于想要尝试攀爬的幼儿，帮助他们的最好的方法就是在他们攀爬时，靠近他们，以防他们跌倒。在幼儿攀爬的过程中，教师要及时鼓励他们，并在他们登顶时祝贺他们。一开始，幼儿可能只爬到一半就止步不前了。而后，随着技能日渐熟练，加上成人的鼓励，他们可以逐渐爬到顶部。教师要善于接纳幼儿的尝试，但在他们还没有准备好时，不要求他们一定爬到顶端。

　　有些幼儿在攀爬之前，需要先加强腿部肌肉的力量。为此，一种有趣的方法是让幼儿一边唱着传统的童谣如《约克大公爵》(*The Grand Old Duke of York*)，一边练习腿部肌肉。让幼儿坐成一排或一圈，然后唱歌，在唱到"up"时站起来，唱到"down"时坐下，唱到"only half-way-up"时半蹲。可以试试先由教师唱，幼儿做动作。

开始时可以放慢一些，让幼儿逐渐适应。有些幼儿可能会跟不上。能完成动作的幼儿，随着节奏的加快，会越来越喜欢。**很快**，就会有的人站起来，有些蹲下去，最后会笑成一团。在这个过程中，幼儿的腿部肌肉也得到了锻炼。幼儿还会说：老师，再玩一次！

·····给教师的建议·····

1. 提供新的攀爬设备

可以改装木板箱（边缘要光滑），自制攀爬设备，既可以在室内用，也可以在室外用。如果需要的话，也可以把步梯架在木板箱上，或者也可以让幼儿踩着小凳子爬上木板箱。网也可用来攀爬。

2. 搭建一个小阁楼

小阁楼不仅使幼儿有额外的空间玩各种新的游戏，而且给他们提供一个新的角度——俯视。有些阁楼会用到梯子。有些阁楼还提供多种进出的方法。即便是平时不怎么攀爬的幼儿，也会想方设法爬到阁楼上，因为他们会觉得在阁楼上很好玩。

3. 摆放一个有多个出入口的滑梯

如果幼儿园经费有限，只能购买一套攀爬设备，那么，我们建议购买有多个出入口的滑梯，因为它对于幼儿的大肌肉锻炼而言是一种最有价值的运动器械。幼儿会想要爬到滑梯的平台上。如果室内有足够的空间，也可以将滑梯置于室内，不仅可以当作小阁楼使用，也可以用于大肌肉运动。

4. 设置障碍

可以利用木板、水桶、梯子和盒子等作为攀爬通道上的障碍物。

不定时地进行重新安排。幼儿可以从上面爬过去，也可以从下面爬过去。幼儿会想尽各种办法，充分运用他们的运动技能通过障碍（见表6-4）。

表6-4 幼儿大肌肉动作技能发展表

年龄	走	跑	跳	爬
8个月—1岁	摇摇摆摆地走			开始爬行，逐渐能爬到家具上，能爬楼梯
1—2岁	能蹒跚走步，用手臂保持平衡（手臂不晃动）	急促地踏着地面向前挪动	单脚从楼梯最下一阶跳下	尝试爬上任何可攀爬的物体
2—3岁	上楼梯时前后脚踩同一台阶	跑步时身体僵直，不易转弯或马上停下	双脚从楼梯最下一阶跳下	尝试爬到攀爬架顶部，但还不能往下爬
3—4岁	走路时双手摆动；前后脚交替，一步一个台阶	跑步时较灵活；能较好地控制起步和停下	双脚原地弹跳，单脚跳过物体	能爬上爬下梯子、攀爬架、滑梯和小树
4—5岁	上下楼梯时前后脚交替，一步一个台阶；可走弧线；单脚跳绳	迈步有力，速度加快；能很好地控制转弯、起跑和停下	往上跳，往下跳，往前跳	能爬上爬下梯子、攀爬架、滑梯和小树
5—6岁	如成人般走路，可双脚交替跳绳	跑步技能更加娴熟，很少摔倒，表现出较好的速度和动作控制能力	能跳得较远、较高，能跳绳	表现出与成人一样的攀爬技能

三、能抛球、接球和踢球

很多幼儿一直要到上了小学之后才有机会玩球。尽管幼儿手臂、手和腿的肌肉还不是很强健，动作的协调性也欠佳，但幼儿园还是要尽可能提供机会，促进幼儿动作协调性的提高。如果提供适合幼儿的球，他们会很喜欢玩。为此，建议在室内游戏时，选用的球类可以小一点，最好柔软一些。

（一）抛球

抛球和接球是上身的两个重要的大肌肉运动技能。幼儿一般是先学会抛球。抛球的方式有多种，如上抛球、下抛球、侧抛球，可以用双手，也可以用单手。幼儿学习抛球一般按照如下顺序：在婴儿时，首先是抛小的物体，往上抛，但通常成了往下抛，而后过渡到双手往下抛球，接着是单手往下抛，最后才是单手往上抛球。幼儿抛球的方式，也受到所抛物体大小和重量的影响（Pica，2011）。

2 岁的幼儿通常会扔食物或衣服等东西，尤其在不高兴时。2 岁多的婴儿抛物的动作大多急促，且用的多是侧抛。幼儿通常面对球站，而后用前臂去推球。通常情况下，球会慢慢滚走。在家里时常玩柔软小球的幼儿，入园时可能就已学会了单手上抛球。抛球的准确性取决于身体的发育和练习的情况。

幼儿应该发展抛物的技能。抛物技能的提高主要靠练习，讲解没有很大的作用。随着幼儿肌肉的发育和协调性的增强，幼儿能够逐渐自己感悟出抛物的方法。只要给幼儿提供充足的练习机会就可以了。

让幼儿抛什么呢？可供幼儿练习的球类包括充气沙滩球、纱球、海绵球、橡皮球、泡沫塑料球、羊角球、握力球、触感球、气球等。现今，球可以由几十种不同的材料制成，大小和形状各异，有些小如高尔夫球，有些则和幼儿一般大小。有一些供幼儿用的球仿足球、橄榄球、篮球和垒球而制，只不过是用较柔软的材料。

幼儿可以在哪练习抛球呢？在开始时，抛球的准确性无关紧要，幼儿首先要熟悉抛球的动作。可以让幼儿对着墙壁抛球。在幼儿逐渐熟练后，可以让他们将球抛进一个较大的目标，如可以把呼啦圈挂在墙上，或靠墙放一个大盒子，让幼儿尝试将球抛进去。如果在室内让幼儿练习抛球，也可放置一个可移动的篮球架，篮球架的高度最好与幼儿身高大体一致。无论男孩或女孩，都会很喜欢玩抛球。不过，只有通过练习，抛球的技能才能得到发展。

有关材料表明，大肌肉动作技能的发展离不开练习。以前，人们通常认为男孩抛球的能力要好过女孩。对于那些抛球抛得不好的男孩，人们会嘲笑说"抛得像个女孩一样"。抛得不好，主要是姿势不对，如跨出的脚和抛球的手同在一边，而且是用肘抛球。

为了发展臂力，幼儿要参与各种活动。搭积木是增强臂力的一种有效方法。此外，搭积木也有助于脑部的发育。盖伦斯（Gellens）认为，幼儿在搭积木时，整个大脑都在活动。脑部不同部位的连接是同步进行的。大脑的两个半球同时被激活。不断重复的大肌肉运动和小肌肉运动有助于大脑神经元形成永久性的连接。搬动大塑料砖、大纸板积木或空心积木，都需要用到大肌肉（2005）。

像健身球这种大型的球也能很好地促进幼儿大肌肉动作技能的发展。幼儿可以学着在健身球上翻滚，也可以在操场上轮流推着玩。这看起来像是在工作，但对幼儿来说却十分有趣。

（二）接球

接球的难度比抛球要大一些，所以发展稍晚一点。接球除了需要上半身的成熟发育之外，还需要有一定的手眼协调能力，这样才能看着抛过来的球，用双手接住。许多幼儿接球的能力没有抛球的能力发展得好。有些幼儿看到抛过来的球时，会产生害怕的心理。为此，皮卡认为在开始练习接球的时候，抛给幼儿的东西最好是由柔软材质制成的，如丝巾、气球、纱球、沙滩球、泡沫球等，从而减轻他们的心理负担，更好地练习接球。

幼儿在健身球上翻滚

除必要的练习外，接球技能的发展也与神经系统的发育有关。幼儿需要根据抛过来的球的不同速度做出相应的反应。幼儿的反应时比稍大一些的儿童及成人长一些。因此，即便幼儿看起来已经准备好了要接球，但由于所需反应时间较长，导致当球到来时，还是不能很好地接住。

观察幼儿推着大球能走多远

女孩的接球能力要优于男孩，这与女孩较好的手眼协调能力有关。和抛球一样，每个幼儿也都需要通过练习才能有效提高接球的能力。有时，教师也会注意到有些幼儿接不好球，因为他们的身体还没有做好充分的准备。

一种较好的起步练习法，是让幼儿先练习接住自己拍到地上后弹起来的球。在幼儿习惯了这个活动之后，教师可以站在他们旁边，把较大的、柔软的球抛给他们。接球并非一日之功，有时甚至要练习好几周才能成功。

让幼儿有足够的时间练习，要给他们充分的练习机会。在幼儿能接住球之后，再给他们一些新的挑战，让他们把球抛向空中，然后接住。这也是最难的接球动作。

（三）踢球

踢球对于幼儿来说，看似容易，实际有点难。踢球除了需要腿部肌肉的发展，还需要以一定的平衡能力和协调能力做基础，而这要到9—10岁时才能完全掌握（Pica，2011）。对于幼儿来说，踢得远比踢得准更重要。

首先，让幼儿将不踢球的脚靠近要踢的球。然后看着球，用另一只脚踢球。开始的时候，可以让幼儿踢沙滩球，随便怎么踢都可以。在幼儿逐渐习惯之后，就让他们对着墙壁踢小一些的泡沫球。如果场地有限，可将气球系起来给幼儿踢。如果幼儿想要踢硬一些的橡皮球，可以在室外找一块开阔的场地，以免踢出的球碰伤其他幼儿。

给教师的建议

1. 玩踢球游戏

让幼儿站在球后面，退后几步，然后再往前跑几步，把球踢出去。他们能踢多远？改天在操场上放2个间隔约2米的交通锥标，在离交通锥标2米左右的地方画一条线，让幼儿试着将球从2个锥标间踢过去。

2. 设定抛物目标

在纸箱上扎一个洞，洞口要比球大一些。然后，在纸箱上画一些小动物脸部的简笔画，洞口是小动物张开的嘴。在离纸箱不远的地方画一条线，让幼儿站在线外，试着把球抛进洞里。

3. 扔报纸

建议组织另一种有趣的活动：在墙上先画一幢房子，在这幅画前面，放置一个箱子，让幼儿假扮成小报童投递早报。要求幼儿将卷好的报纸扔进箱子里面去。幼儿是否能将报纸扔进箱子里面去呢？要离箱子多近才能把报纸准确地投进去？

4.用枕头

对于接球有困难的幼儿，可以用一些柔软的小枕头替代球。开始时，可以站得离幼儿近一些，让他们接起来没有什么困难。然后逐渐退后几步，隔开一定距离，直到幼儿需要看着抛过来的枕头才能接住为止。

☑ 第三节　幼儿大肌肉动作技能发展的观察与记录

在幼儿活动过程中，许多教师会使用观察量表来记录有关幼儿大肌肉运动的数据，而有的教师会观察幼儿的某些特定行为，自制相关量表，并记录观察发现（见表6-5）。

表6-5　幼儿大肌肉动作技能评估表

姓名 _____		观察者 _____
行为指标	证据	日期
__两脚交替走下楼梯		
__跑步时能控制速度和方向		
__双脚跳		
__单脚跳		
__能爬上、爬下攀登架		
__能抛球、接球和踢球		

☑ 第四节　幼儿小肌肉动作技能的发展

小肌肉动作发展包括控制远端的小肌肉。教师应该格外关注幼儿手和手指的控制性、协调性和灵巧性。幼儿小肌肉动作发展与大肌肉动作发展同步，但是靠近躯干的肌肉成熟较早，而远离躯干的手腕和手指肌肉成熟较晚。

因此，让幼儿在进行小肌肉活动的时候练习使用大肌肉就非常重要了。大肌肉动作协调性发展迟缓可能对小肌肉动作技能发展有很大的消极影响。但是一旦幼儿能够进行小肌肉运动，教师就应该鼓励他们参与各种操作活动，这样他们就能够学习使用手和手指了。

一、反射

婴儿和学步儿肯定没有什么使用手和手指的经验，但是为什么3岁、4岁和5岁幼儿会存在差异呢？差异体现在通过反射进行的自主运动和非自主运动上。反射是非习得的，是对早期神经肌肉发育刺激的自然反应（Puckett et al.，2009）。

婴儿通过反射活动胳膊、手和手指，这不是自主运动。神经系统在自身成熟时会同化（吸收）这些非自主运动，要求婴儿自主控制动作。在这些最初反射消失时，婴儿必须学会有目的地使用和控制手及手指来取代这些反射。

婴儿期有大量的反射。这些反射有惊吓反射，即婴儿猛然伸开胳膊放声大哭；觅食反射，即触碰婴儿一侧脸颊时，婴儿转头张嘴；吸吮反射，即触碰婴儿嘴唇或嘴时，婴儿会吸吮；行走反射，即把婴儿抱起直立在一个平面上时，婴儿会迈步；游泳反射，即把婴儿头托起放入水中时，婴儿会出现游泳动作。

与小肌肉动作技能联系最紧密的反射是抓握反射，或称手掌抓握反射，即把物体放到婴儿手掌中时，婴儿会紧紧用手指握住物体。刚开始婴儿会握得非常紧，足以支持婴儿体重，由此能够将婴儿整个身体完全提起。实际上很难让婴儿松手，可能要将婴儿手指掰开才行。

类似抓握反射这种非自主反应源于脑干和脊髓，随着生理的成熟，最终发展到受神经系统中较高级的脑中心控制。在这些反射完成了帮助无助的新生儿生存的任务之后，脑的高级部位就会抑制这些反射，然后要求自主运动取代它们。

抓握反射大约持续 9 个月。在这之前，婴儿无法自主地控制手和手指活动。婴儿在 6 个月之前可以够物——但不够准确，主要问题是松手。到 1 岁时，幼儿甚至还要费很大劲才能松开手；有的幼儿在 1 岁半之前，都不能自如地松手。这就是所谓的"抓放"能力，即抓住物体并松开的能力。幼儿将会在使用绘画和书写工具以及操作小型物体时用到这个抓放动作。

二、时机

我们知道，如同大肌肉动作技能一样，小肌肉的自主运动不会自然发生。幼儿要自然地学习，然后练习。那么每种技能是否有最佳的学习期？神经系统什么时候成熟到足以使幼儿能够控制自己的运动，做出一定的动作呢？我们是否应该等幼儿准备好呢？其实没有必要。像大肌肉动作技能一样，只要有可能，我们就应该鼓励幼儿使用小肌肉。因为每个幼儿的发展都不同，每个幼儿的时机也就不同。

我们每个人都有自己的生物钟。一些人的小肌肉动作按照固定的方式发展，即按身体发育的平均时间表发展，另外一些人的小肌肉动作发展或早或晚。这种参差不齐的个体发展状况可能存在于班里所有幼儿身上。每个幼儿都有自己内在的生物钟。除了一般规律，谁都不知道幼儿的生物钟是什么样的。因为每个幼儿都会按照一定的顺序发展，所以，我们所能做的就是观察评价幼儿的发展，然后给他们提供适当的活动、材料和鼓励。

小肌肉动作技能学习是否有一个关键期，错过了就悔之晚矣？否，除非是指一段宽泛的时期。学习某个小肌肉动作技能的最佳时间是这个技能变化最快的时期。但是因为这个时间很难确定，所以，最好给班里的幼儿提供各种活动，帮助他们参与这些活动，这些活动既给予了他们成功的喜悦，也给他们提出了挑战。

换言之，所有幼儿来园时，都做好了开始发展小肌肉动作技能的"准备"。教师无须等待。问题不是他们是否"准备"好了——因为他们确实准备好了，问题在于教师是否做好了帮助他们发展这个重要领域的准备。为了能够成功地发展幼儿的小肌肉动作技能，教师首先需要知道每个幼儿小肌肉动作目前的发展状况。

教师可以用《幼儿小肌肉动作技能观察表》检查幼儿（见表6-6）。这些可观察的行为能揭示幼儿常见小肌肉动作的灵活性和用手偏好等。

表6-6 幼儿小肌肉动作技能观察表

姓名 _____	总是	经常	有时	极少	从不
会使用打孔器					
能将管子中的水挤出					
旋进/旋出螺母和螺栓					
能把拼图块放在正确位置					
能穿小珠子					
能用签字笔描画物体					
自如地使用剪刀					
自如地使用锤子					
倒水不会溅出来					
能拧旋钮和盖子、使用打蛋器					
把晾衣夹夹在杯子上					
能拉上/拉开拉链和扣上/解开纽扣					
能用工具写写画画					
会使用小刀					

☑ 第五节　幼儿小肌肉动作技能发展的关键指标

灵活性要求手和手指能够快速而准确地运动。4 岁和 5 岁幼儿必须灵活地"管理"小纽扣、拉链，书写简单的字母和数字。3 岁幼儿还没有成熟到这个水平。这要求神经过程逐渐定位在大脑左右半球的能力。惯用手是这个过程的一个结果，但是只有到了 6 岁、7 岁和 8 岁，才能完全占据优势（Puckett et al.，2009）。

没有理由鼓励只用一只手，弱化另一只手，因为这个过程是受大脑复杂的神经系统支配的。此时，最好的建议似乎是帮助幼儿发展小肌肉动作的灵活性，不论他们偏好哪一只手。幼儿需要成功体验。强烈的惯用手偏好可以帮助他们灵活地完成小肌肉动作任务。如果教师知道哪个幼儿的惯用手偏好，要帮助他们练习并积极地予以反馈，促进其进一步发展。

哈夫曼和福滕贝里（Huffman and Fortenberry）认为肌肉动作的发展遵循着一定的顺序（2011）。小肌肉动作技能有四个发展阶段，即整个手臂、手、手指以及手指间的协调合作，为幼儿初学写字奠定了基础。幼儿的身体发展是根据先中心后边缘的顺序进行的，手臂肌肉先发展成熟，然后到手部肌肉的发展，最后是手指。

玩游戏器材或球都十分有利于幼儿整个手臂肌肉的发展。幼儿还可以通过倒水、使用打孔器和挤压水管来锻炼手部肌肉。还有一种方法也能够很好地促进手部肌肉的发展，即手握住一个物体并同时做手部旋转动作。

一、能拧旋钮和盖子、使用打蛋器

扭或旋转运动有好几种形式——用手腕、手和手指。幼儿可以用手打开门，尝试扭转门把手，然后打开门。刚开始，由于门和把手的松紧度及大小不同，幼儿可能成功，也可能失败。也有可能因为个子不够，不能有效地运用小肌肉动作技能。转动钥匙开门也包含着一套同样的动作。

另一种小肌肉旋转动作包括手指抓住一个工具后，手腕或者前臂旋转：一套曲轴运动。手动打蛋器、食物研磨机和开瓶器的使用就是这类动作。此外，将螺栓拧进螺母，拧螺丝钉和拧瓶盖，也是小肌肉旋转动作。

幼儿能够完成这些动作技能。例如，只要能够着，2.5 岁和 3 岁幼儿能够旋转球形门把手。他们喜欢拧开和拧紧瓶瓶罐罐的盖子。可以请家长收集各种规格的带盖的塑料瓶子和罐子，装到盒子里，放到活动室操作区。

幼儿小肌肉动作的控制不是很精确。东西会不时地从幼儿的指尖滑落。所以班里给幼儿提供的容器一定是不易碎的，如塑料的，而不能用玻璃的。

（一）拼图

3 岁幼儿和更大一点的幼儿在尝试拼图时都会使用手部旋转动作。而 2 岁幼儿往往会硬塞拼图，如果不合适，那他就会放弃了。大一点的幼儿会旋转拼图块使之与洞的形状匹配。可以看看幼儿是如何玩拼图的。很明显，感知觉敏感性（如看拼图块像什么）在这个活动中也会发挥作用，但是在使用他们的图形再认能力之前，首先要有小肌肉旋转技能。

可以准备不同复杂程度的木制拼图，放在操作材料架上。这些拼图提供了练习手指灵活性和手眼协调性、图形匹配、认识部分与整体关系等概念的很好的机会。拼图对教师也有帮助。

在一次教研会议上，两位教师分别提到有一个幼儿带来了 100 块的拼图，另一个幼儿带来了 150 块的拼图。那么 3 岁和 4 岁幼儿能够玩这么多和这么难的拼图吗？没有人给过他们这样的机会。但是一旦他们有机会，他们确实就能够成功完成如此复杂和庞大的拼图了。

（二）烹饪

3 岁幼儿也能使用手部旋转技能操作打蛋器。他们喜欢操作。要确保水桌上有不止一个打蛋器，因为打蛋器通常是幼儿最喜爱的工具，如果只有一个，那么它常常会成为争抢的对象。幼儿也喜欢尝试食物研磨机和开瓶器，但是有时可能会因力气不足而失败。

研究发现，相对于固定、不可变的物体，幼儿对不同形状的、能变形的物体更感兴趣。此外，新鲜感也能激发幼儿动手。当新鲜感消失后，幼儿玩的兴趣就会减弱。根据这一研究结果，教师应该在操作区呈现各种材料，并不时地更换。

另外，教师应该每日或每周在活动室中增加烹调经验。幼儿能够帮忙准备冷食，即不需加热的食品，如每日的甜点。他们可以刮胡萝卜皮，切芹菜，拌奶酪，打黄油，磨花生酱（要先检查是否花生过敏）。他们也可以帮忙做热食，用打蛋器打鸡蛋，或者用食品磨粉机粉碎苹果、南瓜。

盖伦斯指出，幼儿喜欢准备食物，而且在这个过程中，每一种感官都参与了，大脑众多区域都同时受到刺激（Gellens，2005）。测量、切、搅拌、倒都有利于手眼协调和大小肌肉动作发展。一个活动练习的感官越多，记忆也越强。

越来越多的教师将利用方便炊具，如平底锅、微波炉和烤炉来准备食物作为课程的一个部分。这一活动对幼儿小肌肉动作技能的发展有特殊的意义。但在正式开始烹饪活动之前，教师一定要检查各项设施以保证安全。

----- **给教师的建议** --

1. 收集餐具供幼儿烹调和游戏用

去商店购置各种研磨机、榨汁机。可以去跳蚤市场买二手的。一些古老的奶奶级的厨房手动工具会在活动室里发挥巨大作用。把部分工具放到家务区用于假装游戏，部分工具放到水桌边或者操作架上，让幼儿用来练习小肌肉动作。但是，在烹调时，一定要让幼儿操作这些用具。

2. 使用食物研磨机

让幼儿使用食物研磨机去做苹果酱。这要求手臂的力量和体力。当他们按照食谱操作，亲眼看见挤压过程时，他们看见的是事物从一种状态变成另外一种状态。

3. 做一个螺栓和螺母板

把不同大小的螺栓固定在板上，给幼儿一盒螺母，让他们拧到螺栓上。这需要幼儿选择合适尺寸的螺母和螺栓，使用小肌肉动作技能。这样的板子现在也能从教育用品商店买到，但是自制的会更加自然和有个性。

4. 收集旧的锁和钥匙

准备一盒锁和钥匙供幼儿实验。在配对、用钥匙打开锁时可能需要坚持，也需要动作技能。但这对他们来说是一个令人兴奋的挑战。

5. 沙桌上放一个带柄的玩具漏斗

幼儿喜欢玩沙子。玩具商店会有过滤和研磨的玩沙工具，一些幼儿一玩起来就是几个小时。他们用沙子填满所有的容器。别忘记让幼儿玩沙时带护目镜。

6. 准备挤柠檬器

准备一个手动的挤柠檬器，让幼儿轮流用它挤半个柠檬榨汁做甜点。刚开始时教师要帮一下他们。

二、能轻松捡拾和插入物体

捡拾和插入物体是幼儿园中最常用到的锻炼小肌肉动作技能的活动，包括用拇指和食指抓住材料塞入或放到其他地方。这些动作技能有助于增强幼儿手指肌肉的抓握力。玩钉板、堆叠玩具、系带、缝纫、编织、串珠、数数、分类、配对都需要这个技能。玩拼插玩具、几何板、图形板和许多桌面游戏也要求这些技能。

　　所有活动室都应该有一个专供这类操作活动的固定空间，还要配适合幼儿身高的玩具架放置这些材料，以便幼儿选择和取放。玩具架边应该有张桌子，地板上要留块空间供幼儿玩稍大一些的玩具。一些活动室称这个区域为"操作／数学区"，因为学前数学概念是通过操作小材料来学习的。材料的选择也应该考虑幼儿的能力范围。桌面积木应该包括大积木和小积木。

　　没有必要将班中的所有操作材料一下子都展示出来。每个月用一些新的材料替换旧的材料。记住，材料的新奇性能够激发幼儿去操作。省下一些更加复杂的桌面玩具，留到以后挑战有经验的幼儿。如果班级里的材料有限，可以考虑跟别的班级交换使用。

　　教师要了解哪些幼儿会在自由活动时间去操作区玩。为此，可以使用《幼儿小肌肉动作技能观察表》。不去操作区的幼儿，是不是因为他们的小肌肉动作技能还不够完善？回避操作材料的是男孩吗？

　　一旦教师发现谁回避操作活动，就可以和他坐到桌边，一起玩拼图、堆叠玩具，将图形放入图形板。教师可能每天要花费一定时间陪那些需要额外练习小肌肉动作技能的幼儿。要鼓励这些幼儿自己完成一些小肌肉动作活动。自己成功地完成某项任务对幼儿来说很重要。

　　相比男孩，我们的社会似乎更加鼓励女孩参与小肌肉活动。人们常常鼓励男孩去户外奔跑和踢球，给女孩一些操作类玩具让她们玩。结果，许多女孩的手指更加灵巧，而男孩的大肌肉动作如跑、投掷的技巧性就更强。

　　所有幼儿的大肌肉和小肌肉动作都需要有技巧、灵活。一旦接受正规的教育，男孩和女孩都需要掌握书写工具，参加阅读活动。目前在阅读和书写方面，手指更加灵巧、手眼更加协调的女孩比男孩要稍微好一些。小肌肉动作技能不平衡会不会是有学习阅读问题的男孩比女孩多的原因？

┈┈┈ 给教师的建议 ┈┈┈┈┈┈┈┈┈┈┈┈┈┈┈┈┈┈┈┈┈┈┈┈┈┈┈┈┈

1. 使用串珠

准备各种材料供男孩和女孩做项链。找些通心粉和各种类似通心粉的材料。幼儿可以先给它们上色。还有小贝壳、松子、板栗、珠子，或其他任何能找到的小材料。

2. 制作几何板

做一块小木板子，约 1 厘米厚，每隔 1 厘米钉上一排无头的钉子，钉子高出表面 1 厘米。让幼儿用彩色橡皮带在钉子上面绷出各种形状。大一点的幼儿也可以尝试复制教师制作的图卡。

3. 制作洞洞板

向建筑材料公司要一些制作洞洞板的边角料，通常这些东西都会被扔掉。教师可以把边角料切割成适合幼儿大小的形状，然后用砂纸打磨一下边边角角。洞洞板不必是正方形，三角形的也一样有用、有吸引力。找一盒彩色高尔夫球座插在洞洞板上，让幼儿使用球座，就像他们在几何板上使用橡皮带一样。教师也可以在纸上设计简单的图样，让幼儿复制在洞洞板上。

4. 请家长帮忙

请家长帮忙为班级收集木板供幼儿玩，也可以多收集一些供幼儿带回家玩。如果让家长知道他们正在制作教学材料，这材料是他们可以带回家给孩子玩的话，那么，教师几乎总可以吸引到家长或者是其他家庭成员做教学助手。

除在家和在园帮助他们的孩子外，家长自己也能够了解到小肌肉活动对幼儿的重要性。家长需要认识到游戏对幼儿身体、智力、创造力和社会性发展都很重要。这样的家长集体活动可以改变家长的认识。

5. 在沙桌里藏物体

教师如果能充分发挥自己的想象力，那么就不需要买操作材料了。

例如，沙桌可作为幼儿寻找贝壳的海滩。从真正的海滩（或商店）收集贝壳，埋到沙桌里。让几个幼儿同时用手指挖贝壳。

沙桌也可以当作森林，幼儿在那里寻找教师埋的松子；或者可以进行恐龙考古，幼儿需要挖出教师埋的塑料小恐龙。所有这些活动都使手指得到了很好的锻炼。如果班级没有资金购买这些材料，可以找些广告图片，剪下并复制、塑封，再把它们埋入沙桌。

三、能自如地使用剪刀

学习使用剪刀需要大量的练习。手指协调是幼儿小肌肉动作发展顺序中的最后一个阶段，用过剪刀的幼儿会比那些没有用过剪刀的幼儿发展得好一些，不论年龄大小。剪刀本身就不好使用，有些幼儿很难学会。许多班级里的剪刀钝到连成人都难以操作。真正好的剪刀价格比较昂贵，但是当教师考虑到它们有利于幼儿手、手指力量和协调性的发展时，就会觉得它们是值得投资的。

现在可以买到各种剪刀。大多数幼儿能学习使用传统的剪刀，但是因为幼儿肌肉控制能力有限，也可以使用弹簧剪刀。如果希望幼儿发展小肌肉控制能力，那还是首先尝试传统剪刀。要保证大小适合幼儿，是不锈钢刀刃，塑料把手足够大，对左右手都适用。

教师可以用多种方式帮助那些还没有学会使用剪刀的幼儿，示范如何用惯用手握住剪刀。就像油画棒一样，幼儿有时会任选一只手来拿剪刀，但是如果不用惯用手就很难成功。

为了帮助幼儿用另一只手握住正在剪的纸，教师可以在纸的一个角粘个圆点，提醒幼儿用手指拿住圆点的地方，然后开始剪。一些教师刚开始是用两手拿住一个长长的纸条，绷紧后，让幼儿剪成两段。一旦幼儿能够轻松地完成这个任务，教师就可以让幼儿轮流拿纸条，轮流剪。可以给他们一个任务：将黄色的纸条剪成碎片。

过一天，再示范怎样自己一只手握住纸条，一只手拿剪刀剪。要让幼儿用惯用手拿剪刀，用不同的纸进行练习。最后，在纸上画一条线，让幼儿练习沿线剪。注意，最少要准备一把适合左手使用的剪刀。

多数 4 岁幼儿不觉得沿直线剪困难，但是许多幼儿在剪角和曲线时就感到困难了。幼儿要练习各种剪的动作。教师在给幼儿准备美术材料，尤其是需要剪贴时，可以请幼儿帮忙剪。

教师可以向幼儿示范如何一手拿纸，一手剪纸。

┈┈┈ 给教师的建议 ┈┈┈┈┈┈┈┈┈┈┈┈┈┈┈┈┈┈┈┈┈┈┈┈┈┈┈┈┈┈

1. 使用包装带

让幼儿练习将包装带剪成彩色纸屑。包装带比普通的纸更长，剪起来会容易一些。可以一些人剪，另一些人帮助拿纸条。剪下来的彩色纸屑可以留下来用于庆祝活动。

2. 使用挤压瓶和海绵

如果幼儿运用剪刀有困难，那么他们可能需要加强手指力量。拿出几个挤压瓶放到水桌上，让他们将水射进容器中；或者带他们到户外，在人行道上喷出图样。事先要明确规则，不能相互喷水，不然就要没收他们的挤压瓶。或者将海绵剪成小块，便于幼儿拿捏。幼儿可以用海绵擦桌子——这是另一种小肌肉力量活动。

3. 创设剪切桌

准备若干剪刀和信纸、墙纸、旧贺卡、礼券、包装纸等。将纸剪成小碎片，用于拼贴画。

四、能自如地使用锤子

一手扶钉子、一手拿锤子是最复杂的小肌肉动作技能，很难讨论清楚。许多幼儿都做不好，要等到他们长大一些、动作更加协调一些才行。即使是成人也有困难。教师可以自己试试看。

手臂和手腕的力量也会有影响。不要用玩具锤，玩具锤不够重、不够硬，捶起来没有效果，只会使幼儿感到挫败。用成人的小锤子敲真钉子比较好。

应该鼓励男孩和女孩都去用锤子，这是发展小肌肉动作力量和协调性的很好的活动。如果活动室里没有木工凳，教师可以创设一个木工区，在墙上的洞洞板上挂一些工具。相比较而言，将钉子钉进树墩更容易一些，而钉进板子稍难。在树墩下垫一块毛巾或抹布可以预防噪声。当树墩表面钉满了钉子，可以把它锯下来，新的截面又可以用作新的钉板。

最初幼儿将钉子锤进树墩时很随意。教师可以通过限制锤子的数量或者树墩的数量来保障幼儿的安全，也要保证幼儿戴护目镜。另外，在幼儿使用工具时，要有成人在现场。

安全似乎是教师最关心的问题。但是，在幼儿进区和使用工具之前就制定安全守则，伤害的可能性就会减少。如果教师对幼儿使用工具不放心，那么也可以请一位木工或家长，向幼儿说明工具的使用方法。

----**给教师的建议**--

1. 使用柔软的敲击材料

不要一开始就用木墩来钉，幼儿需先掌握一定技能，才能轻松地将一颗钉子钉进木头里。可以先用稍软的材料如纤维板、天花板或泡沫等。

2. 用大头钉

刚开始可以使用大头钉。多数平头钉太短，锤的时候难于扶住，但是装饰大头钉就够大够长，很适合幼儿练习。

☑ 第六节 幼儿小肌肉动作技能发展的观察与记录

为了能更深入地了解幼儿小肌肉动作发展，教师可根据《幼儿发展评估表》中有关指标来观察幼儿。表 6-7 向我们展示了幼儿莱昂的小肌肉发展状况。

表 6-7 幼儿发展评估表（小肌肉动作技能）

姓　名	莱昂	观察者	巴布
幼儿园	中班	日　期	1/20

指导语：在幼儿时常表现出来的项上画"√"，在没有机会观察到的项上写"N"，其他项留空。

行为指标	证据	日期
√能拧旋钮和盖子、使用打蛋器	轻松地在水桌边玩打蛋器	1/20
√倒水不会溅出来	午餐时自己倒牛奶	1/20
√拉上／拉开拉链、扣上／解开纽扣、解开／粘上魔术贴	自己穿脱衣服	1/20
√轻松拿物体或塞物体	轻松地玩拼图	1/20
√灵活地用模子玩面团、黏土	喜欢滚游戏面团	1/20
＿自如地使用绘画、书写工具	不会用彩笔和书写工具	1/20
＿自如地使用剪刀	不用剪刀	1/20
N 自如地使用锤子	没有木工活动	1/20

最后，教师应该给每个需要特别帮助的幼儿制订一个学习计划。教师

计划幼儿"需要加强的领域"的活动时，应该是以他的优势领域为基础。在结合其他核验表的基础上，教师把给莱昂的学习计划合在了一起（见表6-8）。

表 6-8　教学计划表

姓名	莱昂	年龄	3 岁	日期	1/20

优势和自信的领域

1. 自己能够很好地进行操作活动；

2. 能参与音乐和节奏活动；

3. 小肌肉动作协调性很好。

需要加强的领域

1. 需要发展大肌肉动作技能；

2. 需要学习跟其他人玩；

3. 需要发展写、画、切等小肌肉动作技能。

促进能力提升的活动

1. 找一把左手用的剪刀给莱昂，让他和另一个男孩一起剪出汽车图案，放到班级的剪贴簿中；

2. 找来锤子、钉子和树墩，请莱昂帮助另一个幼儿制作节奏乐器——沙锤；

3. 让莱昂和其他幼儿一起在他们制作的节奏乐器上画画。

因为莱昂显示了玩拼图、拉拉链、解开和扣上纽扣的能力，教师考虑他可以和另一个幼儿一起使用小肌肉动作技能参与活动。他喜欢美术活动，如玩面团和手指画，但是不用油画刷、笔和剪刀。他是左利手，似乎用剪刀有困难。教师给他提供方便左手用的剪刀，支持他剪贴汽车图案。他们没有木工工作台，但是莱昂说他帮他爷爷钉过钉子。或许他和其他的幼儿能够一起制作简单的打击乐器，然后使用这些乐器参加节奏活动（莱昂的节奏感很强）。鼓励莱昂做他喜欢的、擅长的事情可以帮助他参与其他幼儿的活动。

------ 学习活动 ------

1. 使用《幼儿大肌肉动作技能观察表》观察班里所有幼儿。哪些幼儿的体能发展很好？哪些幼儿需要帮助？他们分别多大？你打算怎样帮助这些幼儿？将结果记录下来。

2. 选择一个在跑步技能上似乎十分需要帮助的幼儿。利用《幼儿跑步技能观察表》来进一步确认他的跑步技能，设置相关活动来帮助其提高，并记录结果。

3. 观察一个不玩攀爬设备的幼儿，你会如何帮助他加强其腿部肌肉的力量？通过帮助，他能学会攀爬吗？观察并记录结果。

4. 观察哪些幼儿在扔球上需要帮助，分小组玩扔球游戏，游戏中选择不同种类和大小的球。他们哪种球玩得最好？教师还能做些什么呢？将结果记录下来。

5. 在烹饪活动中，通过观察拧瓶盖和使用打蛋器的动作来确认哪些幼儿在手部动作技能上需要帮助。为了锻炼幼儿手部肌肉，我们可以将水和洗涤剂混合放在一个塑料容器中，为幼儿提供打蛋器，看看他们多久能搅出泡泡来。除此之外，教师还能做些什么呢？思考并将结果记录下来。

6. 在剪纸桌上放上几种不同的剪切材料和剪刀，观察：哪些幼儿能够成功剪开？哪些幼儿需要帮助？哪些幼儿不参与活动？对于那些需要帮助的幼儿，教师可以和他们一起剪，并给他们提出各种有趣的剪切挑战。谁能做得最好呢？观察并记录结果。

第 七 章

幼儿认知的发展

本章聚焦于观察幼儿认知发展的关键指标：

- 能按形状、颜色和大小进行分类；
- 能排序；
- 能识别、创建模式；
- 能唱数到 20；
- 能一一对应；
- 能使用实物解决问题；
- 将思维可视化。

☑ 第一节　引言

一、认知概念的发展

幼儿认知的发展与思维能力的发展有关。我们需要从理解思维是如何发生的开始。认知研究的先驱、心理学家让·皮亚杰的有关研究，为我们理解知识是如何产生的提供了新的视角，使我们得以从新的角度了解幼儿是如何思考的，以及他们的思维是怎样发展的。心理学家维果斯基进一步充实了认知发展理论，也促进我们将这些知识应用于课堂教学实践。近年来更多的心理学家也提出了自己的理论，使相关理论更为深入细致。神经科学家的研究进一步提供了关于大脑如何发展以及大脑如何影响思维过程和行为的视角。

这些研究中的一个惊人发现就是，儿童的思维有别于成人的思维。表7-1 中所列皮亚杰的认知发展阶段理论表明，7 岁以前儿童主要采用具体形象思维，抽象思维还没有发展。但并非当代所有研究者都认可皮亚杰的认知发展阶段论。虽然正如麦克德维特和奥姆罗德（McDevitt and Ormrod）所指出的，皮亚杰的认知发展阶段理论给我们提供了一个关于新能力何时出现的粗略认识（2004），但是，对于不熟悉这一研究的人来说，或许最惊人的发现是儿童在积极地建构自己的知识。

表 7-1 皮亚杰认知发展阶段理论

感知运动阶段（0 — 2 岁）
儿童用视觉模式（图式）思维。 儿童用感官探索事物（如看、听、闻、尝和操作）。 儿童学习回忆物体的物理特性。 儿童将物体与动作和事件联系起来，但是不用物体表征动作和事件（如滚球，但是不会把球假装成车）。 儿童发展客体永久性（逐渐认识到一个物体即使不在眼前，但是仍然存在，没有消失）。
前运算阶段（2 — 7 岁）
儿童获得符号思维（使用内部图像和语言表征不在眼前的动作和事件）。 儿童使用物体表征动作和事件（如把积木假装成汽车）。 儿童学习推测一个动作对另一个动作的结果（如认识到将牛奶从瓶中倒入杯中后，杯中牛奶将上升，瓶中牛奶将下降）。 儿童会受到表面现象欺骗（如相信同样一杯水装在细高容器中比装在粗矮容器中多）。 儿童关注最后结果（关注事物某一刻的状态即"形象性知识"，而不是事物的变化或事物是如何达到那一刻的状态的，即"操作性知识"，不能进行逆向思考）。

具体运算阶段（7—11 岁）
儿童的思维能够处理事物的变化及变化过程。 儿童能够进行逆向思维（有能力在头脑中"看见"事物变化前后的状态）。 儿童能够不受事物某一刻状态的局限,开始理解事物相互之间的关系（如知道 2 比 1 大，同时又比 3 小）。
形式运算阶段（11 岁以上）
儿童开始思考思维过程。 儿童能够使用抽象术语进行思维，不需要具体事物支持。 儿童能够对事物做出假设。

儿童应用与生俱来的身体和智力工具，与周围环境互动，认识世界，在这个过程中建构自己对于世界的概念。大脑似乎受到调节，要去吸收事物及事物之间关系的信息。事物看起来、摸起来、尝起来、听起来、闻起来什么样？它们能做什么？它们什么地方一样，什么地方不一样？如果摸它们、推它们、扔它们又会怎样？

儿童在操作环境中的不同物体时，学会了对不同事物做出不同反应。所获取的新知识也融入已有知识中，这有助于他们思维的发展。皮亚杰认为，儿童认知发展源于生理成熟、与环境互动及对环境的自发发现。皮亚杰将儿童建构的知识分为三类。

- 物理知识。儿童通过实际操作认识环境中的物体，开始建构物体形状、大小和颜色等概念。

- 逻辑数理知识。儿童认识事物之间的关系，如相同与不同，多与少，谁与谁属于一类，多少。

- 社会知识。儿童通过参与社会生活学习行为规则和规范。

在与周围环境中的人与物互动时，儿童同时获得了物理知识和逻辑数理知识，在了解物体物理特性的时候，也建构了逻辑数理知识，从而对信息进行了组织，这样就形成了认知概念。这些概念是正在建构的知识组块，它们要求儿童对信息进行组织和分类。

本章将以幼儿独特的逻辑数理概念的发展为具体实例，说明幼儿在认知发展成熟过程中所处的位置。虽然维果斯基的理论支持了皮亚杰的许多发现，但是，维果斯基认为，2岁以后，文化及其符号对于扩展幼儿的思维是有必要的。换言之，认知发展并非仅仅来自幼儿，也来自其周围的成人和成熟的同伴，以及心智工具，如言语及之后的书写和计算。

优秀的教学应该提供高于幼儿现有发展水平的材料

在皮亚杰强调幼儿是一个探索者、发现者，独立地建构自己知识的同时，维果斯基提出了"最近发展区"概念。最近发展区是指幼儿现有智力水平与在成人或更成熟同伴帮助下可能达到的智力水平之间的区域。

为了获得文化知识，幼儿需要成熟学习者提供的帮助或支架。在维果斯基看来，优秀的教学应该提供高于幼儿现有发展水平的材料。当幼儿热情地回应教师提供的活动时，教师就知道自己发现了幼儿的最近发展区。

今天，高质量的早期教育课程都吸收了皮亚杰和维果斯基的观点，给幼儿自己探索和发现的机会，也给幼儿与成人交往的机会。这些成人支持幼儿的努力，也对幼儿提出了挑战，让他们不断地去发现。然而，不论是皮亚杰还是维果斯基，都没有使用脑研究技术。目前这些技术正用于发现大脑如何发展，如何发挥功能。虽然许多结果支持了这些先驱研究者的理论，但是，对于人类所拥有的这个神奇大脑，我们依然知之甚少。

二、脑研究

　　婴幼儿大脑发展研究的新发现开阔了我们的视野，使我们看到了成人与婴幼儿之间早期互动及环境刺激的重要性。30 年前，许多心理学家相信，人出生时所携带的基因决定了大脑的结构，不可更改。然而，脑研究并未证明这一点。遗传只决定人出生时神经元（脑细胞）的基本数量，但是，这仅仅是一个框架。大脑成像新技术，如正电子发射断层成像技术使神经科学家可以研究大脑在生命前 6 年是怎样发展的。这些研究得出了惊人的发现（Sprenger，2008）。

　　大脑重量出生时约为 0.45 千克，1 岁时达到 0.9 千克。最重要的是神经元的电活动。即使在出生前，这些细胞所释放出的电脉冲也会使大脑中智力回路模式化，这实际上是在改变大脑的结构。也就是说，大脑为了发挥功能而进行自身连通。

　　你了解脑成像吗？你要知道大脑中正在发生什么。幼儿也想知道。你简单画一个神经元（即大脑细胞）。从它生发出小分支。小一点的是树突，通过这些树突，信息传入神经元。较长的是轴突，通过这些轴突，信息传出神经元，进入附近神经元的树突。交汇的神经元之间树突和轴突相互接触形成突触（Sprenger，2008）。

　　一出生，脑电过程即引发了幼儿爆炸性的学习。之后的变化取决于幼儿周围的人和环境。神经突触急剧增加，其数量比我们实际所能使用的要多出数以百亿计，大脑随之发生巨大的变化，进而使人能看，能动，能说话，能思考，具备生命所必需的功能。到 2 岁时，突触的数量达到了成人的水平。令人不可思议的是，3 岁幼儿大脑突触的密度是成人大脑的 2 倍。这时，神经活动不再像出生前那样自发地活动，而是受人在环境中的感知经验驱动。换言之，只有借助于经验的激活，神经元才能在大脑中建立连接。得到使用的突触会保存下来，成为永久的结构，得不到使用的突触就会被淘汰掉。

据拉什顿、尤拉－拉什顿（Rushton and Juola-Rushton）的研究，在我们生命的大部分时间中，大脑神经元会不断发展和消失（2011）。得不到刺激的神经元最终被删减并消失。在生命早期，人既经历最快的突触增长，也经历最大量的突触删减。经验越丰富，突触增长的可能性就越大。通过重复而获得的突触间的强大连接有助于创造和加强学习的神经通路。

对大脑发展的新认识明确了积极情感经验在幼儿智力发展中的关键作用。因此，我们必须牢记，为了促进幼儿智力发展，在给幼儿提供活动和经验的同时，成人必须与幼儿进行积极的互动。

三、运用游戏

皮亚杰和维果斯基都认为幼儿是通过探索性游戏来建构自己的知识的。幼儿通过与事物、人和思想互动来建构知识。有人认为游戏是一种娱乐，一种享受，是一种无足轻重的东西。对于成人而言，这种游戏定义恰如其分，但是对于婴幼儿来说，游戏却是学习，是探索和发现周围世界的途径。他们借助味觉、触觉、听觉、视觉和嗅觉，与他们能够到的任何物体互动，发现这是个什么东西，摸起来怎么样，听起来像什么，自己能拿它做什么。事实上，游戏就是幼儿学习思考的感官练习。

从出生开始，婴儿就坚定地去追求这些信息。最初，婴儿会把所有的东西都放到嘴里。然后，婴儿会用这些东西敲婴儿床，听听会发出什么样的声音，看看它们可以做什么，或者看看会发生什么事情。学步儿的优势更大。他们学会了走路，扩大了探索的范围。世界中的物体突然都成了他们能够到、捡起来、晃动、扔、品尝和扯开的东西。他运用自己的感官与世界"做游戏"，认识世界。等到能够说话时，他们也会开始使用词和语音做游戏。

通过这种对环境的游戏性探索而获取的所有信息按预定的方式储存在

大脑中。当幼儿继续对周围刺激做出反应时，这些信息就可以用来指导或调节行为了。现在我们知道，在人很小的时候，大脑就将这些知识按照预定的方式组织起来了。

四、探索性游戏的阶段

随着幼儿的成长与发展，探索性游戏以可预测、可观察的方式出现了。所有幼儿在每次探索新事物、新活动的时候似乎都经历了三个确定的游戏阶段。为了便于再认和记忆，我们称这三个阶段为3M：操作（manipulation）、掌握（mastery）、赋义（meaning）。如果允许幼儿自己探索新事物和新活动，那么，经历这三个发展阶段后，他们就进步了。如果要求幼儿按照成人的方式操作事物，那我们就简化了他们的学习过程。我们的指导应该以幼儿有机会自己尝试为前提（Beaty，2012）。

不论哪个年龄段的人，刚开始探索新事物的时候，都会把玩它，将它转过来转过去，或者用一种新的方法使用它。例如，当幼儿刚开始玩积木时，他们会将积木塞进容器中，或者把积木当成卡车开，然后再把它们扔出去。经过操作，幼儿了解了积木的用途，就会用积木进行建构了。对画笔也一样。刚开始幼儿会用刷子和颜料到处乱涂，可能会在纸上先涂满一种颜色，然后又涂上另外一种颜色。他们是在玩材料。对计算机也如此，他们刚开始是像弹钢琴一样敲键盘，即同时按下所有的键，而不是一次按下一个键，看看会怎样。幼儿需要这样的操作经验去发现事物是如何运作的。

一旦熟悉了材料，幼儿很快就进入探索性游戏的下一个阶段，即掌握。为了掌握材料的使用方法，幼儿需要反复尝试。重复是这一阶段的标志，幼儿自己似乎有一个自然的练习周期。他们用积木建造没有尽头的道路、墙壁或楼房，用颜料在一张又一张纸上重复同一个图案或者线条，用电脑一遍又一遍地打开他们最喜欢的页面。教师可能会遇到幼儿一遍又一遍无休止地要求听同一个故事，这就是故事阅读的掌握阶段。他们是在大脑中建立连接以便记忆，换言之，他们正在发展记忆力。

当满足了自己掌握材料的愿望之后，许多幼儿就进入了一个新的探索阶段，即将自己的意图带入新的活动。他们用积木进行建构，用颜料作画，在电脑程序中加入自己的"理解"，例如和同伴玩自己发明的"我挡住你"的游戏。对于熟悉的故事，他们往往给其中的人物重新起名字，改编情节，或者创编自己的故事。不是所有的幼儿都会达到这个"赋义"阶段，但是如果鼓励幼儿玩探索性游戏的话，许多幼儿都会达到这个阶段。

五、归类

归类是将相同的物体放到同一个等级或类别中的方法，是幼儿发展推理能力的基本过程。归类时，幼儿首先要能说出谁和谁的形状、颜色、大小或其他特性是相像的，然后要能说出根据某个特性，谁和谁是相同的，谁和谁是不同的。幼儿在发展归类技能时，需要复杂的智力和身体的参与，如语言能力和分辨形状、颜色、大小的能力。

幼儿是如何学习这些复杂的技能的？幼儿通过前面所述的探索性游戏学习归类。一旦幼儿开始注意物体的相同特性之后，他们就开始能够对物体进行归类。归类是大脑对通过感觉活动所获得的丰富信息进行区分和加工的一种必要的认知能力。区分物体和材料给了幼儿练习这种技能的机会，这包括辨认物体的相同点并理解它们之间的关系。对幼儿思维能力发展了解得越多，就越能认识到思维主要与信息的加工和提取有关。

皮亚杰和其他的研究者们注意到，幼儿的区分技能在不断进步，每一种技能都比前面一种技能复杂。最早出现的区分技能是简单的归类，是许多 2 岁和多数 3 岁幼儿都能完成的。幼儿做简单归类就能对物体进行区分或分组，这些物体在真实世界里实际上是混在一起的。例如，如果他们具有动物的相关经验，他们会将所有生活在农场的玩具动物放在同一个集合中，把所有生活在海洋中的动物放到另外一个集合中。这样的活动并非真正的分类，因为这样分类的基础是动物与他们生活环境的联系，而不是动物之间的相同与不同。

幼儿所做的另外一种简单分类是将"同属于"（belong together）的物体放到一组，包括将所有的玩具卡车、小轿车、摩托车放到一组，因为"可以驾驶"；或者把所有的积木放到一起，因为他们都可以用来"建房子"。

许多 3 岁幼儿与多数 4 岁、5 岁幼儿都能进行的一个更成熟的分类是根据一个共同的特性，如颜色，将物体放入同一个集合中。教师可以请幼儿根据颜色区分红色积木和蓝色积木。如果幼儿理解归类，他们就会将红色积木放一堆，将蓝色积木放在另外一堆。

幼儿需要练习各种区分活动，需要练习收集，幼儿也喜欢这样的练习。给一个幼儿一盒纽扣，让他自己选择分类方式，然后问问他决定将哪些纽扣放到一起。看看活动室里有什么东西可以拿来分类，如表演服装、积木、餐具等。到了 5 岁，有经验的幼儿可以根据一个以上特征，如颜色和大小来区分物体，将其归类。多数幼儿开展这样的活动时面临的一个问题是一致性。

幼儿难以在头脑中保持分类依据的一致性。他们经常开始时是按照颜色分类，然后又变成了按照其他的特征，如形状分类，甚至可能又变回来。威利斯（Willis）告诉我们，学的东西越多，在头脑中建立的记忆通道也就越多。她称教师为"记忆提高者"——而不仅仅是"信息发布者"（2007，pp. 311-312）。

幼儿还可以用活动室里的其他什么材料进行分类？整理艺术拼贴材料，收集表演游戏中的角色道具，根据一定主题选择图画故事书，选择打击乐器，是否都可以？幼儿不能只靠视觉进行分类。他们也应该适当地使用触觉、味觉、嗅觉、听觉进行分类。

六、评价幼儿的认知发展

幼儿是如何建构他们的知识的？他们要：

- 在头脑中形成物体的表征；
- 根据外形、声音和感觉来区分物体；
- 讲述物体之间相同与不同的地方；
- 决定物体怎样归在一起或作为一个序列的一部分。

这些都是大脑在组织所吸收的信息时形成的方式或概念。教师要通过观察来评估每个幼儿，观察他们的归类能力、理解序列能力、创造模式能力、数数能力、计算能力、问题解决能力。教师对每个幼儿在这些方面的仔细观察有助于教师了解幼儿的认知发展状况。

☑ 第二节　幼儿认知发展的关键指标

一、能按形状、颜色和大小进行分类

（一）形状

幼儿根据形状分辨物体，对物体进行归类。幼儿思维的发展从看、听、触摸环境中的物体，如母亲的脸、她的奶瓶、母亲的乳房等开始。大脑吸收了这些重要的视觉信息，将它们储存在一定的图式或模式中，从而建立对自己经历的智力表征。婴儿的大脑似乎受到调节，只注意一定的物体，而忽视其他的物体。

例如，研究显示，婴儿注视人脸的时间长于周围其他物体。婴儿似乎对人脸有先天的偏爱。事实是，婴儿偏爱有轮廓的视觉刺激。他正开始建构知识。

有关形状的第一个评估项与幼儿感知觉识别的精细程度有关。为了思考、推理和解决问题，幼儿要认识和分辨物体的基本形状。因为形状概念是幼儿认知发展中出现最早的概念之一，所以我们从几何形状开始。幼儿要能区分圆形、正方形、长方形和三角形——不是做数学题，而是在大脑中对环境中的物体进行区分和归类。

幼儿一进入幼儿园就要开始分类活动。提供一套塑料形状积木，可能是（红、蓝、绿、黄）正方形、圆形、长方形和三角形。观察幼儿是怎么玩这些积木的。是否有幼儿把所有的圆形都放到一起？这能表现出幼儿的辨别能力：这个形状不同于其他形状。是否有幼儿能说出不同形状的名称？这些幼儿表现出了标识的能力。在配对方面又怎样呢？幼儿是否能够找出与教师呈现的形状相匹配的积木？他们是否能够分类？即将一堆混合在一起的形状分开，把相同的放在一起。提醒幼儿看积木的形状而不是颜色。

在幼儿这样玩过了各种具体的材料以后，他们就可能有能力发现活动室中的形状了。跟他们玩寻找形状宝宝的游戏。可以让他们尝试较高的抽象水平——找出图片中自己认识的形状。最后，一些幼儿应该能够在艺术活动中、在几何板上、在积木建构中再现一定的形状。正如教师所见，这样的学习不仅仅是源于教师告诉幼儿"这是一个正方形""这是圆形"引发，更是一种有效的学习，由幼儿用他们所有感官探索怎样使一个物体变成圆形或者使一个形状变成正方形。

课程应该给幼儿提供许多这样的经验。因为幼儿通过感知操作学习这些归类技能，所以，教师应该给幼儿提供各种感官游戏的机会。例如，在玩面团时让幼儿自己做球，还可以用手压平或者用擀面棍擀平，切成圆饼干。这其中包括了尝、摸、闻、看。

前运算阶段的幼儿在认识较抽象的符号（如图画）之前，最好先学三维物体。看不同形状的图片对幼儿是有益的，但是如果这是幼儿学习的唯一方法，那过于抽象了。幼儿首先要能动手操作具体材料的活动。

积木是创造圆形、正方形、长方形和三角形的良好媒介。一开始，教师可能要对幼儿正在创造的形状进行命名。他们可能已经知道了"圆形""正方形"，但是"长方形"和"三角形"确实陌生。幼儿能够建一个三角形吗？三角形对幼儿来说是最难的图形之一。一开始他们建的三角形可能很像圆形，因为幼儿很难处理角。对角线在幼儿认知学习中排在最后，所以，幼儿很难做出三角形和菱形。用胶带在地上贴出圆形、正方形、长方形和三角形，让幼儿尝试用积木建构这些形状。

（二）颜色

大脑分类的另一个方法是根据颜色。研究显示，4—6 个月的婴儿就开始辨别颜色。大多数幼儿能够识别红色、绿色、黄色和蓝色，还有黑色和白色，然后识别第二级的紫色、粉色和褐色。虽然幼儿似乎最先说出的是颜色，但是，幼儿是先识别图形，之后不久发展颜色知觉。成人提及颜色的次数要多于形状，所以幼儿很快先学会了颜色。

幼儿可能会说很多颜色的名称，就像他们会唱数一样，但事实上他们并不理解这些名称的含义。颜色命名是语言功能，在命名过程中，幼儿必须将视觉图像与回忆起来的名称联系起来。幼儿能说"红色"并不意味着他认识红色，所以，可以问问他穿的衬衣是什么颜色的，请他找找活动室里红色的东西。

如同形状一样，颜色是视觉的一个方面，大脑借助颜色对物体进行区分和归类。虽然幼儿从一开始就看见了颜色，但是直到现在他才给不同的颜色赋以不同的名称。

再次重申，最好先关注一种颜色，然后再引进其他颜色。虽然幼儿通常能轻松认识基本颜色，但是，教师还是应该利用季节和节日认识颜色。如在秋天南瓜成熟期间，橙色肯定应该是活动室颜色的一个部分。

让幼儿玩颜色，就像他们玩积木一样。给幼儿提供一些材料，如扑克牌或高尔夫球座，让幼儿看看是否能够找出所有的红色。一些幼儿能够根据颜色将这些物品全部区分开来，但一开始不要期望所有幼儿都能顺利完成。让幼儿尝试在红色中混入白色，看看不同红色的视觉效果。先给幼儿足够的时间去体验一种颜色，然后再关注另外一种颜色。

幼儿开始研究颜色时，教师可以逐步地往画架上加各种颜色的颜料，还可提供色板、彩色积木和许多其他的彩色桌面游戏材料。要保证幼儿正在探索的每一种颜色都有多种材质。如果班级里有幼儿说多种语言，那么要保证他们学会用不同语言命名颜色。

残疾幼儿能跟其他所有幼儿一样学会颜色概念。要开展所有幼儿都能参与的活动。如果教师将游戏材料放在操作区，那要保证材料架不至于太高，要使所有的幼儿都能够得到。

（三）大小

幼儿不断与环境中的人和物互动，大脑在建构知识的同时，似乎也特别注意物体之间的关系。大小就是这些关系之一。大还是小？比其他物体大还是小？大小与形状和颜色一样，是幼儿认识世界所需要理解的重要概念。

幼儿具有大小恒常性，即不论物体远近，能够发现物体大小一样的能力。幼儿能比较看起来一样大而实际上不一样大的物体。大小、高矮、长短、宽窄、厚薄、深浅常被看作反义词。因为幼儿需要将视觉图像与描述性词汇建立联系，所以，语言再次发挥一部分作用。依据上述反义词对实物进行直接比较，似乎是幼儿学习大小的最好途径。

（四）比较

将一个物体与另一个物体进行比较是研究新物体或不同物体特性的最好方法之一。实际上，这就是大脑工作的方式。大脑是在先前加工过的信息的基础上，关注、吸收和评价新信息。查尔斯沃思和林德（Charlesworth and Lind）告诉我们：随着幼儿观察技能的发展，他们会自然地开始比较、对比，发现异同。比较过程使观察技能更加敏锐，这是分类的第一步（2007）。

教师最初跟幼儿进行大小比较活动时，要保证使用的物体只有大小不同，其他特征都一样。此时不要使用不同颜色、不同形状的材料。要使用除大小不同外其他都相同的材料，跟幼儿讨论两个物体之间什么地方相同，什么地方不同。

（五）相反

对两个大小不同、其他特征相同的物体进行直接比较是帮助幼儿学习大小概念的最好方法之一（见表7-2）。可以使用两个苹果（一大一小）、两个杯子、两块积木、两本书和两个玩偶等。要用肯定句说（"这个大，这个小"），而不要使用否定句（"这个不大"），否定句只会使幼儿出现混乱。

表 7-2　基本比较

大	小	粗	细
重	轻	宽	窄
长	短	近	远
高	矮	等一会儿	立即
胖	瘦	年老	年轻
快	慢	大声	轻声

先要在活动室中使用大小不同的物体做各种比较，然后再开始学习另外一种不同，比如高矮。要使用反义词。在转向学习高和矮之前，教师要在班级的各种比较中使用大小不同的各种物体。要在活动室里随时使用大小反义词："有没有人能从架子上给我拿一块大积木？你能再找一块小积木吗？""谁能找一张大纸？谁能找一张小纸？"表演区里开设鞋店是学习大小概念的绝好机会。

（六）收集

一旦幼儿通过自己的探索以及与教师玩命名的游戏，熟悉了各种大小、形状、颜色后，就应让幼儿尝试去收集不只有大小一个特征的物体。幼儿喜欢收集自然材料，想知道它们摸起来什么样，看起来像什么，可以怎么玩。可以将收集到的贝壳、橡子或岩石装到塑料容器中，放到操作区或数学区的架子上，让幼儿能拿到区域的桌子上玩。他们会发现这些材料之间的关系。他们能找出最大的那个吗？能找出最小的那个吗？也可以收集钥匙和纽扣。

---- **给教师的建议** --

1. 同一时间只从一个形状开始

幼儿首先只需要关注一个概念，然后再扩展到其他方面。可以从圆形开始，因为幼儿习惯于圆形和椭圆形的人脸。让幼儿找出活动室里有多少圆形的东西。他们能发现玩具汽车的轮胎吗？能发现玩具床或办公椅的轮子吗？能发现圆形积木还有湿杯子在桌子上留下的印记吗？

2. 让幼儿混合颜色

让幼儿享受混合颜色的乐趣。拿出食用色素挤压瓶、搅拌用的勺子、装满水的塑料杯或盆子。刚开始，教师可以只用一两种颜色，或者可以让幼儿发现怎样使蓝色和黄色变成绿色。

幼儿有很多方法玩颜料。幼儿会用他们正关注的颜色画手指画。如果幼儿要用一种新颜色，那么教师就要将这种颜料添加到手指画桌上。让他们混合新旧颜色，看看会发生什么现象。

3. 玩过渡游戏

在等午餐、等车或者有意外事情发生时，玩玩简单的过渡游戏、手指游戏或讲讲故事都是不错的选择。这给幼儿提供了绝好的认知游戏机会，例如："穿宽条纹衬衫的女孩站起来。""穿窄条纹卫衣的男孩站起来。"或者用手指玩"猜一猜"游戏。教师将手放到身后，请幼儿猜猜哪只手的大拇指竖起来了，哪只手的小拇指竖起来了，然后把手拿出来给幼儿看。是否有哪个幼儿能带领大家玩这个游戏呢？

4.整理环节区分积木

在整理环节，先让幼儿帮忙找出最大的积木，然后再将积木放回到玩具架上。这个活动可以使教师获得一个信息，即谁能区分物体的大小，谁做不到。不过，要将这个活动变成游戏而不是任务。

二、能排序

在观察幼儿认知发展状况时，我们关注了很多逻辑数理知识的归类。幼儿表现了这三种能力。

• 分类能力：理解物体某一特征的能力和根据物体的共同属性将物体分到一定类别的能力。

• 排序能力：理解"比……多"和"比……少"的能力以及依据一定规则和等级将一系列物体按一定顺序排列的能力。

• 计算能力：理解数的意义并加以应用的能力，应用数进行计算和排序的能力。

幼儿只有认识物体的特征和相互关系，才能按照一定的顺序排列物体。它们哪里像，哪里不像？有什么共同点将它们联系在一起？然后，幼儿必须理解等级：第一（或许是最大的），接着，再接着，最后。依据相同点区分材料的练习应该可以帮助幼儿既注意物体的特性，又注意物体之间的关系。

如同幼儿在给物体分类时经常改变规则一样，幼儿在按顺序排列物体时也经常表现出不一致。似乎思维的不成熟使他们还不能长时间地坚持排序规则。简单的排序要求幼儿从大到小或者从小到大排列物体。幼儿以前玩的相反活动为他们分辨物体的极端差异奠定了基础。因为幼儿只能同时思考两个物体，所以，他们通常能够分辨序列中的第一个和最后一个，但是，可能会混淆两极中间的那些。然而，如果给幼儿提供线索，他们通常能够进行排序。

例如，蒙台梭利不同大小的圆柱体可以放入系列洞洞板中。幼儿尝试将圆柱体从大到小放入洞中。他们通过尝试错误，将每个不同大小的圆柱体与每个不同大小的洞进行配对，看看哪一个圆柱体适合，哪一个不适合。一旦幼儿掌握了这个概念，许多幼儿不需要借助洞洞的线索，就能够按照适当的顺序排列圆柱体。

垒积木、盒子和圆圈遵循相同原则，通常是先大后小。即使是学步儿也很快知道，必须首先套最大的圆圈；如果有一个圆圈弄错了，就需要从头开始检查自己的错误。俄罗斯套娃是一种经典的民间艺术，一个比一个小，正好可以套在一起。关键是要让幼儿自己玩这些学习游戏，以便他们自己通过游戏来发现顺序。

多数幼儿能够理解较大和较小，但是当这些概念应用于序列时，多重比较的复杂性似乎会使幼儿出现混乱。一个物体怎么比一个大，同时又比一个小呢？

教师可以在操作区或科学区、数学区增加新的排序游戏和活动去提高幼儿的排序技能。要确保新材料给幼儿提供了足够线索，使其能够成功地进行排序。最重要的是，要保证这些活动有意思。

·····给教师的建议···

1. 对幼儿进行排序

让幼儿三人一组，站在三个高低不同的盒子上，按照从矮到高的顺序来排队。让他们说说谁最高。然后让他们交换脚底下的盒子。再看看，现在谁最高？给每个幼儿一次机会，让他们都当一次最高的人。如果没有盒子，这样的排序可能会使矮个子幼儿感觉不好，因为幼儿会从游戏中获得这样一种意识，即谁最高就是最好。

2. 阅读

传统的经典故事《金发姑娘和三只熊》《三只小猪》《三只公山羊》

都有一个从小长到大的系列渐变过程，同时家具、饭碗、房子甚至噪声都随之变大。

可以把每本书扫描下来，然后剪下人物。幼儿能按照从小到大的顺序排列这些人物吗？幼儿需要这种动手操作活动来发展抽象的序列概念。

三、能识别、创建模式

模式（patterning）指识别或创建一系列以一定顺序出现并重复的物体、文字、声音或色彩。科普利（Copley）告诉我们，有关模式概念的研究促进了幼儿认识数的组成、计数策略和问题解决能力的发展（2000）。学习模式也有助于幼儿预测后面将发生什么，尤其是在故事中。尽管人们很少使用"模式"这一术语，但是许多人的生活实际上被模式（仪式）所支配，他们必须彻头彻尾地遵守这些模式，否则就会招致不满。

幼儿身边处处有模式。日常计划是模式，合唱或跳绳是模式，拍手也有模式。有些图案重复一定的序列，如墙纸和瓷砖的设计。一旦向幼儿呈现模式概念，多数幼儿都会直觉地发现模式。让幼儿找找活动室内外哪里有模式。彩虹是各种颜色的模式。舞蹈是舞步的模式。花园的花可能有一定模式，地砖也可以有模式。幼儿的裤子和衬衫也经常会有有趣的模式。

一旦幼儿理解了模式是怎样产生的，幼儿会很乐意在日常生活中寻找模式——如果教师将寻找模式变成游戏的话。他们可能成为"模式侦探"，到处寻找模式。谁发现了一个模式，就给谁贴一个贴纸。使用不同的贴纸，这样幼儿获得的贴纸又构成一个模式。他们或许也会注意到字母也可排成模式，数字也一样。

根据幼儿身上贴纸的数量，教师很快就能知道谁理解了"模式"这一概念。如果有幼儿一张贴纸都没有得到，就跟他们玩个游戏，直到他们都得到贴纸。游戏可以在图书区进行，这样他们可以找到含模式的书；也可以在表演区进行，这里的塑料盘子和桌布可能就含有模式。

　　现在可以让幼儿自己创建模式了。拿出几套操作材料，如丛林小动物或海洋动物、大珠子、彩色积木或棋子。先让他们根据一个特性（如颜色、大小或品种）将材料分成几堆。然后让幼儿按一定模式将其排队。可以让一个幼儿先开始。刚开始尽量不要使用三个以上的特性（如红、蓝、黄，或者老虎、大象、猴子）。问其他在一旁观察的幼儿："这有什么规律？""对，先是红，然后是蓝，再后面是黄。""对，先是老虎，然后是大象，再后面是猴子。"后面是什么呢？幼儿理解模式的每一组都跟前面第一组一样。

　　观察一下，看看哪些幼儿能够自始至终坚持模式。许多幼儿会出现不一致的问题。开始时，他们头脑中有一个模式，但是不久，他们就会忘记接下来该是什么了，也不知道自己可以往回看看以找到答案。练习越多，他们就会变得越准确。这样的活动使幼儿能够练习识记接下来是什么。

女孩正在尝试用重复的模式给动物排队

----- 给教师的建议 -----

1. 让幼儿创建模式

如果教师记得哪些幼儿自己独自学的时候学得最好，那就请他们有兴趣的时候自己创建模式。让六个幼儿脖子上系不同颜色丝巾。只用三种颜色（如红、蓝和黄）。他们六个人能按照一种模式排列吗？

2. 发现发型模式

发型也可以是模式。让幼儿在班级里观察同伴的不同发型。这些发型有名称吗？

3. 阅读

虽然书本比积木、图画或人们的头发要抽象，但是有些书中含有一定的模式，这些模式即使是幼儿也能够识别。

四、能唱数到 20

无须强调幼儿学习数概念的重要性。幼儿很快能够处理生活中数的问题，包括大小、距离、数量、时间、温度、价格、金钱和测量。大脑要求幼儿创造自己的知识，幼儿将会按照预定的发展顺序，将通过与周边世界互动获得的信息内化。

唱数是指按照记忆有序复述数名。这看起来很简单，但是它包含记忆能力（记住数名）、排序能力（记住数的顺序）、模式能力（理解从 1 到 10 是一种重复模式）。

即使是 2 岁大的幼儿，在他们竖起两个手指给你看，告诉你他们的年龄时，也表现出了他们所具有的关于数的基本知识。多数情况下，这种数数属于鹦鹉学舌，而不是真正理解"2"。然而，一些 2 岁幼儿能够唱数到 10，许多 3 岁和 4 岁幼儿可以唱数到 20。

再次说明，会唱数不意味着幼儿理解了数概念。事实上，幼儿经常在唱数时颠倒顺序甚至遗漏一两个数。这些混淆和遗漏是可以理解的，因为幼儿正在完成的是记忆任务而不是概念任务。他们的唱数其实是吟唱，就像唱童谣。教师会发现许多幼儿不知道每个数的意义。事实上，他们唱的数看起来更像一个长单词，而不是 10 个独立的词。

要玩棋盘游戏，就要能数数

尽管如此，这样的唱数在幼儿的认知发展中也是重要的。认知发展，就像身体发展一样，遵循从普遍到特殊的过程。幼儿首先是唱出一串数，然后才是理解这串数中的每个数。幼儿唱数时，教师注意倾听。听听他们是否唱对了数名，是否排对了顺序。跟幼儿一起唱，使其听到正确的发音。

幼儿这样数数在某种程度上是由于语言经验有限。幼儿需要在头脑中形成数的表象以理解每个数的意义。教师不能指望 2 岁幼儿就都能形成这样的表象。到 3 岁时，一些幼儿会形成一定的表象，因为他们已经在和环境的互动中积累了相应的感知经验。因此，父母和其他成人在幼儿的日常生活中要经常使用这些数，并通过唱数、测量、称重、数数的游戏，使幼儿运用这些数。

幼儿要能够对物体进行排序，理解谁比谁多或少。幼儿也需要知道如"哪一组最多"这一类问题的答案。当然，他们还要知道数名。这样的一些能力是在学前期发展的，但是，仍然有许多人在 7 岁之前都不能完全掌握序列概念和数概念。

对于能够数到 10 或 20，但又没有真正理解数或者不懂数数真正意义的幼儿，试着让他们数到 7 或者到 13。这些幼儿必须放慢速度，想一想他们正在做什么。刚开始他们有可能不能停在某个数上，而只能停在 10 或 20。

跟个别或小组幼儿玩游戏，要求每个幼儿数到教师说出的一个数而不是 10。要使这样的游戏有意思。还没有学会数数的幼儿很快就学会玩这个游戏的技巧。幼儿喜欢数数。正如查尔斯沃思和林德所言，幼儿需要重复和频繁的练习来发展数数能力，但是练习不应该持续太长时间（Charlesworth and Lind，2007）。

当唱数发展到计数时，幼儿能够将每个数名有序地与一组物体中的每一个进行匹配。这是一项复杂的任务，包括眼、手、发音、记忆之间的协调。幼儿只要能够熟练且成功地数数就足够了，教师不应该敦促幼儿去做过难的计数，如所用物体的数量多于他们能够数得清的和能够数成功的。

要让双语幼儿跟着教师一起学习数数。他们也可以用母语数给其他幼儿听，让其他幼儿学。要使唱数活动变得有趣，要保证经常玩，但每次不要持续太长时间。幼儿只有经常不断地重复玩数字和数数的游戏，才能熟悉数字。

·····给教师的建议·······

1. 唱数或玩跳绳的韵律游戏

让幼儿玩带数字的韵律游戏。数字韵律的数量，可以根据参与活动的人数而定。有些韵律活动可以使用灰姑娘的故事。

灰姑娘穿着白衣裳，走上楼梯道声晚安。灰姑娘用了多少秒？ 1、2、3、4、5……

灰姑娘穿着黄衣裳，走进房间吃棉花糖。她吃了多少棉花糖？ 1、2、3、4、5……

还可以参考使用另外一些儿歌或故事。其中包含幼儿熟悉或还不太熟悉的一些数，采用押韵的方法，从 1 开始，一直引导幼儿数到 30。

也可以用幼儿的名字，自编一些童谣。可以在户外操场上玩跳大绳游戏。两位教师抢大绳，每抢一下，一个幼儿跳一次，其他幼儿拍手唱数。

2. 唱数字歌

唱《钟声响》（*Hickory, Dickory, Dock*）。用钟敲不同的数，老鼠每次做不同的事情，如钟敲 3 下，老鼠就喝茶等。

3. 读倒数书

幼儿会倒计时吗？如果他们看过宇宙飞船发射，可能就会倒计时了。《施工倒计时》（*Construction Countdown*）通过从 10 倒数到 1，逐一呈现了土方搬运机、装卸机等建筑车辆。所有这些内容都可以引入假装活动。

五、能一一对应

接下来，幼儿必须掌握简单的一一对应以发展数感。他们数物体的时候，我们应要求他们一一对应，学习一个数代表着一个物体。刚开始，许多幼儿会一下子就数到最后，而实际上没有将每个物体都数到。他们似乎更关注说出总数，而不关心让每个数对应一个物体。他们最终会知道数数的关键原理是：

- 数名必须与被数物体一一对应；
- 数名的顺序很重要；
- 数数过程中物体被点到的顺序不重要。

这是合理数数的一部分，可以帮助幼儿明确意识到数量。他们逐渐会理解数到的最后一个数说明总共有多少个物体。幼儿学习这些原理不是靠教师教，而是靠在游戏中动手数。如同学习形状和颜色一样，首先应该使用具体物体，然后是图片，最后是数字。

在以各种形式重复和试误之后，幼儿便逐渐熟悉数名，能完成任务了。多数成人没有意识到学习数数的重要性。如果不能合理数数，幼儿就不能开始更为正式的数概念活动。

因此，幼儿每天自己在班里数数或者听教师数数就很重要了。教师给幼儿提供大量的机会，让他们自己数数，这也同样重要。跟唱数一样，从小于 20 开始，数到 20 就停下来。要求幼儿数数时要用手点到每个物体。如果他们漏掉某一个，要让他们从头再来。或者让他们每数到一个物体，就把这个物体递给教师。注意，一定要保证这样的活动是有趣的游戏，而不是有对错的任务。

学习排序也为数数奠定了基础。把杯子放到杯垫上或者把帽子戴在娃娃头上能帮助幼儿理解一一对应。他们通过感知活动来学习数字"1"代表一个物体，"2"代表两个物体。这是第一步。但是，在数列中数数仍然不同于一一对应。

幼儿或许能够数出排成一排的 10 个甚至 20 个人，但是仍然不能从中选出 4 个。让他们练习。只要幼儿能够连续数到 10，就可以练习从中挑出一定量的物，例如 3 个娃娃、5 块积木或者 7 张牌。教师通过提问或引导，让幼儿练习数数和选出一定数量物品。请他们在数列中数数："有多少红色记号笔？""给我 4 张餐巾纸。"

把收集来的小材料装在盒子里，放到操作区的桌子上让幼儿点数。如果教师给幼儿提供了录音机，他们可以用录音机记录结果，这样就可以自己完成任务。将"数数我"的标志挂在活动室的材料上，如金鱼缸、颜料和表演游戏区的帽子上。还有什么是幼儿自己喜欢数的呢？问问他们。如果幼儿要教师检查他们点数的正确性，那么，教师也要数一数这些东西——这是一个很好的示范。

为了支持幼儿的数学活动，教师可以记录他们数数的过程。刚开始，教师不该使用数字符号，而应使用简单的记号去代表数字。例如，将所有幼儿的姓名列在一张考勤表上，给每个出勤的幼儿标一个记号，然后让幼儿数记号。让幼儿在即时贴上做记号或者在卡片上打孔，记录他们喂了几次豚鼠，给植物浇了几次水，或者有多少辆汽车经过。之后，再让幼儿数记号或孔的数量，得出总数。

也可以用图形、即时贴或者数字图片。将一定量的即时贴或者图形贴纸贴到每个活动区里，表示一次允许进入活动区的人数。在各个活动区的墙上钉一定数量的钩子，挂上标牌，让幼儿进区玩时戴上标牌。让活动区里的幼儿不时检查一下，数一数区里有多少人了，人数是否合适。

可以在适当的时候用表格和条形图来记录人数。在豚鼠笼子附近挂一张日历，让幼儿画胡萝卜符号记录豚鼠每天吃的胡萝卜数量。在墙上张贴一张表格，表格上写上幼儿姓名，让每个幼儿用尺子测量并记录自己种的植物每周长高了多少。帮助幼儿在自己名字的后面记录植物高度，或者用一个条形图，在图上用颜色涂出植物的高度。

之后，当幼儿表现出他们理解了一一对应之后，教师就可以使用配有图片的实际数字了。这个时候仅有数字对许多幼儿来说常常太抽象了。

------ **给教师的建议** --

1. 让幼儿相互数数

任何活动，只要幼儿及其同伴直接参与，就会更有意义。让幼儿早晨挨个点数实到人数。要让点数的幼儿用手碰到每个幼儿。在幼儿数到 10 以上需要帮助时，教师可提供帮助。

2. 提供丰富的点数材料

给操作区或数学区投放点数材料。让幼儿用鸡蛋盒装这些材料，并让他们数一数有多少。可以用纽扣、贝壳、牌、线圈和通心粉等。

3. 玩"跟着领队数"游戏（Follow-the-leader counting walk）

跟三四个幼儿在场地上玩"跟着领队数"游戏。第一次要大声说出数字，当幼儿知道如何玩时，教师就默数。例如，在教师默默地触碰了三个物体之后，就停下来问："我们碰了几个？"谁说对了，就祝贺谁，然后继续走。等所有幼儿都熟悉游戏规则时，让一个幼儿来做"领队"。

4. 让幼儿布置餐桌

让幼儿摆好桌子，准备就餐。他们可能要给每张桌子放八只勺子、八把叉子、八个盘子、八个杯子和八张餐巾纸。他们能做到吗？这个真实的任务对于教一一对应特别有效。

5. 阅读

当今，有关数数的书就像识字书一样受欢迎，如《马克斯数鸡》（*Max Counts His Chickens*）、《十只小毛毛虫》（*Ten Little Caterpillars*）。

6. 使用电脑软件

人们对在幼儿教育中运用电脑是存有争议的。但是，对于那些知道如何使用电脑，如何选择软件，如何帮助幼儿学会自己使用这些软件，以及如何将这些软件整合到课程中去的教师而言，电脑是强大的学习工具。电脑的优势在于它能够在具体和抽象的思维和学习之间架起桥梁。幼儿的学习方式似乎与电脑教学方式一样：试误。

幼儿成功使用电脑的关键在于选择适宜的软件。教师要寻找帮助幼儿加强认知技能如分类、排序、模式的软件，以及计数和一一对应的软件。

因为软件比活动室里的具体材料更为抽象，所以，教师要提前试用，决定使用方法，以引导学习中心的具体活动，这很重要。可以试试根据班里的图画书来选择软件，将它们融入班级活动（Beaty，2012）。选择软件时，要记住以下标准：

- 提前试用；
- 对幼儿有吸引力；
- 基于幼儿正在阅读的图画书；
- 便于幼儿使用和理解；
- 教授恰当的技能；
- 能够融入学习中心活动。

教师可以一次向两个幼儿介绍新软件。其他幼儿可以先看看，然后再轮流。像这样的合作学习是利用电脑的最佳途径。他们学习轮流，一起讨论，互相教对方运行软件。

　　教师事先安装好幼儿要使用的软件，要让幼儿自己就能够访问这个软件。每次同一时间只用一个软件，直到所有幼儿都熟悉为止。多数软件都有许多游戏和活动，难度是不断增加的，所以，教师要知道幼儿应该从哪个游戏开始。以下是幼儿操作电脑需要知道的知识：

- 怎样开机？
- 怎样等待主菜单出现？
- 怎样在合适图标位置双击鼠标？
- 怎样等待程序菜单出现？
- 怎样点击想要玩的活动？

　　重复是关键。关掉软件，让幼儿一次又一次地启动。两个幼儿坐在电脑前，一个可以提醒另一个下一步怎么做。在幼儿展示了自己使用软件的能力之后，教师可以用积木、图书和操作材料等设计延伸活动。

六、能使用实物解决问题

　　问题解决要求幼儿使用更高水平思维。若要创造新思想或者用新方法使用材料，幼儿必须运用创造性思维。幼儿也会在头脑中用批判性思维将问题分解，即进行推理。

　　（一）推理类型

　　幼儿解决问题时经常会用几种类型的推理。直觉推理是以物体的表面特征为基础的。幼儿认为一个物体比另一个物体大是因为它看起来就大些。例如，瘦高的杯子比矮粗的杯子装水多。通过测量获得更多的信息之后，幼儿可能发现两个杯子盛的水一样多。幼儿进行直觉推理时，教师要问他们"为什么"。

归纳推理以规则感知为基础。幼儿发现模式或者寻找几个物体的共同点时会使用归纳推理。一定情境下使用归纳推理所得到的结论可能是准确的，但未必适用于所有情境。相反，演绎推理是先通过一段时间收集信息，在此基础上得出结论。

幼儿在推理时会使用许多已知概念，尤其是分类和数概念。幼儿使用新获得的认知概念的最好途径是解决具体问题。他们也用试误的方法，探索哪些可行，哪些不可行。

开始时，教师可以在一个活动区与一小组幼儿进行活动，向他们提出一些简单的问题。例如，在积木区时，教师可以问，你们怎样才能建一条足可以让两辆玩具汽车并肩行驶的道路？一些幼儿可能建一条有两个车道的马路来解决问题。另一些幼儿可能建一条更宽的马路来解决问题。如果道路足够宽，能同时行驶两辆车，那就是很好的解决办法。

然后，教师可以摆放一张蓝色纸片代表小河，请建筑师们想想用什么办法能让汽车过河而不沾水。这是个复杂问题，要求在河上架桥，要在河两岸各放一块积木作为桥墩，然后再找一块长积木或者长板架在两个桥墩之间。教师可能要跟幼儿谈谈怎样才能找到解决办法，听听他们的想法并记录下来。他们可能需要将问题分成几个部分：找一块或多块积木，其长度足以跨过小河；想办法抬高积木，使其高过河面。

可能一些幼儿会说在河里竖着放积木。问问幼儿如果这是一条真实的河流会怎样。他们是否知道真实的河流中水是如何流动的？一种解决问题的办法是找一块积木或板子，其长度足以够到两个桥墩。幼儿经常难以找到长度正合适的积木，他们会反复去尝试那些短得够不到两个桥墩的积木。长度的概念对于许多幼儿来说，仍然是模糊的。除了猜测，他们是否还有别的办法？试误是一种方法。其他一些幼儿可能建议进行测量。可以，然后他们会测量架子上的积木，直到找到了长度恰好的积木。可以将他们的各种尝试都拍下来。

（二）测量设备

如果一些幼儿不熟悉测量工具，如尺子，就出现另外一个要解决的问题了。他们用什么测量？有没有幼儿伸出手比画桥墩之间距离？幼儿能否保持手部姿势不变，一直走到积木架边？可能其他幼儿会建议在河两岸的桥墩上平放一张纸或者拉一根绳子进行测量。是的，这些方法也应该有效。

如果架子上的积木都不够长怎么办？一些幼儿可能建议将桥墩移入河中，缩短两个桥墩间的距离，直到找到长度合适的积木为止。是的，这是另一种可能。让幼儿去试试看。另有幼儿的想法可能是在河中央放第三个桥墩。这也会有效。然后，有创造性的幼儿会用玩具直升机将汽车从空中吊到河对岸，或者有幼儿会用船将车渡到河对岸。可以让每个小组去实验，发现解决问题的办法。将每一种尝试都拍下来。

（三）另一个积木问题

另一个有趣的积木问题是将玩具车从斜坡上开下来，看看每辆车能跑多远。有没有幼儿不用推就能使车跑得更远？通过不断尝试错误，一些幼儿会发现抬高斜坡一头会提高车速，从而使车跑得更远。另外一些幼儿可能发现车的大小也是一个因素。是否大而重的车跑得比小而轻的车更远？让他们试试看。教师可以记录他们所有的解决办法，甚至包括无效的办法，留作以后讨论。可以拍照记录。让幼儿说一说每张照片代表什么。教师发现了多少工程师？

教师要关注幼儿自己在日常室内外活动和游戏中偶然遇到的具体材料问题。一个女孩想让玩具婴儿车穿过游戏场中明显狭小的混凝土隧道，她怎样解决问题？一个男孩要将卡车轮胎从游戏场的一边推到另一边，他是如何解决问题的？教师不是要给幼儿建议一个更好的解决办法，而是要观察和记录幼儿自己是如何这些解决问题的，以便事后可以跟幼儿讨论。教师也要发现问题的答案，这些答案可以概括为"科学的问题解决方法"：

- 问题是什么？

- 你怎么解决问题?

- 你是怎么想的?

- 事实上发生了什么?

- 你的结论是什么?

给教师的建议

1. 小组"猜猜猜"游戏

在天平的两端各放一个空碗,再拿一筐积木。任务是要在两个空碗中放上等量的积木。这个问题看起来简单,实际上并不简单。因为积木有大有小。如果积木一样大,那么,每个碗里各放一块就能使天平达到平衡。一些幼儿可能会深入思考如何解决这个问题,但是他们可能只有通过试误才能获得成功。让幼儿在动手前先猜一猜该怎样做。给每个幼儿一个机会。

女孩怎样使天平平衡?

2. 小组问题解决游戏

投放大小不同的卷发器若干、小包一个，看看有没有人能想办法将所有卷发器都装入小包中（确保所有卷发器都能装入这个小包的唯一方法是：将小卷塞到大卷中）。有没有幼儿能够解决这个问题？先请他们谈一谈。

3. 阅读

在《猫咪麦琪理想远大》（*Magic Thinks Big*）中，一只非常大的猫坐在他家一扇敞开的门前。他是应该进去，还是出去，还是待在原地？用直觉推理来猜测每种情况下可能发生的事情。让幼儿猜一猜，然后看一看。记录下他们的猜测及其理由。

《假如给猫纸杯蛋糕》（*If You Give a Cat a Cupcake*）是作者关于"假如给一个动物什么，将会发生什么"系列丛书中的一本。如果你给猫一个它想要的纸杯蛋糕，会发生什么？让幼儿猜一猜接下来会发生什么，记下来。

《假如妈妈有三条胳膊》（*If Mom Had Three Arms*）是一个小男孩在"假如"的数数故事中发挥想象力的故事。书中，每隔一页呈现男孩想象假如他妈妈有若干条胳膊会怎样。之后，让幼儿创编一个新故事，讲讲他们自己的妈妈可能会用额外的胳膊做什么。一定要记录下来。

七、将思维可视化

有没有什么办法能让人看见幼儿正在想什么？我们可以经常请幼儿解释自己对事情的看法。但是这并不能真正帮助我们理解他们的思维过程。如果我们能想办法看见他们的思维，那么，我们就知道他们是否走在正确的轨道上。我们就能知道他们接下来要做什么，我们接下来要做什么。思维是无形的，这是主要问题。

塞蒙（Salmon）提出了一个很好的解决方案（2010）。她建议幼儿在思考问题或话题时，记录下自己的想法。她相信记录他们想法的最好方法之一就是使用不同的媒介。她建议使用视频和对话转录，并辅以照片和作品。她说，幼儿说、写、画、建构或表演他们的想法时，就是在使自己的思维可视化。我们会说，确实如此，但是，前提是他们的作品要有语言辅助。

如果幼儿能意识到自己的思维过程，那肯定对他们的认知发展有益。他们和教师就能够看见他们理解和不理解之处。要鼓励他们进一步思考所面临的问题以及如何解决这个问题。如果他们及教师能够看到这个思维过程，这将有助于他们知道接下来该做什么。这也给教师提供了另外一个观察他们认知发展的线索。

（一）档案板

一些幼儿把他们的可视思维（图片说明）嵌入档案板，给其他人看。这样的档案板经常由教师制作，向其他人说明和展示项目的结果或正在发生的学习。档案板通常包含照片、作品、教师记录的儿童说的话和教师的观察。

真正的可视化思维可能有所不同。可能只包括幼儿说的话。根据幼儿的照片、作品、所说的话，可以记录他们的思维。教师可以拍一系列活动照片，然后让幼儿说说这些照片，用镜头记录下来。教师可以针对每张照片问一系列问题：

- 这张照片里发生了什么？
- 为什么会这样？
- 是谁想要这么做的？
- 你对此有什么想法？

照片打印出来后，将幼儿所说的话配着照片一起呈现在档案板上。幼儿也可以查看档案，听教师念文字，再次进行评论，增加内容。像这样一系列配有幼儿说明的照片就可以作为幼儿连续的思维的记录。

（二）戏剧游戏记录

善于观察的教师很早就会注意到，在戏剧游戏中，幼儿会自己大声"思考"。他们扮演角色，表演角色行为。事实上，戏剧游戏中的许多表演都是对话。幼儿相互之间所说的话表明了他们对情境的思考。伊斯贝尔和雷尼斯（Isbell and Raines）揭示了幼儿在戏剧游戏中是如何发展他们的独立思考能力的（2007）。

我们并没有意识到，这是一个去看、去听"行动中的思维"的完美机会。我们要做的就是观察和记录这些假想情境。使用手持录音机、傻瓜照相机等记录动作和对话。一个动作要多拍摄几张照片，打印，配以对话记录。如莎娜和妮娜正准备假装举行生日聚会。她们正在争论带什么礼物。

莎娜：那个花是做什么用的？

妮娜：它是罗斯的生日礼物。

莎娜：花不能作为礼物。

妮娜：我姐姐生日时就有人送花。

莎娜：但是，那是她男朋友送的。

妮娜：好，这个花是罗斯的女朋友送的。

莎娜：不一样。

妮娜：为什么不一样？

莎娜：女朋友不送花。

妮娜：为什么不送花？

莎娜：她们送珠宝。你可以给她那条项链。

妮娜：它是我的。

莎娜：你取下来时，它就不是你的了。

（妮娜戴上项链离开了）

这个对话揭示了莎娜的可视化思维，她正在考虑生日礼物。她思维敏捷、独立。在她回答不上来为什么女朋友不送花的问题时，她迅速提出了另一个想法（她们送珠宝），甚至对妮娜的拒绝做出了一个创造性的反馈。

为了记录思维，教师拍摄了几张两个女孩在争论的照片。她将照片打印出来，请莎娜讲述发生了什么。照片和她的回答放到了莎娜的档案袋中，作为她认知发展的证据。

"这是我告诉妮娜不要把花带到罗斯的生日会。女孩不送花。"

☑ 第三节 幼儿认知发展的观察与记录

表 7-3 显示，女孩萨伊拉在《幼儿发展评估表》认知发展部分的项目上都有标记。教师看了，不会对萨伊拉的认知发展结果感到惊讶。在他们看来，萨伊拉是一个聪明的孩子，语言和艺术技能都令人意外，但是，在参与小组游戏时有困难。她喜欢自己玩（虽然经常是与他人平行游戏）。事实上，有教师已经预测到了萨伊拉认知发展各项的评估结果。

表 7-3 幼儿发展评估表（认知）

姓　名	萨伊拉	观察者	康妮
幼儿园		日　期	

指导语：在幼儿时常表现出来的项上画"√"，在没有机会观察到的项上写"N"，其他项留空。

行为指标	证据	日期
√ 根据形状、颜色、大小进行分类	认识颜色，画圆，正方形；知道大小	10/23
√ 排序	从小到大排娃娃	10/23
√ 识别、创造模式	画彩虹	10/23
√ 唱数到 20	数到 20 以上	10/23
√ 一一对应	准确点数班里的孩子	10/23
√ 实物问题解决	没有帽子的时候做纸帽子	10/23

对于教师而言，在他们观察、记录并与他人交流幼儿发展结果时，看

看总表很重要。虽然像萨伊拉这样的女孩实际上能够完成每一部分的每一项，但是，不是每一个幼儿都如此。

------ (学习活动) ------

1.用《幼儿发展评估表》的认知发展部分观察班里的所有幼儿。哪些幼儿完成了大多数项目？这些幼儿在其他部分如小肌肉动作的表现怎样？记录下结果。

2.收集不同材料，制作一个分类表。让一组幼儿用自己的方法对这些材料进行分类。问每个幼儿是怎么分类的以及为什么这么分。看看他们是否能用各种不同的方法。记录结果。

3.读一本有关模式的书，在班级里找一个模式。投放绘画材料或者彩色积木，看看是否有幼儿能够创编模式。从他们的工作是否可以看到他们的思维？请他们说一说。记录结果。

4.让一个需要进行点数练习的幼儿玩天平，数一数用了多少积木才使天平两边平衡。如果天平两边积木数量不同，她能说出原因吗？记录结果。

5.让一个幼儿布置餐桌。然后，拿出一盒餐巾纸，请这个幼儿拿出他需要的数量，每个位置放一张。他完成了吗？记录结果。

6.和幼儿开展一个问题解决项目，使用"科学的问题解决方法"。记录每一步是如何进行的，结论是什么。

7.制作一个档案板，展示班级完成的项目。使用照片、绘画或作品，解释说明问题解决五步骤中的每一步。

第 八 章

幼儿口头语言的发展

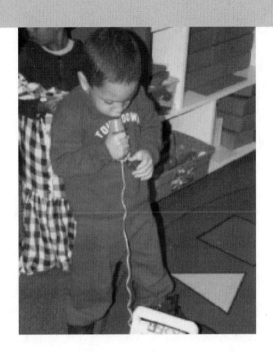

本章聚焦于观察幼儿口头语言发展
的关键指标：

- 只听不说；
- 用单个词回答；
- 用短语回答；
- 参与谈话；
- 运用扩展句；
- 提问；
- 讲故事。

☑ 第一节　引言

　　口语是人的一项重要技能。我们想
当然地认为，幼儿在进入公立学校之前
就会自然而然地学会说母语。我们认为
语言的获得并不难，否则一个小孩子怎
么能够做得到？毕竟他们不用教就能说

母语。语言的习得自然而然就发生了，这没有什么好惊奇的，除非幼儿没有按时学会说话。

　　事实上，母语的获得是幼儿最大的发展成就之一，同时也是幼儿发展的奥秘之一。因为幼儿刚出生时是不会母语的，但是在6岁时能够习得母语。有的幼儿生长在一个双语家庭，还能够习得两种语言。

　　当幼儿的语言习得进展顺利时，我们可能会不那么在意，但是我们应该了解什么因素有助于或阻碍语言习得的进程，这样才能使幼儿的语言习得进展得更为顺利。3—5岁是幼儿口语习得的重要时期，3岁时幼儿能够获得900—1000个英文单词，但是4岁时他们的词汇量激增到4000—6000个，其间他们自己学会了把词组合在一起、用复杂的句子说话的规则。在5岁时，他们的词汇量扩展到5000—8000个单词（Seefeldt and Wasik，2006）。3—5岁的幼儿一般都会入园，因此教师提供的语言环境对幼儿的进步有着显著的影响。

　　卡马尔（Kalmar）希望提供一个"有丰富谈话的环境"，在这里教师接纳幼儿，鼓励幼儿说话，为幼儿示范语音语调，帮助幼儿发展和完善语言技能（2008）。为了支持幼儿的语言发展，教师需要了解幼儿语言发展水平。一个好的方法是可以在学期初使用相关观察工具来评估幼儿的口语发展水平，之后用文字或录音记录每个幼儿的口语。

一、语言习得阶段

　　语言习得从出生就开始了。孩子的第一语言是哭和咕咕叫，这是他们最初的交流声音。母亲、父亲或其他照料人很快就知道了这种声音的含义，并能做出适当的回应。哭泣有很多种形式，可能意味着"我饿了""我尿了""我困了""我不舒服""别离开我"。"咕咕叫"可能意味着"我很舒服""我很高兴"或"见到你真好"。

　　成人对婴儿最初交流声音的反应至关重要，因为婴儿能看到他们的声音对周围的人产生的影响。当他们的某种需求需要满足时，他们就会发出特定的声音。成人做出反应时，应该与他们交谈，例："我听到你在哭，听起来你好像饿了。"成人一遍又一遍地说着同样的话，婴儿也继续重复着相似的声音进行交流。当他们蹒跚学步的时候，他们会在想要吃东西的时候说饿，因为成人在喂他们时使用过这个词。

婴儿和学步儿持续发出他们的声音，因为这对他们来说非常有趣。某些声音能给他们带来极大的快乐，特别是当成人用相似的声音做出回应时。这种声音游戏说明幼儿处于探究性学习的操作阶段。他们在学习说话时同样使用"3M"理论，就像他们在搭积木、画画、玩电脑以及体验每一个新的学习环境时一样。如同建构认知概念，他们也在建构自己的语言。

接下来是"单词句"阶段，学步儿学会使用一个词来表达几个意思。通常第一个词是"妈妈"，他们会用这个词来表示："妈妈，你在哪里？""妈妈，抱抱我。""妈妈，见到你真高兴！""不要离开我，妈妈！"他们用或快乐或焦虑的语气说出这个词时，所传达的意义和这个词本身所蕴含的意义一样丰富。

当学步儿习得更多有关物体、动作的名称时，他们会一遍又一遍地说这些词，但这并不一定代表他们需要什么，因为他们处于语言习得的掌握阶段。"重复"是这个游戏的名字。接下来，他们开始把词组合成短语代表句子，例如："妈，饿。"（"妈妈，我饿了。"）"走，车。"（"我想上车。"）"现在完成了。"（"我吃完了。"）他们经常用这些短语表达意思，例如："杰米，电视。"这时成人必须想办法弄明白的他想表达的意思："杰米在不该看电视的时间打开了电视！"这种压缩的语言通常被称为"电报句"（telegraphic speech），因为电报只使用重要的词。

世界各地的婴幼儿都在他们的童年早期以这种方式习得了他们在家里听到的语言。如果他们的家庭持续地使用第二语言，他们也会习得第二语言。

幼儿口语词汇在2岁末、3岁初时出现爆炸式的增长，如果他能听到周围的人谈话（电视上的也算），他们的词汇量可能会以每个月新增 30—50 个单词的速度增加。到 3 岁时，他可能会认识近 500 个单词（McDevitt and Ormrod，2004）。杰克曼（Jackman）列出了儿童早期语言习得的阶段：

哭；

发出咕咕的声音；

咿呀学语；

单词句阶段；

电报句阶段；

复杂句阶段（2012）。

二、语言的发展阶段

等到 3 岁左右要上幼儿园时，大多数幼儿已经从电报句阶段发展到可以讲扩展句的阶段。然而，在最开始时，教师可能无法准确评估每个幼儿的发展水平，因为陌生的环境会对幼儿的语言表达产生影响。当仍处于语言学习初级阶段的幼儿离开舒适的家庭环境、熟悉的人来到了陌生的环境时，他们可能一开始会沉默。

教师必须了解，无论幼儿在家说哪种语言，说得多么流利，在他们成为班上流利的表达者之前，可能要经过语言发展的几个阶段。虽然这些阶段通常适用于幼儿第二语言的习得，但教师可以运用它来帮助 3—5 岁的幼儿，使他们适应语言发展的新情况和新进展。

幼儿语言的发展包括如下几个阶段。

• 前生成：当幼儿第一次进入一个陌生的、新的语言环境时，他们通常以沉默应对。把英语作为第二语言来学习的幼儿往往专注地倾听周围的人说，自己却什么都不说。

• 向生成过渡：当幼儿感到舒适时，他们通常开始用单词句来回答问题。

• 早期生成：幼儿用短句回应问题和活动；他们能够参与简单的谈话，

甚至做律动、唱歌。

- 扩展：幼儿会说扩展句，会提问，会讲故事，会进行角色扮演，会参与深入的谈话。

　　有些幼儿刚入园就能流利地表达，不需要经历这些阶段。有些幼儿在家说话很流利，但在幼儿园却很沉默，直到适应了幼儿园的环境，才能够流利地表达。这个阶段持续时长取决于每个幼儿的发展。非英语语言的幼儿（被称为双语学习者）可能需要更长的时间来经历这些阶段，因为他们在学习一门新的语言。

☑ 第二节　幼儿口头语言发展的关键指标

一、只听不说

（一）前生成阶段

　　对于许多说英语的幼儿，第一个评估项更多地指向幼儿对班级的情感调节能力而不是言语表达能力。如前所述，幼儿在活动室环境中感到自在时才会开口说话。不说话的幼儿通常是那些缺乏自信在家庭之外表达的幼儿。他可能是天性害羞，也可能是来自一个很少使用语言交流的家庭，或者是身体有残疾，比如听力障碍，这影响了语言发展。

　　花费一些时间用《幼儿发展评估表》的各个评估项来对一个不说话的幼儿进行评估。自尊、情感发展和社会性游戏等方面是非常重要的。幼儿初入园时有分离焦虑吗？他有信心为自己做事吗？他看起来开心吗？他是自己玩还是和别人一起玩？

　　教师可以与他的父母进行一次访谈，并和他们讨论评估情况。如果评估的结果指出有某种类型的损伤，父母应会要求专家进一步诊断。如果父母表明幼儿在家里说话流利，那么幼儿不说话的原因可能不是语言或听力问题，而是在一个陌生的环境中没有安全感。

幼儿语言表达的评估项包括：

▲ **前生成阶段**

- 只听不说

▲ **向生成过渡阶段**

- 用单词句回答

▲ **早期生成阶段**

- 用短句回应

- 参与谈话

▲ **扩展阶段**

- 用扩展句说话

- 提问

- 讲故事

对于害羞或不善交流的幼儿，教师的首要任务是让他们在活动室里感到自在。在他们感到自在之前，施加压力让他们开口可能会带来相反的结果。对于这种幼儿，教师需要付出特别的努力来接纳他们，并且不遗余力地使他们在活动中感到受欢迎。教师可以邀请他们参加适当的活动，但如果他们拒绝，教师需要尊重他们意愿。教师通常需要付出极大的耐心和忍耐，允许害羞的幼儿在自己的世界里享受轻松和自在。

如果不说话的幼儿和另一个幼儿在一起感觉很舒服，教师可以让那个幼儿带他加入活动。有时唯一的解决办法是让那些不说话的幼儿独处。如果班级的环境是温暖、快乐的，他们最终会想参与进来。

（二）双语学习者

类似的方法可以用于帮助双语学习者。例如，将说英语和说西班牙语的幼儿配对可以促进彼此的语言学习。艾拉妮丝（Alanis）认为幼儿需要在丰富而有意义的语境中听到语言，帮助他们将所学的内容与自己的经验联系起来，进而发展母语和第二语言（2011）。

幼儿需要机会来倾听和练习表达两种语言。说英语和说西班牙语的幼儿配对，可以让英语能力强的幼儿帮助说西班牙语的伙伴。同伴之间在班上可以相互充当语言榜样，并相互提供支持。

英语为第二语言的幼儿的父母曾经被认为应该学习英语，并在家里用英语替代母语与幼儿进行交流。但实际情况并非如此。研究表明，有强大母语背景的双语儿童在学校的表现较为优秀（Tabors，2008）。事实上，幼儿可以同时学习多种语言。

今天，我们逐渐地认识到幼儿母语与英语的不同价值，并且开始鼓励幼儿和父母之间交流时使用母语。美国幼儿教育协会对早期教育中语言、文化差异的回应表明：

- 幼儿认知、语言和情绪情感的发展与其家庭的语言和文化密切相关；
- 幼儿可以通过多种方式展示知识与能力；
- 幼儿如果没有理解性输入，第二语言学习可能变得很困难；
- 鼓励父母和家庭参加早期学习项目；
- 在尊重并使用母语的家庭中，幼儿也能学会使用英语。
- 支持和保持母语的使用（NAEYC，2005，pp. 4-12）。

如果西班牙语是大多数幼儿的第一或者第二语言，一定要提供机会让幼儿以自然的方式接触西班牙语。例如，创设西班牙语时间，在这个时间内幼儿只能说西班牙语，阅读西班牙语书籍，唱西班牙语歌曲，用西班牙语玩数字、表演。幼儿喜欢听和说新单词，把他们喜欢的儿歌和歌曲翻译成西班牙语。如果你不会说西班牙语，可以邀请附近的高中生、大学生或幼儿的家人来讲西班牙语。帮助双语者学习英语的策略如下：

- 配对一个英语能力强的幼儿；
- 提供大量听、说英语的机会；
- 支持幼儿说话；
- 不纠正幼儿的口语；
- 支持幼儿的母语。

如果幼儿园中有许多语言不同的幼儿呢？我们该如何应对这种多样性呢？拉姆齐说过有一所幼儿园使用的语言达到 15 种。该幼儿园要求家长用各自的语言将教师经常用到的简单句子写下来，例如"你的妈妈马上就来了"或"你需要去洗手间吗"，并制成一本书。家长和幼儿都很喜欢这个活动，这一活动也给了外国家长成为专家的机会。

（三）提供一个没有压力的环境

环境必须是没有压力的。对许多幼儿来说，在一群同龄人中讲话是一种全新的、从未尝试过的经历。教师需要接受幼儿本来的样子，使他们在说话时感到自在。用微笑、拥抱、欢迎和鼓励的话来表示教师对他们的接受。教师要表现出每天看到他们都很开心，每天都希望他们能够来幼儿园。在他们离园的时候，告诉他们，很高兴班里有了他们，期待明天见到他们。

正在进行的脑科学研究强调照料人创设情感支持性的环境非常重要。此外，作为语言促进者，教师需要接受每个人的语言，无论发音多么糟糕或多么不符合语法，无论它是不是英语。语言是非常私人的东西，它不仅反映了幼儿发展的不同阶段，也反映了他们的家庭语言。

教师必须做到不纠正幼儿的语言。告诉他说错了或用错了一个词在某种程度上是对他自己和家人的一种攻击，当时机成熟时，他们会通过听教师说、和同伴一起练习来学会正确地说话。不说话的幼儿会仔细观察、认真倾听教师是如何对待其他说话的人的。

教师和同事一起为每个幼儿提供良好的语言榜样，在班级活动中帮助和支持他们，但不要纠正他们的语言。现代语言学家意识到，成人按照成人的标准，试图通过让幼儿重复来纠正幼儿的发音是毫无意义的，因为幼儿还没有准备好使用成人的标准。纠正实际上是一种消极的反应，它会强化不想要的行为，让幼儿认为他做错了什么。纠正错误并不能提高幼儿的语言能力，反而会使幼儿在纠正者面前保持沉默。

语言发展正常的幼儿，偶尔会倒退到婴儿说话的水平或完全停止说话。

他还可能表现出其他行为，如吃手和尿裤子。这往往意味着压力或情绪不安，教师要和他的父母谈谈他生活中可能会伤害他的压力，这些压力可能会导致他暂时的语言退化，例如，家里有新生儿了？有了一个新爸爸或者新妈妈？死亡还是离婚？有人住院吗？有人失业了吗？搬家了吗？幼儿能像成年人一样强烈地感受到家庭中的这些剧变。有时候对幼儿来说，回到早期的语言模式是压力的第一个迹象。

由于幼儿处于集体环境中，一旦压力减轻，大多数幼儿会恢复到他们听到的言语形式和发音。在生命的这个阶段，大脑注定会出现这样的反复。母语非英语的幼儿也会随着持续地接触英语而很快地学会英语。对于幼儿常见的错误读音，可忽视而不应加以纠正，一旦他们的发声器官成熟了，他们会像其他人一样正确地发音。

如果教师察觉到幼儿的需求，要尽可能地让幼儿远离班级中的压力情境。不要将幼儿放在一个难堪的境地，强迫他们去讲话、表现创造性等。为他们提供表达的机会，鼓励他们，但不要强迫害羞、不自信或双语幼儿进行表达。

（四）听教师说话

对班里的所有幼儿来说，倾听是一项重要的能力。亚隆戈（Jalongo）将其定义为："倾听是一个通过听觉获得信息并对信息赋予意义的过程。"（2008，p. 12）卡马尔（Kalmar）表明，幼儿通过与教师的频繁互动，开始能够注意并理解复杂的句子结构和一些单词的多重含义（2008）。幼儿通过倾听教师各种讲话来建构意义，形成概念框架。

为了理解教师的讲话，幼儿需要注意教师的用词。为了理解教师的用词，幼儿需要做出解释，即给词语赋予意义。教师需要使自己说出的词清楚、有趣，并且现场进行重复，之后再重复一遍。词和动作的重复对于幼儿的学习非常关键。教师应该把简洁、清晰、重复作为座右铭。

------ **给教师的建议** --

　　1. 使用道具保障安全感

　　许多幼儿在手上有东西，尤其是像安全毯一样柔软可爱的东西时，会觉得更安全。当幼儿感到心情不佳，或者新入园感到不舒服时，教师可以提供一些毛绒玩具，让幼儿抱。"不说话"的幼儿最终可能会和他的毛绒玩具先说话，这可能是他以语言融入班级的开始。

　　2. 使用手偶

　　几乎每个幼儿都喜欢手里拿一个手偶。投放一个放有各种手偶的盒子或衣帽架，供不说话的幼儿选择。幼儿喜欢玩手偶，好像手偶是他们身体的一部分，而不是像布娃娃那样的一个独立的玩具。因为手偶有嘴，幼儿通常会先试着用手偶来假装咬其他人，当然是闹着玩的。后来，幼儿产生了让手偶用嘴说话的想法，他们低声或换一种腔调来为手偶配音。害羞的幼儿往往更愿意让手偶为他们说话，而不是自己说话。教师可以通过自己的手偶与幼儿的手偶进行交谈。

　　3. 阅读

　　可以给幼儿看促进他们大声表达的书。《奥利弗有话要说》（*Oliver Has Something to Say*）是一个关于奥利弗的故事，他不说话，这是因为他的家人都在帮他说话。当他进入幼儿园时，教师问他想玩什么，没人帮他回答，所以他终于说话了。之后在幼儿园、在家里乃至在每个地方，他都说话了。

二、用单个词回答

　　在圆圈时间，教师可能需要巡视一周，根据情况决定什么时间提出能够用单个词回答的简单问题，看看哪个幼儿会回答，例如，"你见过牛吗?

告诉我见过还是没见过。"如果不说话的幼儿做出了回应，那么教师可以试着向包括不说话幼儿或双语幼儿在内的小组提出其他可以用简单词汇回答的问题。

和几个幼儿一起玩问答游戏可能会帮助不说话的幼儿或双语幼儿有足够的信心尝试自己回答问题，例如，"亚历克斯今天脚上穿的是什么？""我们点心时间喝了哪种果汁？"这不涉及正确或错误。接受幼儿的任何回答，不要大惊小怪。重复幼儿说过的话，例如，"运动鞋，是的，亚历克斯今天脚上穿着运动鞋"。

和包括不说话的幼儿在内的几个幼儿一起玩"跟我来"的语言游戏，让他们跟着你在房间里走来走去，然后大声说出你碰过的任何东西的名字。不说话的幼儿或双语幼儿听到其他人说出物品的名称后，最终可能会加入这个游戏。如果幼儿喜欢这个游戏，那就每天都做这个游戏，在做游戏的时候教师可以同时碰几样物品来增加游戏的难度。幼儿喜欢挑战，所以可以考虑一下这个游戏的其他玩法，例如"猜猜我碰了什么"，让幼儿遮住眼睛，然后你走到架子前触摸一些物品，让他们尝试去猜你摸的是什么。

一次一个小组，让一个母语非英语的幼儿和说英语的幼儿组队玩同样的游戏，小组的每个人都可以学习用多种语言来命名物品。不说话的幼儿一旦开始回答问题，他们不久会越讲越多。

三、用短语回答

（一）早期生成

随着幼儿逐渐地熟悉班级环境，他们会开始用短语来对教师的问题和评论做出回应。当母语非英语的幼儿从他们周围的其他幼儿那里学到了足够的英语时，他们也会用短语和不完整句子来回应教师。当英语幼儿在充分学习了教师介绍的第二语言时，他们也应该能够重复第二语言的短语。

如前所述，有些幼儿的英语可能已经很流利了，但对在班里讲英语仍然有些犹豫，这可能是因为他们离开了舒适的家庭环境。当他们在幼儿园感到足够舒适时，他们会首先用短语与其他幼儿交谈，接着用句子。

对于母语非英语的第二语言学习者，如果周围人都说的是英语，那么他将会很快掌握英语。幼儿不是通过练习新单词来学习英语，而是通过听周围人说英语，并在参与其他幼儿的游戏或活动中尝试讲英语。幼儿在开始使用新词时也可能会犹豫，教师需要对幼儿的提问和解释做出反应（可以使用英语、母语或手势）。

对于母语非英语的第二语言学习者，一开始他们的英语发音与其他幼儿不一样，但是他们可以从教师的动作中看出教师接受他们所说的一切。如果合适的话，教师可以通过重复他们的回答来判断自己是否理解正确，这让他们又一次听到了英语，而不是被教师更正错误。教师应确保在班里整日都说英语，但这不意味着让幼儿大喊大叫或打闹，而是让幼儿从事令人激动的活动。为了促进幼儿语言学习，教师可以使用以下策略。

- **扩充**：重复幼儿的话的时候，增加个别单词。
- **延伸**：回应幼儿的表达时，增加更多的信息。
- **重复**：重复幼儿说过的话或教师自己的回答。
- **平行谈话**：观察幼儿时，大声描述他们的行为。
- **自言自语**：大声地描述自己当下的动作。
- **垂直结构**：在幼儿说话后，继续问问题，鼓励幼儿持续表达。
- **填充**：在说话的中间暂停一下，这样幼儿必须进行填充。

这些策略是对幼儿回答的自然反应，可能教师在实际教育教学中已经不自觉地运用了。显然，面对一个刚开始讲话的幼儿，教师需要仔细地听。教师可以补充或重复幼儿说的话，验证幼儿说的内容，并鼓励他们继续说下去。如果教师一开始就听不懂幼儿在说什么，教师最好继续听下去，并试着寻找一些线索去理解幼儿说的话，而不是不停地问幼儿："你说什么？"重复幼儿说的话，能够鼓励幼儿继续说下去。

教师作为幼儿语言学习的榜样，应使用简单的句子，足够慢、足够清晰地表达，让幼儿理解教师说的话。教师可能还需要改变声调来强调一些关键词。当教师习惯了不同幼儿的语言，幼儿也习惯了教师的语言，幼儿的早期语言就会自然地扩展。但无论教师做什么，都要有趣味。幼儿需要知道教师和他们的谈话是为了快乐，而不是为了追求完美。

（二）玩"词"

像幼儿玩玩具和游戏一样，幼儿也玩"词"。幼儿会编无意义的词，重复发音，混合不同的词，倒着说，编儿歌，重复押韵的词语。多数成人较少关注这种活动，觉得这种活动微不足道。我们似乎没有真正意识到，通过这种好玩的活动，幼儿又一次创造了自己的知识，只不过这次的知识是语言而不是认知概念，幼儿是在用他的声音操作（词）。幼儿通过发现词的作用和可以用词做什么来建构自己的经验。游戏再次成为一种手段，因为它给幼儿带来了快乐。

所有的幼儿都玩"词"，尤其是在语言发展的早期阶段。当然，教师将会观察到语言游戏存在着巨大的个体差异。我们知道，玩押韵游戏的幼儿会将这种兴趣延续到成年生活中。而且，早年有过念儿歌经验的幼儿，比那些没有相关经验的幼儿，以后在阅读方面会更成功。因此，我们要认真观察幼儿的语言游戏，鼓励和支持所有的幼儿更多地参与吟诵和手指韵律游戏。奥皮茨（Opitz）指出，幼儿似乎首先能听出押韵的词和声母相同的词，接着他们学会区分、混合和分离词语中的音（2002）。

虽然母亲经常和婴儿玩躲猫猫之类的游戏来提升幼儿语言游戏水平，但很多语言游戏仍是单独进行的。幼儿"操作"声音、句型和语义，自言自语。事实上，声音游戏、句型游戏和语义游戏已经被专家认定为常见的语言游戏类型。

6—18个月大的婴儿经常在睡觉前跟自己"说话"，重复有节奏和押韵的声音。听起来像真的在说话，其实只是无意义的词。对于大一点的幼儿，他们的声音游戏包含更多有意义的词、音和混合音。幼儿经常重复一些毫无意义的语音。

句型游戏是一种常见的游戏形式，包含对句子结构的练习。幼儿从一个句型开始，然后每次替换一个词，例如，"鲍比出去，妈妈出去，爸爸出去，狗狗出去"或"咬它，写它，点亮它，打它"。

语义游戏在幼儿中并不常见，但它确实会更加有趣。在这种游戏中，幼儿使用有意义的词代替无意义的词，或组词并赋予意义。一个有趣的例子是，幼儿在玩沉浮游戏时，说某物品"沉上来了"（sink-up），意思是"浮起来"或"沉下去"。

皮亚杰指出，3—5 岁幼儿大部分的谈话是以自我为中心的。似乎他们大部分的讲话并非指向某个人，而只是为了自己高兴。有些幼儿一天的大部分时间都在自言自语，尤其是当他们参与有趣的活动时。当他们进入幼儿园时，这种自言自语似乎消失了，但也可能是被内部语言取代了。维果斯基认为，自言自语是一个连接外部社会性言语与内部思维的"向内生长阶段"。由于自我中心语言是向内的，所以成为幼儿构建思维的最重要工具（1962）。

你班上有幼儿玩语言游戏吗？如果教师发起或者推动语言游戏，他们就会参与。在圆圈时间或过渡时间，带领幼儿做手指游戏，或边念儿歌边做动作。读押韵的儿歌或绘本故事。很快，幼儿开始能够自己读。

四、参与谈话

（一）早期生成

有些幼儿在班里仍处于语言的早期生成阶段，他们可能能够与其他幼儿或教师进行简单的对话。一旦他们能够轻松地交谈，那么他们的口语能力将有很大的提高。在同龄人中，有些人的口语水平可能会高一点，与口语能力比自己稍高一点的幼儿交谈，幼儿的口语提高得最快。

因此，幼儿园进行混龄分组是非常重要的。较小年龄幼儿会从较大年龄幼儿那里学习语言技能。较大年龄幼儿则有很好的机会练习语言技能，似乎能本能地调整自己的语言水平，以适应较小年龄幼儿的水平，从而使较小年龄幼儿能够提高他们的语言水平。

就像婴儿倾向于以一种特定的方式习得语言一样，婴儿似乎也在生活中以一种预设的方式自然地提取和学习对话的规则。研究者注意到，10周大的婴儿就开始学习日后交谈所必需的行为。例如，要使谈话进行下去，说话者必须听对方的反馈，每次说一句，说完停下来，轮到其他人说。

另一个有趣的发现是，妈妈们似乎把婴儿的手势、哭声、咕咕声、微笑和咿呀学语视为真实有意义的语言。当婴儿的胳臂伸向拨浪鼓时，妈妈会拿起拨浪鼓给婴儿，同时进行如下的"对话"："啊，你想要拨浪鼓，给你，给你你的拨浪鼓。"婴儿拿起拨浪鼓摇了摇。妈妈又回应："是的，你的拨浪鼓！多漂亮的拨浪鼓！"婴儿停下来听妈妈说，摇着拨浪鼓微笑，然后停下来听妈妈的再次回应。"啊，你喜欢拨浪鼓。摇摇拨浪鼓。"婴儿摇着拨浪鼓，再次停下来听妈妈的反应。妈妈微笑点头表示赞同："摇，摇，摇。"这样，早在婴儿开口说话之前，他们已经了解了交谈规则。

我们可能奇怪：谁在强化谁？妈妈引发对话，婴儿倾听并用身体动作来回应，妈妈接着说，然后婴儿再次进行回应。两人就这样展开了"对话"。婴儿早早就会学到这一点，除非没有人跟他们交谈或没有人听他们说。在婴儿前语言阶段，父母不花时间和他们说话是个极大的错误。如果我们想让幼儿能流利地表达，我们就需要从他们出生的那一刻起就跟他们说话。

（二）谈话的规则

谈话似乎是一种自然发生的活动，以至于人们可能意识不到它有自己不成文的"规则"。没有谈话经验的幼儿学习加入谈话的唯一方法是与有经验的谈话者接触。一旦他们掌握了基本的规则，他们说话的机会就会大大增加。这些不成文的规则包括：

- 当别人说话时，眼睛注视着他；
- 倾听别人说的内容；
- 在合适的时间回应对方；

- 传达明确的信息；

- 维持谈话的主题；

- 暂停一下，给谈话者表达的机会，并认真倾听；

- 尽量不要打断谈话者，而是等待合适的表达机会。

　　听起来很简单，是吗？但是大家会经常发现，不管多长的谈话，成人之间的谈话可能都不像听起来那么简单。太多的人主宰谈话，不给其他人回应的机会。当他们说话时，他们的眼睛可能不会看你，或者他们不会紧扣话题。如果教师意识到这些不成文的规则，就应该训练自己的谈话技巧，以帮助幼儿发展他们的谈话技能。

　　（三）师幼谈话

　　教师肯定听说过，幼儿教师能做的最好事情之一就是给幼儿读书。确实如此。但与幼儿交谈，倾听并回应他们说话，对幼儿语言发展的贡献更大。许多妈妈本能地把还不会说话的幼儿视为一个真实的谈话者，于是幼儿最终变成了真实的谈话者。教师可以把教室里的幼儿当成真实的谈话者。然而，请记住，和幼儿的交谈应该是自然而然的，而不应该是事先谋划的。

　　每天花点时间和每个幼儿进行至少一次个别谈话。不要"居高临下"地对幼儿说话，而要在谈话中把他们当成平等的谈话者。谈论一些对幼儿个人有意义的事情，比如他现在正在进行的活动。记录自己和谁交谈过。如果漏了任何一个幼儿，那第二天就从他开始。如果他们没有回应你的谈话，尽你所能进行补充。一旦幼儿准备好了，就一定要给他留下空间，让他愿意表达时就表达。记住谈话要轮流。如果幼儿忘记了，提醒他与他人交谈时要轮流说话。

　　对在家和入园的幼儿的研究发现，口头语言是早期读写的基础。与朋友和亲戚进行信息交流时所用的技能在幼儿早期读写中非常重要。迪金森和塔博尔（Dickinson and Tabors）发现，有机会在与成人的对话中听到并使用各种新鲜有趣的词语对幼儿的学习非常重要（2002）。

　　研究者还发现，延伸谈话是促进幼儿语言发展的一个重要因素。教师和家长都通过补充幼儿所说的信息、等待他们的回应来延伸与幼儿的对话。另一个延伸谈话的机会是午餐时间的解释和描述。幼儿自己在玩玩具时会进行想象性说话，他们通过这种方式延伸谈话。以下是一些示范和延伸谈话的方法：

- 重复幼儿最后所用的词语，并加上自己的评论；
- 讲述过去的经历；
- 为自己所说的话给出理由；
- 比较自己正在谈论的两件事；
- 谈论自己的感受；
- 关注幼儿的感受；
- 关注幼儿对某个话题的看法；
- 提供一个想象性的话题转折（如果……，会发生什么？）；
- 增加一个问题（给幼儿一个说话的机会）。

与此同时，教师注意不要主导谈话，这种情况在幼儿停止说话时很容易出现。早期的研究表明，教师在幼儿自由游戏时说话越少，幼儿在语言评估中表现得更好。这可能反映了这样一个事实：没有成人的介入，幼儿有更多的时间用语言组织他们的想法；教师可能需要多花时间倾听幼儿。

（四）接打电话

幼儿看到大人不停地使用手机，对着手机讲话，把手机贴在耳朵上。他们在听吗？是的。有时候，他们的父母会把手机举到幼儿的耳朵边，听有人跟他们说话——或许是奶奶。幼儿想参与这个有趣的活动。确保至少有两部可用的玩具手机，对话需要两个人。

教师会发现幼儿在角色扮演区使用手机时，似乎只使用一部手机，编造一个单方面的谈话。如果教师想让他们参与一个真正的电话游戏，那就加入他们的游戏。拿起一部电话，然后说："你好，是桑德拉吗？我找桑德拉，你在哪？"然后示意桑德拉拿起另一部电话回答你。只要能吸引她的注意力，教师可不断与她讨论并倾听她的回答。

在日常生活中，可以像这样假装给班上的每个幼儿打电话。记下自己交谈过的幼儿以及他们如何回答你，这样就不会错过任何一个幼儿。或许不说话的幼儿和母语非英语的幼儿会回答你。像这样的接打电话游戏是一种很好的促进幼儿表达的方式。做好幼儿假装给你打电话的准备。幼儿总是喜欢模仿。如果他们意识到这是引起教师注意的好方法，一些幼儿肯定会尝试。也可参阅一些鼓励幼儿打电话的图书。

（五）小组谈话

每天花时间和幼儿进行小组谈话。最好的时间是在加餐或午餐时。确保每张餐桌旁都有一个成人来帮助他们进行谈话。正常地谈论教师和幼儿感兴趣的任何话题。教师不必成为教幼儿水果名称的"老师"。相反，教师应该和幼儿一起享受自己的加餐或晚餐。说一些在自己家餐桌上会做的事情。"噢，今天不热吗？我想夏天来得早了。""你说什么，贾马尔，你喜欢夏天吗？""我也是。我喜欢游泳和野餐。""你也喜欢游泳和野餐，玛丽莎？""是的，你真幸运住在公园旁边。"没有参加谈话的幼儿，可以倾听他人谈话并从中学习。

伯曼（Burman）指出了小组谈话的一些好处：

- 更多的幼儿有机会参与谈话；
- 幼儿可以扩展他们的想法；
- 将谈话和个人经历联系起来；
- 为不愿意在全班面前讲话的幼儿创造一个安全的交流场所（2009，p. 53）。

（六）幼儿与幼儿谈话

环境在很大程度上决定幼儿的谈话。教师设置学习中心，为幼儿搭建交流的舞台。每个中心可以容纳多少幼儿呢？幼儿可以通过椅子的数量等确定人数。

建构区和表演区是最大的配备道具和材料的区角，足够6—8个人使用。角色扮演活动经常鼓励几组幼儿相互交谈。为此，教师可以在艺术区把两个画架挨着放，或在四个人的桌子上放一盒蜡笔，在电脑中心放两把椅子，在操作中心的小桌子那放一个拼图、两张椅子，在图书中心并排放两把豆袋椅或放一张有两个靠垫的沙发，在科学/发现中心放两篮贝壳，或在一个小水桌上放两个打蛋器。

阅读充满对话的图书可以鼓励幼儿说话。如《查理与劳拉》（*Charlie and Lola*）系列图书有很多哥哥查理和妹妹劳拉之间的对话。幼儿喜欢通过扮演角色和表演故事来参与幽默的对话。

（七）观察并记录对话

观察并记录幼儿的谈话可以获得有关幼儿发展的重要数据。如果教师正在参与谈话，可请别的教师记录谈话内容、拍照。伯曼解释说，对话一旦被记录下来，会变得更加"可感"。例如，写下幼儿的对话，可以让他们的想法更清晰可见。之后可以回顾他们的对话，花时间思考对话，在同事和幼儿家长的帮助下解释对话的意思。

当对话涉及科学话题、实地考察或幼儿参与的其他项目时，这样的文档可以保存下来，并做成海报，以便所有人都能看到。

五、运用扩展句

3—5岁的幼儿正处于口语迅速发展的时期。之前他们只能说简单的短语，现在他们突然能说有主语、谓语的句子，表达更复杂的思想。这种扩展的语言是如何产生的？为了寻找答案，语言学家追溯到婴儿期，录下婴儿的语言，录下婴儿与照料人的互动，并将之与聋哑儿、来自其他文化的幼儿和不同背景的幼儿进行比较。

我们知道，婴儿会走路不久就会说话。我们也知道所有的人类婴儿有习得母语的倾向。他们的大脑分类存储信息，这些信息将被用于生成语言。婴儿会关注人的声音，倾听并做出回应，起初只是咿咿呀呀，但很快就会用单词。然后，在一岁半到两岁的时候，婴儿意识到所有东西都有名字。

当他们开始从所见、所摸的每个事物中吸收单词时，他们的词汇量立即开始增加。

这是成人进行有意义干预的关键时期。成人可以对物品和动作进行命名，幼儿倾听并且尝试模仿，成人倾听并回应幼儿。所有的这些互动自然地发生在成人与幼儿的游戏中。

这是丰富物质环境和让幼儿自由探索的重要时期。为了学习事物的名称，幼儿需要看、摸、听并尝试这些事物。他们通过与事物的互动来学习词汇，因为这些事物在环境中都是用词来表征的。只要给幼儿提供支持、鼓励、良好的语言示范，那么，幼儿接触的事物越多，就越有机会学习更多的词语。幼儿根据在生活中听到的词，运用经验来推测词意。

到 2 岁左右，幼儿能够使用正确语序说出句子。这时候他们突然开始玩假装游戏，他们的语言似乎出现了一个平行的扩展。他们的句子变得更长、更复杂，词汇量也增加了。一旦他们掌握了造句的基本规则，他们就开始学习造句了，因为他们不再依赖于模仿周围的语言。相反，他们将能够生成他们从未听过的句子。大多数幼儿在 4 岁前就学会了这一点。很显然，对幼儿来说，与有能力的母语使用者接触是很重要的。幼儿如果在这些关键的时间里听不到别人使用语言，或者没有与他人交流，那就很难获得语言。

教师需要知道班上哪些幼儿会用大多数 3—5 岁幼儿应该会用的扩展句说话。如前所述，一些幼儿不说话可能是因为害羞或不自在，他们有能力但没有信心在班里说话。也有的幼儿可能来自语言使用不多的家庭，或者不说英语的家庭。对于这些幼儿乃至所有的幼儿，你都要提供丰富的语言机会，让幼儿听到别人说的句子并做出回应。

教师应该怎么做？给他们提供一些有吸引力的事情让他们来谈论。看看周围，如活动室、社区。列出可以和幼儿一起探讨的话题。让幼儿把他们自己的想法加到清单上。关于这些话题，他们想知道什么？教师的清单可能会这样开始。

- 桥：横跨小河的桥，桥是如何建造的。

- 海豚：水族馆里的海豚是哺乳动物，不是鱼。
- 豚鼠：没有豚鼠会像松鼠一样跑到外面。

给教师的建议

1. 给幼儿提供角色表演机会

想象性游戏是对幼儿来说最佳的活动之一，它能激发和促进幼儿语言的发展。幼儿扮演角色时，必须按角色对话。即使是害羞的、不说话的或双语幼儿，也会通过听别人说来学习。要保证有足够的时间让幼儿参与这种假装游戏。教师可以亲自扮演一个角色，以帮助害羞的幼儿参与其他幼儿的活动。一旦幼儿融入了，教师就可以退出了。

2. 实地考察

幼儿思考和说话时，需要借助许多真实的经验。外出可以给幼儿提供许多新（经验）。带三个幼儿去街角的商店买东西，带一小组幼儿在街区周围散步，看看他们能听到多少种不同的声音。一定要将活动录下来，以便以后回放和讨论。

春天或秋天时，可以每周去看树，看看树是如何变化的。教师可能要带上相机和录音机来记录下此次郊游，以便幼儿回班后展开讨论。一定要用新词来标注幼儿经历的新事物。如果可以的话，也要用第二种语言进行标注，然后和幼儿一遍又一遍地使用它们。

六、提问

（一）进一步生成

这是幼儿语言正常发展的另一大标志。大多数幼儿在 4 岁左右就能像成年人一样提问了，在此之前，他们按既定顺序学习如何问问题，就像其他领域的发展一样。

幼儿通常直到学会回答教师提的问题时，他们才学会提问。在一岁半到两岁之间，当他们把几个词语放在一起组成基本的句子时，如果成人之前问过他们问题的话，他们也会问出第一个问题。第一个问题的语序和陈述句的语序一样，只是句尾语调升高了："杰米喝牛奶？"意思是："杰米可以喝点牛奶吗？"

接下来，他们开始学习在疑问句的句首使用"什么"，如什么东西、哪里和谁："妈妈去哪里？""去哪里？"这类问题变得很受欢迎，因为成人通常都会做出反应。幼儿突然意识到他无意中走上了另一条控制大人的道路：问一个问题，成人将会回答。如果只是陈述句，情况就会不一样。成人对他发起事情的注意和反馈使他们感到高兴，所以他突然进入一段提问期。这不仅是因为他想知道答案，还因为他想获得成人的注意。

随着幼儿学会使用助动词，如"能够"和"将要"，幼儿的提问就进入了下一个阶段。虽然在这些问题中，语词的表达通常是颠倒的，如"哪里爸爸要去"而不是"爸爸要去哪里"。

最后的阶段是以正确的语序提问，大多数幼儿在三四岁时就能问出这样的问题："我能和你一起去吗？""你在做什么？""为什么灯不亮了？"

如果教师通过观察发现一些幼儿至今未达到这个水平，那么该做什么呢？教师是否会和他们坐下来，教他们如何正确地问问题？答案肯定是"不"。幼儿的语言技能不是通过教师常规地教授而发展的。他们怎样学习？正如他们发展感知技能一样——当他们的身体和智力发展达到一定水平时，通过听周围人说、通过练习来学习语言。

（二）语言支架

作为幼儿教师，认识到为幼儿说话提供支持是非常重要的，特别是因为幼儿主要通过模仿学习语言。语言支架是教师为了帮助幼儿谈话而给予的直接支持。它包括提问、扩展和重复。

换句话说，为了维持谈话的进行，教师经常要插入一些问题。提问常常被用来澄清幼儿说的事情、检查幼儿的知识或者获得的信息。即便是幼儿，也能理解教师什么时间问问题：提高句尾语词的语调，伴随着鼓励幼儿做出反应的面部表情。随着幼儿习得更复杂的语言，他们也会模仿这种获取信息的提问。

----- **给教师的建议** --

1. 自己提问

认识到幼儿只有在学会了回答问题时才会问问题，教师将在与幼儿一起活动时进行提问。圆圈时间是一个让每个幼儿倾听问题和回答问题的好时间，即使是回答不好问题的幼儿，也将通过倾听来学习。

2. 让幼儿帮助收集问题的答案

如果教师需要一些信息，教师可以请一个幼儿问问其他三四个幼儿。例如教师计划一次郊游，就可以请几个幼儿去问问其他幼儿，或看看他们的妈妈是否有意愿一起去。这可能不是最靠谱的信息收集途径，但却是很好的练习幼儿提问技能的机会，教师可以在之后与幼儿家长沟通，再次确认信息的准确性。

3. 阅读

书名中带有问题的书能够激发幼儿的兴趣。他们想通过听故事来了解问题应该如何回答。教师可以让幼儿参与回答问题的过程中。

七、讲故事

（一）扩展

讲话很流利的幼儿常常有足够的能力和自信去给个人、小组，有时是全班讲述关于自己或者周围其他人的故事。并不是每个幼儿都会有能力或者有意愿来表现如此的语言才能，但是有些幼儿有。然而在幼儿能够讲述这样的故事之前，必须曾经有人给他们讲或念过许多故事。如果幼儿园将阅读和讲故事放在了很重要的位置，如果班级的图书区展示了很多优质的图书，教师应该能够帮助一些幼儿成为讲故事的人。

教师是讲故事的人吗？如果教师想要幼儿讲故事，他们需要成为一个良好的榜样。不要认为自己太害羞而不能讲故事，任何一个人都能够讲故事。毕竟，什么是故事呢？奇闻趣事、个人经历、寓言、神话都是故事。并不是所有的故事都来自书本。教师是否可以向幼儿讲述昨天下班路上发生的事情？这就是一个故事。教师是否可以向幼儿讲述邻居家的狗闯入院子后自己的宠物猫做了什么？这是另外一个故事。所有发生在自己和幼儿身边的生活事件都可以被编成一个又一个的故事。

当幼儿到宠物店、博物馆或者动物园游览参观会发生什么？农场牛棚里的小猫咪怎样了？那只讨厌的松鼠最终够到了放在高高的喂鸟罐里的粮食了吗？所有这些事件都可以编成精彩的口头故事。保持对日常素材的敏感，教师很快就会有一连串的故事。

幼儿能够讲述他们从祖父母那里或者其他人那里听到的故事吗？教师可以邀请家庭成员来给幼儿讲述故事。如果家属是用英语以外的其他语言进行讲述的，找一个人进行翻译。鼓励用其他语言讲故事而不仅仅是用英语。

（二）去语境的谈话

库伦顿（Curenton）提出口头讲述故事对幼儿的重要性：讲述故事为幼儿入小学做准备，因为它要求幼儿使用复杂的交流形式——去语境谈话，它不依赖于当下即时的语境（2006）。这种谈话涉及过去经历的人、事、物或对未来的思考。语境谈话仅仅关注当下。去语境谈话能够促进高水平思维，如计划、回忆。它为幼儿未来的学业成就打下了基础。

教师可以从在圆圈时间向幼儿讲述一些奇闻趣事开始，幼儿也应该会以他们自己的故事给予快速的回应。可以是关于弟弟妹妹、宠物、他们兄弟昨晚玩的把戏，或者这个夏天他们将要开始的旅行。当其他幼儿看到教师对这些故事如此感兴趣时，他们会想要讲述更多的故事。

教师可能会想写下幼儿讲述的他们去郊游的故事或者生活中有趣的事

情。教师可以在幼儿讲述时候，用一张大白纸进行记录，让每个幼儿都能够看到自己在记什么。要保证以后每天为幼儿大声朗读这些故事。要记住，重复对幼儿的早期学习非常重要。也可以用录音机将幼儿讲述的故事录下，当他们想重听的时候，可以随时播放。幼儿园的故事讲述以往绝对是教师主导。现在不是了。幼儿现在被要求讲述他们自己的故事或者复述教师之前给他们读过的故事。

（三）复述图画书中的故事

一些教师将故事讲述的基础建立在幼儿喜爱的图画书上，尤其是他们曾经给幼儿读了一遍又一遍的那些图画书。这需要幼儿能够记住这些故事。可挑选具有以下特征的图画书：

- 故事情节发生的顺序容易记住；
- 故事中有一两个有趣的角色；
- 故事中引起注意的单词、短语或事件不断重复。

带有传说性质的故事是按照一定的顺序发生的，这些故事是特别好的选择。当教师在给幼儿读这些故事书时，确保在讲述每个事件后停顿一下，并问："接下来会发生什么事情？"当教师遇到重复的字词时，邀请幼儿一起大声地说。过一段时间后，教师可以询问谁愿意大声地把这个故事讲出来。

比如教师讲了一个有趣故事后，每天请不同的幼儿复述这个故事。教师接受幼儿所说的一切，哪怕幼儿遗漏了重要的部分。最终其中的一些讲述者将想要在全班讲述自己的故事。他们不仅仅展示自己运用口头语言的技能，而且还包括一些值得回味的故事。

幼儿口述故事很重要。贝尔科维奇（Berkowitz）解释说，口述故事吸引幼儿角色扮演和表演，鼓励更高水平和更复杂的参与（2011）。当幼儿沉浸在这样的乐趣中时，他们会想一遍又一遍地重复扮演它们——不断地说、说、说。

☑ 第三节　幼儿口头语言发展的观察与记录

　　用音频或视频记录幼儿的口语和使用《幼儿发展评估表》评估他们的语言一样重要。教师需要了解幼儿语言的发展情况，以便为他们的学习提供支持。例如，幼儿口述的故事，可以作为规划新课程活动的基础。贝尔科维奇说，记录幼儿的发展过程，允许教师、家长追随和标记幼儿的发展里程碑，了解幼儿加工、表征、交流思想和理解生活经验的过程。

　　另外，使用《幼儿发展评估表》记录每一项的结果时，教师要重点关注幼儿语言发展的特定领域。萨伊拉的语言评估结果很像教师所预测的那样（见表 8-1）。除"参与谈话"外，其他项目都有涉及。虽然萨伊拉会和

表 8-1　幼儿发展评估表（口头语言）

姓　名	萨伊拉	观察者	康妮
幼儿园		日　期	

指导语：在幼儿时常表现出来的项上画"√"，在没有机会观察到的项上写"N"，其他项留空。

行为指标	证据	日期
N 只听不说	超过这个水平	10/22
N 用单词句回答	超过这个水平	10/22
N 用短语回答	超过这个水平	10/22
＿＿ 参与谈话	对其他人说话，但不参与谈话	10/22
√ 用扩展句说话	她吃了我的蜡笔，搞得我画不成南瓜了	10/22
√ 问问题	是的	10/22
√ 讲故事	她给教师而不是幼儿讲了一个长长的故事	10/22

其他幼儿说话，但极少是谈话的形式，更多的是命令或抱怨。因为萨伊拉表现出了"用扩展句说话"的能力，教师相信她最终会参与班里其他幼儿的活动，包括谈话。事实上，萨伊拉的语言技能可以帮助她参与其他幼儿的活动。教师制订了一个计划，让萨伊拉教其他几个幼儿如何使用一个新的计算机软件，一次教一个幼儿。她自己已经学会使用这个计算机软件。

------ 学习活动) --

1. 用《幼儿发展评估表》口语部分观察班里的所有幼儿。哪些幼儿只听不说？这些幼儿在语言的其他方面表现如何？记录结果。

2. 选择一个口语似乎有困难的幼儿，观察他三天，并对他的语言活动进行记录。将结果与《幼儿发展评估表》的结果进行比较。教师如何解释收集到的证据？关于这个幼儿的语言表现，还缺少什么证据吗？记录结果。

3. 选择一个经过评估确定需要帮助他交谈的幼儿。就他感兴趣的话题进行非正式的交谈。如果幼儿能放松下来和你交谈，邀请另一个说话流利的幼儿加入。记录这次谈话。

4. 教师给一个小组的幼儿讲故事，这个小组中有一到两个口语流利的幼儿。讨论这个故事，询问一些关于人物、情节的简单问题。确保每个人都有机会提出自己的观点。问一些开放式的问题，比如："你会怎么做？"记录这次谈话。

5. 和几个幼儿一起玩一个叫"你是怎么发现的"游戏，询问幼儿他们是如何发现不同事情的，例如，谁会跳绳？某人最喜欢的颜色是什么？某人最喜欢的食物是什么？让他们找出并记录问题的答案，然后为教师和小组重放录音。

6. 教师给某小组再次讲了一个他们喜爱的故事，然后问问幼儿谁能讲述这个故事，先给教师讲，然后再给其他人讲。下次再讲一个童话。教师先自己讲一个，然后问幼儿谁愿意讲一个"很久以前"的故事。记录这个故事。

第 九 章

幼儿前书写与前阅读的发展

本章聚焦于观察幼儿前书写与前阅读发展的关键指标：

- 假装书写（画画和涂鸦）；
- 按横行涂鸦；
- 写字母、印名字或名字的首字母；
- 正确拿书，从右往左翻页；
- 用图画讲故事，假装阅读；
- 意识到书中的文字在讲故事。

☑ 第一节　引言

　　了解早期读写能力发展最新研究的教师知道，帮助幼儿学习阅读和书写需要在幼儿进入学前班和一年级之前开始。时至今日，有关研究结果更清晰地显示读写技能是怎样在适宜的条件下自然地发展起来的，幼儿又是怎样通过游戏性探索理解世界，大脑怎样吸收这些信息并从中发现规律，从而促进幼儿读写技能的发展。

此外，"基于科学的阅读研究"（Scientifically Based Reading Research，SBRR）指出，口头语言、词汇发展、语音意识、字母知识和对文字的意识是学前教育需要关注的特定领域（Christie，Enz and Vukelich，2011）。这些研究彻底改变了我们对于幼儿发展的途径以及怎样最好地支持他们成长的认识。

我们现在知道，读写同样是人交流愿望的自然产物，幼儿的交流愿望会激发幼儿用口语甚至图画来表达自己。我们也知道，只要有适当的工具和支持，任何地方的任何幼儿都会经历同样的自学读写的阶段。学习读写是幼儿发展非常自然的一个部分，就如同学习说话一样。儿童发展专家最终意识到，"学习书写很大程度上是一种探索行为"（Temple，Nathan and Burns，1993，p. 2）。

当前用于描述早期读写技能自然发展的术语是"前阅读与前书写"（emergent literacy）。当研究者开始观察幼儿的读写活动时，他们发现幼儿有读写行为，如编故事，给朋友涂写"信"，写自己的名字，创造印刷文字般的符号。现今，研究者的共识是读写是一个过程，这个过程从婴儿出生时开始，随后经历系列发展阶段，就像动作发展一样。

因此，读写和言语、思维、情感、社会和动作技能等方面的发展一样，幼儿通过游戏性地尝试环境中的材料就能得到发展。然而，这并不意味着幼儿的读写能力可以离开成人的帮助自然地发展。他们需要定期接触口头的和书面的语言。

许多家庭很少有玩具，更不必说用于阅读的书和可供书写的工具了。进一步说，很多家长没有意识到幼儿能够自然地发展这些技能。幼儿需要家长的支持才能自然地进步。他们需要环境中有书写工具，有印刷材料，需要有人鼓励他们去试用这些材料。另外，他们需要在一段时间里不断地练习前阅读与前书写的技能，就像练习跑步和说话一样。

家里没有书写工具，幼儿什么都做不了，只能在冒着雾气的窗户上涂写，在泥土里刮划。没有书看，也就几乎没什么阅读兴趣。没有家长给他们做阅读和书写的榜样，幼儿就没有理由认为这是他们应该做的事情。家长不期待幼儿尝试读写，幼儿就可能从来都不去尝试。

但是，这并不意味着教师应该让幼儿坐下来，正式地教他们阅读和书写，就像我们不应该正式地教他们怎样走路和说话一样。认知心理学家担心教师，这些处于培养幼儿"读写基础"关键位置的教师，可能不知道怎样做。

当教师不熟悉当前有关幼儿读写发展的知识时，他们可能会强加技能发展倾向的任务给幼儿，例如抄写和临摹标准的印刷文字，或是要求记住所有字母。相反，我们应该用书面语言和图书丰富幼儿的环境；我们应该在幼儿面前进行大量的读写，做榜样示范；我们应该给他们提供工具，鼓励他们自己尝试读写。

所有早期教育专家都需要了解这个研究并意识到它对幼儿前阅读与前书写的意义。国际阅读协会（International Reading Association，IRA）和美国幼儿教育协会联合通过一份立场申明，描绘了从幼儿园到小学三年级儿童学习读写的发展适宜性实践。幼儿园阶段的培养目标如下：

- 喜欢听和讨论故事；
- 知道印刷文字包含着信息；
- 尝试读写；
- 分辨环境中的标记和符号；
- 玩押韵游戏；
- 分辨一些字母，对字母进行音形匹配；
- 用认识的字母表征书面语言。

虽然幼儿的读写技能同时发展，但本章还是先讨论书写，再讨论阅读，因为很多幼儿都是在他们的"书写"中开始阅读的。在班级里，有没有幼儿假装书写，如在画架上涂如字母般的符号？有没有幼儿坚持要在绘画作品上写上自己的名字？用《幼儿发展评估表》中前阅读与前书写部分评估班级所有的幼儿，然后用各种各样的工具创设一张书写桌或是一个书写区，看看会发生什么。

☑ 第二节 幼儿前书写与前阅读发展的关键指标

一、假装书写（画画和涂鸦）

幼儿最早自然尝试的书写通常是涂鸦。教师可能会奇怪，这不是画画吗？教师可能会说，最初的涂鸦也是艺术的开端。确实，幼儿最初不会区分画画和涂鸦。在画架前涂鸦时，他们可能在画一幅画，或是书写自己的想法，或两者都有。但如果画架对他们是新鲜事物，他们可能既不画画也不书写，而仅仅操作刷子和颜料，也就是操作媒介，即 3M 游戏性探索过程的第一个阶段。

教师可能会问他们正在画什么，但通常他们仅仅是玩周围的绘画工具，头脑中没有任何特定的作品。开始时，画画和书写对幼儿来说都是很有吸引力的过程。他们没有完成一幅画或是一封信的计划。这更像是成人的目标。幼儿可能仅仅是学习控制刷子和玩颜料，对于那些没有机会在家使用绘画和书写工具的幼儿来说，这是个漫长的过程。记住，自我探索性学习需要花时间。给他们充足的时间，鼓励他们去尝试。

在光滑的书写桌上发生的事情和在画架上的一样，但使用的工具不同。幼儿认识到钢笔和铅笔是用于书写的，而油画棒可以用于画画。在最初的尝试中，幼儿经常将它们混用。他们一次又一次地操作这些材料，有些幼儿可能会在书写时尝试绘画。

起初，幼儿不能区分画画和书写，因为两者都能传递意义。但无论如何，让幼儿在他们的本子上画下他们的故事，记录每天发生的事情是重要的，因为画画能促进最初的书写。这些书写也成为最早的阅读，而作者就是幼儿自己。尽管幼儿能够觉察画画和书写的不同，但直到 7 岁，当要求书写的时候，他们还会画画。

　　幼儿在书写上的早期尝试差异很大，这与他们在家、在幼儿园、在电视、在商场、在餐馆发现了多少文字有关。在玩角色游戏时，他们可能会在便笺本上涂鸦，假装在餐厅点餐。在书写区，他们可能从纸的中心开始往外画，画满旋涡、直线、圆圈。在幼儿给朋友写信介绍自己的宠物时，可能包括胳膊、腿和头，或是一个椭圆加上"兔子耳朵"。在签名轮候电脑时，他们可能会写上一个歪歪扭扭的字母般的符号，代表自己的名字，或是再画一个有胳膊、腿和头的人，代表自己。金德拉在她的本子上画 / 写了"水果人"，旁边的字母和数字记录了她的故事。

金德拉画的"水果人"，在旁边还写了字

　　沙戈里（Shagoury）提到我们应该寻找幼儿书写时使用的逻辑（2009）。她解释道：深入了解这一过程的最好方式就是拉把椅子坐在幼儿旁边，仔细观察他们工作，根据他们的画和书写提问。

　　费雷罗和特贝罗斯基（Ferreiro and Teberosky）在他们当代经典图书《入学前的读写》（*Literacy before Schooling*）中说：在幼儿最初自发产生的图式中，画画和书写是没有区别的。渐渐地，一些线条获得了类似图画的形式，而另一些线条朝着文字发展（1982）。

尽管画和文字都代表着符号，但二者却非常不同。画画要求图画与所画之物相似，但文字不要求。文字是一个完全不一样的系统，它有自身的规则，但画画却非如此。幼儿最初没有意识到不同，因此交替通过画图和涂鸦表达他们的想法。

通过自己探索和接触图画书，幼儿对印刷文字有了新的发现，建构起了自己对书写的认识。在某个时候，幼儿似乎意识到了文字不同于画画，他们的涂鸦开始有了不同的形式。3岁的幼儿可以注意到不同涂鸦（书写和画画）之间的差异。事实上，一些幼儿会在画纸的一部分画画，另一部分用文字描述这幅画讲了什么内容。

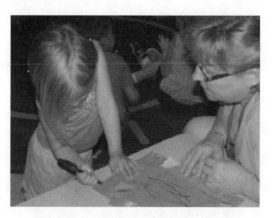

教师观察，并与女孩谈论她书写的内容

这两种涂鸦常常看起来完全不同。书写可能更小些，在页面顶部或底部以水平线的方式出现，就像写了一行字。但也不总是这样。书写的个体差异很大，一些挤在图画的一边，而另一些在角落里，可能是一个圆圈或一条线。书写的幼儿似乎能意识到写的字是能读的，他们有时候假装读他们涂写的东西，或是请教师读。这是自然书写的第一步。

----- **给教师的建议** ---

1. 创设书写区

如果你的目标是鼓励幼儿自己探索书写，那么你必须创设环境来引发书写。书写区可以引人入胜，就像积木区一样。多数班级会在书写区放一张桌子，在附近的架子上摆放书写用品。一些幼儿园提到，与幼儿身高合适的儿童书桌会更有吸引力，可以是升降式，抽屉里装满各种书写工具，例如：

- 便笺纸、胶带、铅笔；
- 表格、尺子、钢笔；
- 纸、橡皮图章、粉笔；
- 信封、回形针、粉笔板；
- 卡片、打孔机、蜡笔；
- 不干胶、水彩笔、剪刀。

或者用塑料盒子装上述材料，放在附近的架子上。另外一张桌子或书桌上放电脑。竖一块粉笔板或是其他书写板，可以鼓励幼儿涂鸦和书写。墙面应该提供一个公告栏，展示幼儿的涂写信息。

2. 用环境中的印刷品布置班级

教师在家中或是去幼儿园的途中留意到了什么书写符号和标记？教师可能会看到书、杂志、报纸、电话簿、电视广告、海报、食品包装盒、信件、街道标志、交通标志、加油站标志、快餐店标志等。这就是我们所说的"环境中的印刷品"。所有这些符号和标记可以成为班级环境的一部分。每个活动区可以有自己的符号和标记。拿出旧报纸和广告册，让幼儿剪下他们最喜欢的符号，贴在符号剪贴簿上。

二、按横行涂鸦

一旦幼儿的涂鸦变成直线而不是圆圈或漫无目的的曲线时，这表明他们理解了书写不同于画画。然而，他们最初的书写仍然不像文字。坦普尔（Temple）等指出幼儿学习书写的过程实际上与逻辑告诉我们的过程有很大的不同（1993）。

也许教师认为学习书写不过是学习写出字母，并把字母组合成文字。然而，研究人员却发现幼儿通过一个相反的过程来学习书写。幼儿学习书写不是先掌握部分（字母），而是首先接触整体（句子），之后很久才到部分。

事实上，幼儿通过自己的观察似乎只提取了书写系统的普遍特征：成行排列，由一系列重复的圆、竖线和相连的线条组成。只是到了后来，幼儿才能辨别书写系统更细致的特征即不同的单词，最后才是不同的字母。

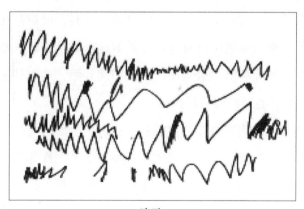

涂鸦

在生命早期，幼儿是如何获得这些知识的呢？看看周围。他们和我们一样，被书面材料包围，报纸和杂志、电视广告、食品标签、饮料瓶、邮件、书、商店、贺卡、汽车上面，印刷文字随处可见。这就是书写，即前面提到的"环境中的印刷品"。

当然，一些家长鼓励幼儿在很早的时候学写自己的名字，甚至会花时间写下孩子们讲给他们的创造性故事。一些幼儿有哥哥姐姐，他们会从学校带些文字材料回家。一些幼儿的家里有电脑。他们看见家人书写或阅读，自己也会尝试着读写。教师可以观察，班上的幼儿哪些在假装书写——这是书写的第一步，哪些幼儿已经超越了第一步，哪些幼儿还没开始。

当幼儿建构自身关于书写的认识时，他们也从环境中提取信息，即读写专家玛丽·克莱（Marie Clay）所谓的书写原则和概念。

- 循环原则：用同样的形状一遍又一遍地书写。
- 生成原则：数量有限的字母可以生成数量无限的作品。
- 符号概念：印刷文字除自身外，还代表一些东西，但这些东西看起来与它所代表的物体不同。
- 灵活原则：同一个字母可能有不同的写法，但字母的朝向是一样的。
- 页面排列原则：英文通常是从左到右，从上到下，按行排列（改编自：Clay，1991；Davidson，1996；Temple et al.，1993）。

那么，在前述涂鸦作品中可以发现幼儿提取了上述哪些原则？幼儿在页面上模仿书写，重复一行的圆圈、竖线、叉时，他们是在表示循环原则，即书写是一遍又一遍的重复动作。类似这样的涂鸦也并非总是从左到右，从上到下。幼儿有时也会页面底部或中间开始，他们甚至可能从左开始写一行，然后从右开始写一行。

同时，幼儿也表现出探索性游戏中"掌握"阶段的特征。他们将线条填满整个页面，这给他们带来了巨大的成就感。在"操作"阶段使用过这项新技能之后，幼儿会一遍又一遍地重复，以便掌握。在画架边或书写桌旁，你会看到一些幼儿在努力地用这些线条填满页面，就好像他们在写一封信或是一个故事。

要保证这种自然、自发的读写由幼儿自己掌控。教师不应该为他们设定目标。相反，教师要观察每个幼儿处于发展的什么阶段，提供新材料维持幼儿兴趣，对他们正在做的事情给予积极评价，例如："拉托亚，你今天早上确实很努力，写了这么多页。你想把它贴在书写中心吗？"

如果一些幼儿对这样的书写活动不感兴趣，不要强迫他们去尝试。你可以邀请他们使用记号笔、粉笔或任何你日常提供的材料。自愿、非强制参与书写活动应该是一条基本原则。一些幼儿在开始书写活动前，需要发展更好的手眼协调能力。在画架上画画或是利用教师提供的工具在沙水桌玩游戏，可能会让他们学到更多的东西。

如果幼儿可以用积木搭建一座高楼而不倒，可以将钉子直直地钉进木块，或是可以熟练地使用剪刀，那么，他们的手眼协调能力已经发展到位，可以使用书写工具了。但幼儿也可能用这些工具来画画而不是写字。

教师也许会好奇双语学习者学习读写的情况。英语口语表达有困难的学习者，该如何学习英语书写？根据沙戈里的研究，我们发现这不是一个问题（Shagoury，2009）。沙戈里告诉我们，双语学习者在掌握第二语言口语之前可以书写。在开始阅读和用画画的方式探索自己的想法之前，他们可以书写。事实上，用母语学习读写的幼儿不需要重新学习这些技能，他们只是简单地将技能迁移到第二语言。要确保让双语幼儿同样参与各类书写活动。

------ **给教师的建议** --

1. 提供多样化的书写材料

如果环境中没有书写的痕迹，多数幼儿不会尝试参与书写。如果班里没有专门的书写区，教师可以布置一张书写桌，并提供不同的书写工具，或许很快就有一组初露头角的书写者了。

至于纸张，最好选用无线条的空白纸。起初幼儿会将整张纸涂满，这是在探索怎样书写。带线条的纸可能会制约这种自由形式的探索。发展他们横向书写的能力，需要提供白纸。可以使用打印纸或信纸，也可以使用不同大小和颜色的便笺纸和便笺本。

至于书写工具，教师需准备多种，或者每周更换。我们有时会先想到铅笔，但是，对书写新手的研究显示：对于幼儿来说，所有的书写工具中，铅笔是最难操作的。不必只提供大号铅笔。一些幼儿难于掌握这些铅笔，他们更喜欢用常规铅笔。

幼儿经常把彩色油性笔作为自己的最爱。教师也应该提供彩色粉笔、小黑板、铅笔以及记号笔。提供各种各样的书写工具，让幼儿自己发现什么对他们来说是最适合的。

彩色油性笔常常是幼儿的最爱

2. 利用沙盘、盐盘或手指画

在书写区提供一些小沙盘或盐盘，这样幼儿可以用手指练习书写。摇一摇盘子就能轻松地抹掉书写痕迹。手指画也可以让幼儿用手指练习书写（假装书写）。

3. 自己做书写的示范

在幼儿面前进行大量的书写活动。如果他们看见书写对教师这么重要，他们也会想写。如果教师像前面说的那样在幼儿面前填写评估表或连续记录，那么他们也会经常想用教师的纸笔假装书写。不要放弃书写工具，相反，要确保书写区装备良好，在那里幼儿可以拿到自己的记录本。或者在剪贴板上系一根教师用的那种笔，以便幼儿能够"观察并记录"。这样的书写榜样几乎总能激发幼儿尝试自己书写。

三、写字母、印名字或名字的首字母

就像 1 岁时幼儿开始发出声音，家长认为那是词语一样，幼儿在涂鸦时画出的像字母般的形式，会被视为单词。当成人看到时，他们通常会指出："你写了一个 n，看！""是的，你又写了一个。你知道你的名字里有一个 n 吗？"许多成人会教幼儿写自己名字中包含的字母，但这是有区别的。涂鸦包含更多的连续书写。当幼儿意识到他的涂鸦被成人视为真的字母时，他会尝试写出真的字母。

虽然成人经常干预，但是由于幼儿周边充斥着各种字母，不断能听到有人使用字母，所以他们仍然可以自学字母。这是字母学习本来的途径。幼儿自己的名字通常是第一个学习对象。幼儿在认识了柜子上自己的名字后，不久可能就学会念自己名字中的字母。然后，无论在哪里看见，许多幼儿都能够分辨出那些特定的字母。麦克奈尔（McNair）提出，事实上，幼儿在写自己名字的时候，常常会倾向于写第一个和最后一个字母（2007）。

（一）认识字母

复述或吟唱 ABC 不同于书写 ABC。就像幼儿能够从 1 唱数到 10，但并不理解数字的意义一样，幼儿也经常吟唱字母，而根本不了解他们自己说的是什么意思。儿童电视节目可以帮助幼儿学习字母名称，一些幼儿可能借此认识了字母。然而，看电视是一种被动的方法，不适合幼儿园。

其他幼儿可能通过家里或活动室里的电脑认识字母。许多软件为幼儿提供字母游戏。使用电脑键盘也能帮助幼儿认识字母。作为一种学习工具，电脑比电视更有优势，因为它们具有互动性，能够吸引幼儿主动学习。幼儿园的电脑不应该用于正式课程。相反，幼儿在自选活动时间，应该可以自由地使用电脑，就像他们玩积木、玩玩偶、玩水一样。

要保证操作区的架子上有字母游戏材料，如木制的、塑料的、砂纸或磁铁的字母，将字母安装在与幼儿视线持平的墙面，图书区有字母书。和

幼儿玩字母游戏，而不是正式地教他们认字母。教师会发现，如果幼儿的环境中充满了字母，他们就会自己学习想认识的字母。正规的教学，即使是字母教学，在学龄前阶段也是不合适的，因为这不符合幼儿学习的方式。

（二）写字母

幼儿开始写字母的时候通常都有错误。他们在写字母时，常犯和认识字母同样的错误：经常忽略字母的显著特征。幼儿书面语言的发展，和他们其他方面的发展一样，是按照从普遍到特殊的顺序进行的。在能够觉察到字母的细微特点以前，他们难以精确地书写字母。

幼儿正确书写字母的困难之一在于字母的空间方位。幼儿通常能正确地掌握字母的特征，但却不能掌握字母的方向。幼儿会将一些字母的方向弄反，有时甚至上下颠倒。偶尔他们写的字母方向正确，但常常是将字母镜像了。

部分答案可能在于这样一个事实：幼儿已经理解物体的方向即朝向，不会给物体带来差别。例如，杯子就是杯子，无论它的把手是靠近人还是远离人。手电筒可以横躺着，也可以直立着，它都是手电筒。换句话说，物体不会因为面朝不同的方向而变得不同。

但是字母却会因为方向不同而有所不同。具有同样特征的字母可以完全不同，这取决于它们面对的方向和各部分的位置。如果幼儿没有提炼出这些区分字母方向的原则，他们就会在辨认和书写字母 d 和 b、p 和 q 时遇到困难。这四个字母都是由相同的线条构成的。然而，幼儿却需要花费几年的时间去掌握他们的方向，甚至进入了小学后，还经常颠倒字母。

幼儿在玩立体字母时遇到的一个问题是，这些字母可以左右相反或是上下颠倒。如果班里书写区有这样的字母，在附近与幼儿视线同一高度的墙面投放真实的字母，以便幼儿可以轻松地看到字母的正确方向。在这方面，磁铁字母比积木字母或塑料字母好。至少，磁铁字母放在金属板上是无法翻转的。

随着不断练习，幼儿便能够自己解决这些问题。不需要纠正他们的错误。通过不断创建关于字母和词语的知识，他们就会获得应有的进步。教师最好的策略就是提供使用词语、字母和书写的机会，丰富环境，鼓励和接纳幼儿的书写。

····· 给教师的建议 ······························

1. 让幼儿在轮候时登记自己的名字

幼儿可以用自己的"书法"登记名字，轮流使用电脑、玩积木、画画或骑独轮车。将小剪贴板或登记表放在活动区入口处、电脑、画架旁，或任何幼儿需要轮流等待的地方。再系上一根铅笔，请幼儿写上他们的名字。玩完后，让他们擦掉自己的名字，以便让下一个人玩。一些幼儿能够写自己的名字或是名字的首字母。如果有幼儿说不会写自己名字，教师可以告诉他们试一试。告诉他们用"个人文字"就可以，就像他们在书写桌上做的那样。当轮到他们的时候，幼儿会记得哪些文字是自己的。让幼儿认为教师把他们的涂鸦看成真实的书写很重要，这样，他们就会按照自己的顺序发展。

2. 制作个人字母表

如果内容与自己相关，幼儿总是会用一种更有意义的方式来学习。教师可通过游戏的方式帮助幼儿认识自己名字的首字母。如将字母卡片挂在"毛线项链"上，让幼儿戴上；让幼儿在活动室寻找自己名字中的字母，然后再让幼儿看看是否能找到其他幼儿名字中和自己名字一样的字母。要保证有足够多的相同的字母，并使字母大到每个人都可以轻易地看见。

3. 提供字母卡

让幼儿用字母卡玩游戏，这些卡片上有物体的图片，可以帮助幼儿看字母正确的方向。卡片上的物体也给了幼儿线索。一些教师认为最好将字母的大小写都显示在卡片上。这样一来，幼儿就能看到每个字母有两种不同的书写方式。只用大写字母对幼儿无益，因为他们上小学后，需要写小写字母。

4. 玩电脑字母游戏

对于幼儿来说，电脑字母游戏是很好的入门教程。然而，目前多数游戏都是用鼠标来操作，使幼儿失去了使用键盘在屏幕上打出字母的机会。

5. 读适宜的字母书

市面上有许多优秀的字母书，但是教师要检查任何用于幼儿的书，看看它们是否适宜。一些字母书是给小小孩看的。看看词语和图画的简单程度，或许就可以帮助教师确定图书适合的年龄段。如果书中有幼儿的图片，看看图片中的幼儿是否和自己班幼儿年龄相当。

一些字母书对幼儿来说过于复杂。这些书常常展现的是艺术家的才能，而并不能帮助幼儿认识字母。一些字母花里胡哨，使用了陌生物体做插图。一些书中用字母表征的物体，会使幼儿忍俊不禁。教师在选择字母书时，可以参考下列的标准：

- 一页一个大大的字母；
- 使用幼儿能够认识的彩色物体；
- 押韵而快节奏的故事或主题；
- 字母是主角；
- 使用新的方法（先呈现 Z）；

- 能够导入操作活动。

如果每次读书只读给1—2名幼儿，而不是一组幼儿，效果会更好。幼儿需要坐在靠近教师的位置来辨认和命名物体，看清楚字母的形状。把书放在书架上，这样幼儿可以自主阅读。也可以放在书写区，让幼儿可以自己学习写字母。

6. 提供字母饼干

提供字母饼干，看看幼儿能否发现并认出字母。

7. 掰饼干

看看幼儿在吃饼干前会把饼干掰成什么字母，这能看出幼儿的创造性。

四、正确拿书，从右往左翻页

幼儿在最终学习独立阅读前，需要许多早期的阅读经验。教师要保证幼儿无论在幼儿园还是在家里，都有各种各样的图书机会，这点尤为重要。许多班级购买班级图书的平装本放在家庭借阅图书馆。幼儿每天登记借阅一本，第二天早上还回来。这也使家长有机会给孩子读班里的书。

幼儿需要反复阅读他们最喜欢的书，以培养他们对图书和阅读的强烈兴趣。麦克维克（McVicker）强调，大声读书给幼儿听，并通过互动和活动来扩展图书，对幼儿有巨大的教育益处，更不用说增强他们的喜爱之情了（2007）。

教师每天在班上给小组幼儿朗读是很重要的。关于阅读的每个重要研究都发现：促进理解、培养阅读关键技能的最重要活动是大声地给幼儿读书。

教师每天给小组幼儿读书很重要

除了小组阅读时间，教师每天都应该寻找机会一对一地为幼儿读书。每次阅读前后，与幼儿讨论故事内容。问问题，让幼儿谈谈画面，讨论他们最喜欢的地方。研究发现：围绕着故事书阅读的谈话很有作用，它帮助幼儿在自己的生活和故事之间架起桥梁。

最后，有吸引力的图书区要有大量图书海报、木偶、人偶、毛绒玩具，要能让幼儿随时找到图书，自己看书，玩延伸游戏。

教师肯定会说，幼儿要知道如何拿书，哪边在上，从哪边翻页。不需要。或者那些之前从没有拿书经验的幼儿可能不知道如何拿书或者翻页。让他们观察教师是如何拿书和翻页的。他们能像教师一样操作吗？

观察幼儿是如何拿书的。如果教师看见有的幼儿拿书的方向不对，不必纠正。可以请他拿一本他喜欢的书，由教师读给他听，然后可以问问他如何正确拿书。如果他仍然没有线索，教师可以说：我想跟你一起看图画，你能不能帮老师拿书？这样两个人都可以看到图画。如果他把书颠倒了给教师，问他：如果我这样拿书，你可以看到图画吗？确保接下来的日子里跟进这个幼儿及其拿书的情况。

要特别关注哪些幼儿去图书区，哪些幼儿不去。请那些对书显得没兴趣的幼儿挑选一本书给教师，教师单独读给他听。大多数幼儿喜欢教师给自己特别的关注。记住，教师最重要的任务是用令人快乐、满意的方式，将幼儿与书联系起来。

这意味着教师必须成为良好的阅读榜样。在读完喜欢的书之后，教师可组织一个延伸活动。

幼儿需要一手的图书经验——越多越好。我们需要用各种各样的方式让书从书架来到幼儿的手中。

给教师的建议

1. 使用大书

虽然大书常用于小学的阅读教学，但在学前课程中也承担着重要的角色。例如，它可以帮助幼儿理解书是什么。教师可以用大书给全班幼儿讲故事。把大书放在画架上，这样幼儿就可以看到图和文，教师也可以轻松地翻页。同时，给幼儿一两本大书的影印本，让他们拿着书听教师讲。教师翻页时，让幼儿跟着翻页。

2. 将图书放在班级各活动区

我们有时候将物品分得太清，以至于忽视了其他可能性。这点在班里图画书的使用上体现得尤其明显。我们经常把图书放置在图书区的架子上，在其他区域很少看到书。如果我们希望幼儿与图书建立紧密的联系，就要考虑将一些书放在其他区域。如可以在每个区的架子旁挂一个大塑料袋，里面装一本适合这个区域的图书。或者用厨房的大夹子夹一本书，拴上绳子，挂到墙上。成人可以读给在这个区域游戏的幼儿听，幼儿也可以自己阅读。

3. 听音频，教幼儿翻页

为了让初学者了解书是怎么工作的，教师可以让幼儿在听力区听书，身边有一位教师帮助他们翻页。

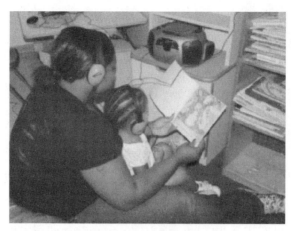

播放音频，教幼儿翻页

五、用图画讲故事，假装阅读

随着幼儿对图画书越来越熟悉，他们开始自己翻阅图书，刚开始他们会快速地翻页，跳过一些页面，但之后就会一页页地翻，专心看书。他们会有最爱的图书，会一遍一遍地翻阅，也会请成人一遍一遍地读给他们听。

现在轮到他们自己读了。喜欢手拿书听人大声地读的幼儿，会很高兴地假装读这些书，尤其是读给成人听。因为幼儿一开始不理解是文字在讲述故事，他们主要根据图画（有时候也根据记忆），大声地再创造故事——如果他们多次听过这个故事的话。起初，他们的故事没有包括书中所有的画面，而是选择那些给他们留下最深刻印象的画面。

如果幼儿多次听过故事，他们就可能在讲这个故事时使用故事中出现的词。其他无关信息也可能进入他们的故事，特别是在成人和幼儿讨论过插图的情况下。因此，他们假装阅读的故事经常与书中的版本大不相同，但是，幼儿用他们自己的方式来读书、翻页和用词，就好像书中本来就是那样的。

如果幼儿是第一次尝试复述书中的内容，他们可能会进行所谓的"图片命名"：他们只是指向页面上的一张图片并说出它是什么，而不是按照顺序讲述故事。他们仍然相信讲述故事的是图片而不是文字。他们还没有发展所谓的"故事感"。

幼儿假装读故事时，教师不必纠正。相反，教师应该接受幼儿这一行为，就像接受幼儿用画画和涂鸦的形式书写一样。这种自发出现的阅读是幼儿学习阅读的早期阶段，极好地展示了他对书和故事如何展开的兴趣。它是否准确无关紧要。教师的任务是感谢幼儿给他读书，请他以后再多读。

教师会发现，给幼儿读得越多，就越能期望看到幼儿假装读给自己听。如果班里没有幼儿主动假装阅读，这可能意味着教师从来没有请求幼儿这样做过，或者可能意味着幼儿不熟悉图书，书中的故事还重复得不够。记住"3M"——操作、掌握和赋义——保证一遍又一遍地重复阅读幼儿最爱的书，以帮助幼儿掌握故事。

（一）最爱的书

幼儿需要看到和听到一个真实的人坐在他旁边阅读真实的书，然后和他谈论故事。对于他们最喜爱的书，他们会想用木偶甚至自己扮演故事中的角色，开展后续延伸活动（ Beaty and Pratt，2015 ）。教师如何知道哪些是幼儿最喜爱的书呢？可以在给幼儿读完书后听听幼儿的反应。有没有人说"老师，再讲一遍"？这是一个线索。以下是最受欢迎的书的标准：

- 能与幼儿的经历联系起来；
- 有一个有趣的角色，且角色的名字有趣；
- 有色彩明亮的简单插图；
- 每页有一两行简短的文字；
- 使用重复、押韵或独特的表达方式；
- 有引人入胜的故事情节或事件。

（二）支架阅读

当幼儿请教师讲故事时，让他选择一个他以前听过的最喜欢的故事。教师讲完后，告诉幼儿现在轮到他讲给教师听了。如果他愿意，他可以翻页，把故事"读"给教师听。要轻松有趣，这样幼儿就会想一次又一次地重复这个活动。当然，这意味着教师需要花更多的时间一对一地读书，而不是给全班读书。大多数教师觉得这很有价值，幼儿也一样。

当教师"支架"幼儿的阅读时，幼儿可以和教师一起"阅读"。换句话说，教师反复读一本熟悉的书，鼓励幼儿在有能力的时候参与其中，不久，幼儿也会越来越多地阅读。当幼儿有了多次支架阅读体验后，他通常会尝试独立复述故事（Strickland and Schickedanz，2009）。

复述时不必一字不差，但大多数幼儿都会使用书中的一些词。幼儿倾向于用他们自己的语言，根据他们自己的理解讲述故事。如果幼儿说方言，他们就会用方言复述故事。如果英语是幼儿第二语言，幼儿会用他们说英语的方式而非书中所写的方式来复述故事。幼儿听故事的次数越多，复述就越准确。

教师需要花时间来"支架"幼儿阅读

双语阅读者，就像双语书写者一样，可以通过发现书的工作原理而进入阅读。沙戈里告诉我们，小小双语学习者能理解书面语（Shagoury，2009）。一旦他们用母语学习了读写，他们就不需要在学校重新学习这些技能。不过，如果教师在班级读写区投放双语图书，用两种语言给这些幼儿读书，将会很有帮助。

六、意识到书中的文字在讲故事

早期读写的下一步是对文字的意识。如果教师是一对一地给幼儿读书，可能就能发现幼儿是否具有这种意识。正如之前提到的，起初幼儿相信是书中的图画在讲故事，可能没有注意文本信息。即便注意了，他们也不能理解读者读的是文字而不是图画。

一些幼儿没有意识到文字的目的，以至于他们拿书时手无意地盖住了文字。其他幼儿可能理解读者需要读文字，但他们可能认为读者仍然需要用图画来了解文字在说什么。

研究者发现，要从图画书的图画中区分出文字，多数幼儿会经历一个发展顺序：

- 文本和图画没有区别；
- 是图画而非文本在讲故事；
- 文本是图画的标签；
- 文本为图画提供线索；
- 文本在讲故事。

在假装给教师读他们最喜欢的故事时，一些幼儿会使用与图书本身相同的叙述风格和几乎完全相同的词。他们是真的在阅读吗？在他们读书的时候，教师会发现在多次听读之后，大多数幼儿已经记住了文字。不用教，幼儿最终会注意到文字，并意识到是书中的文字而非图画在讲故事。有一些书可以帮助幼儿实现这个认知飞跃，即认识到是文字在讲故事，其中就有歌曲故事书（song storybook）。

歌曲故事书是图画书，是把幼儿熟悉的歌曲的歌词改写成故事，每页只有一行字。因为他们心里已经知道了歌曲，所以如果教师阅读时用手指文字，他们就可以跟上文字。幼儿看见书中用图画来表现熟悉的歌曲，也很高兴。除教师念、他们跟着念外，也可以时不时地让幼儿跟着教师一起唱。

幼儿看见歌词，就能够"读"它们，即根据记忆复述。一点一点地，它们意识到是文字——那些印刷在页面上的文字——在讲故事，而不是图画。

教师给幼儿读书时，可以通过询问幼儿应该看书的什么地方来确定幼儿的发展水平。一些幼儿可能尝试将故事与文字进行匹配，另外一些幼儿甚至可能想知道某个字的意思。最后，他们会真的开始读文字。读写就这样自然、自发地出现了——当成人有意识地将正在尝试的幼儿与适宜的书联系在一起的时候。

不是每个幼儿在学前期都能到达这个阶段。个人兴趣、家庭背景有很大关系。教师的任务是用令人兴奋的书、延伸活动、阅读机会以及可供幼儿尽情探索的时间来充实课程。然后，一对一地给幼儿读书，听他们读书，可能是教师开展的最令人满意的活动了。

----- 给教师的建议 --

1. 读可预测的书

书的结构会影响幼儿复述故事的准确性。研究发现，最好的阅读入门书是可预测的书，就是那些包含重复结构，使幼儿能够预测接下来的词、句和段落的书。如果幼儿熟悉故事，能够预测后面发生什么，他们复述故事时就容易得多了。

如果幼儿熟悉教师正在读的书，熟悉一般图书的特点，如果他知道将要发生什么，他就能更容易地理解故事。如果这本书有多处押韵，那么，幼儿更容易记住故事情节和接下来发生的事情。押韵和重复是可预测图书的重要特征。即使是很小的幼儿也会记住押韵，喜欢押韵的书。

通过一遍又一遍地听这些故事，幼儿开始发展故事图式（story schema）或故事感（sense of story）：关于故事基本元素的心理范式。

基于这个心理范式，幼儿发展了对故事背景、人物、事件、结果的期望。

2. 玩韵律游戏

字音意识是幼儿在发展阅读技能时必须认识到的另一个重要领域，我们称为语音意识（phonological awareness）。押韵（尾韵）识别是其中的一部分，押韵（头韵）识别是另一部分，即对开头相同的词的认知。研究人员发现，幼儿喜欢听到结尾和开头押韵的词。也许这就是吸引他们阅读可预测的书的原因。

3. 复述故事

教师会每天在班上给幼儿一对一地读书吗？如果这样，能够复述书中故事的幼儿数量将显著增加。不太熟悉书和阅读的幼儿可能会同意给教师讲故事，但他们的故事是在看图画时自创的。教师接纳幼儿讲的任何故事，这点非常重要。随着幼儿听、讲故事经验的积累，他们的复述将变得更加准确。最终，对于一本可预测的书，一些幼儿会记住书中用到的词，他们的复述将趋近完美。

4. 创作故事

在图书区投放便笺本。请幼儿讲故事，教师将故事记录在便笺本上。他们能将故事再读出来吗？隔天在便笺本上贴一张有趣的图画，让幼儿口述一个关于图画中人或动物的故事。把这些故事贴在活动区的四周，时不时地跟幼儿一起读一读。

5. 阅读大字书

能帮助幼儿理解文字讲述故事的图画书还有大字书。越来越多的书部分或全部采用大字。

☑ 第三节　幼儿前书写与前阅读发展的观察与记录

一、幼儿前书写活动的观察与记录

通过不引人注目的观察很容易发现幼儿的书写技能。在书写区乃至整个活动室里，给幼儿提供多样的书写机会。收集样本并注明日期，然后放入幼儿的作品集，同时也可以用作教师对幼儿成就的评估。使用《幼儿发展评估表》，教师也可自制评估表。幼儿自然出现的书写技能——这些技能不是教师教给幼儿的——包括：

- 用画画和涂鸦假装书写；
- 按横行涂鸦；
- 涂鸦中临摹字母；
- 随处拓印字母，有些字母是颠倒的；
- 拓印名字中的字母，有些字母是颠倒的；
- 按字母排列顺序拓印名字；
- 拓印其他词语。

二、幼儿前阅读活动的观察与记录

幼儿在发展书写能力的同时，以同样的方式发展了早期阅读能力，我们需要对他们的读写能力分别进行观察和评估。当教师向幼儿朗读并聆听幼儿向教师"朗读"时，注意观察幼儿的反应，以及他们在图书区做什么。可在一段时间内根据以下项评估幼儿阅读技能。确保这是一项非正式的评估，而不是测试。评估的内容可以包括：

- 把书正面朝上；

- 从右到左翻页；

- 一页一页地翻看，不跳页；

- 假装阅读；

- 通过对图片命名来讲故事；

- 通过记忆来复述故事；

- 通过指读单词阅读；

- 意识到文字在讲故事。

并非所有的幼儿都能获得这些技能，尤其是那些几乎没有读书经验的 3 岁幼儿。有些幼儿可能会漏掉一些技能，有些幼儿会开始真正的阅读。教师可能需要将注意力放在幼儿的特定技能上。这就是评估表最有用的地方。任何的技能都可以转化成一个简单的评估表。

教师可以用评估表来观察幼儿个体，追踪他们的进步。确保写上日期，并把评估表放在幼儿的档案中。评估表最适合用在需要特殊帮助的个体上。尽量找到这些幼儿特别感兴趣的话题，并为他们提供有关这些话题的书。他们可能需要时间在听力区听书，教师可陪同一起，在需要时帮助他们翻页。以拿书技能为例，可包括：

- 1——书正面朝上；

- 2——从第一页开始读；

- 3——从右向左翻页；

- 4——一页一页地翻书不跳页。

------ 学习活动) --------------------------------

1. 用《幼儿发展评估表》中前书写与前阅读技能部分作为评估工具，观察班级所有的幼儿。了解一下书写技能达到高水平的幼儿口语表达能力的情况。能不能得出什么结论？

2. 用纸张、书写工具创设一个书写区。在三天中，连续记录幼儿怎样使用这些工具和材料。如果有幼儿按横行涂鸦，与其他幼儿的涂鸦进行比较。这说明早期书写的什么特点？

3. 让幼儿在他们的美术作品上或其他作品上印上或"写"上自己的名字。为每个幼儿做一张卡片，上面写他或她能写的字母。让幼儿充当"字母侦探"，在活动室里找找以这些字母开头的其他物体。把那些物体的名字写在他们的卡片上。

4. 让幼儿选一本最喜欢的书读给教师听。让幼儿拿着书，边读边翻页。和每个幼儿开展这样的活动。关于他们的阅读技能，教师了解到了什么信息？可以为他们提供什么活动？

5. 给某个幼儿读一本可预测的书。再读一遍这本书，除押韵或重复的单词外，其余的都要读。让幼儿说出押韵的和重复的词。第三次翻阅这本书，让幼儿说出尽可能多的词。如果可以的话，请他把这个故事讲给教师听。

6. 给某个幼儿读一本可预测的书，遇到押韵的词就停下来，让幼儿在书中指出这个词。然后继续读，时不时地停下来，让幼儿指出词。幼儿能"读 / 讲"出这个故事吗？能不能像教师那样停下来，让教师指出词？

第 十 章

幼儿美术、音乐和舞蹈的发展

本章聚焦于观察幼儿美术、音乐和舞蹈发展的关键指标：

- 创作基本形状；
- 画太阳脸，加上胳膊和腿变成人；
- 画插图；
- 跟着节拍摆动胳膊和手；
- 演奏乐器；
- 合唱或独唱；
- 用身体动作表现人、动物和情感；
- 跟他人一起随音乐跳舞。

☑ 第一节　引言

幼儿的创造性

什么是创造性？对于幼儿而言，它就是用新的或者不同的方法做事情。为了创造，人们会运用一种新的形式、独创的或独特的事物。富有创造力的人不模仿，不随大流。总之，他们不是墨守成规之人。

　　他们是谁？艺术家、发明家、诗人、作家、演员、音乐家、舞蹈家、室内装饰师、厨师、建筑师、服装设计师等，还有幼儿。他们追随自己的内心，运用自己的聪明才智设计新东西。幼儿天生具有创造力，因为他们所做所说的每一件事情对自己而言都是全新的。他们探索、实验，将物体放在一起，又把物体分开来，用成人想不到的方式操作物体。

　　在讨论幼儿发展的主要方面（情感、社会性、身体、认知和语言）时，人们经常将创造力排除在外。然而，在幼儿的发展中，创造力与思维或语言一样是显著的动力。幼儿创造欲的展现令教师欣喜。要培养而不是压制创造力的发展，它和说、写、思维技能一样重要。然而，不知何故，我们将创造力等同于并非人人都具有的特殊才能，将其看作一种点缀而不是生活必需品，以至于我们轻视或忽视幼儿创造力的发展。

　　轻视或忽视创造力，意味着剥夺幼儿基本的表达能力。如果幼儿有兴趣，如果教师支持而不是控制幼儿，每个幼儿都有成为画家、音乐家、作家、舞蹈家或发明家的潜能。艺术家少这一事实证明了社会轻视创造性而重视一致性。福克斯和希马赫（Fox and Schirrmacher）认为，所有幼儿都有创造性，但是，这种潜能如果没有得到发挥，就一直处于休眠状态（2012）。创造力只有得到锻炼才能发展。任何人都可以发展创造力。

　　幼儿无拘无束地来到世界，带着全新的想法，即他们自己的想法。他们遵循本性，直至他们了解了社会对其行为的期望。只有具有强大的心灵或强大的外部支持、能抵制社会束缚的幼儿才能成为我们成年人珍视的艺术家或创造者。

　　班里的幼儿有没有可能成为这样具有创造力的成年人？如果他们天生的创造力种子受到周围成人的支持和珍视，有机会发芽、长大，那么他们就有机会摆脱令人窒息的从众压力，能够用自己的才能丰富自己和他人的生活。

　　本章涉及具象绘画艺术（representational drawing），不仅是因为这样的艺术是多数早期教育课程的一个重要部分，而且是因为许多幼儿教师在建构艺术课程时需要帮助。这种课程中的太多活动是在压制而不是支持幼儿的创造力。德·拉·罗什（De la Roche）在很久以前就曾抱怨过，幼儿创作的雪花片、三叶草和火鸡都长得一样（1996）。事实是，雪花片本身就不一样。

　　本章也可能涉及幼儿科学技能的发展，这取决于幼儿的自然探究天性。然而，学前科学教育不知何故却摆脱了许多教师用于艺术的控制手段。对于幼儿来说，用各种创新方法探索植物和动物似乎是件好事情。但是，许多教师似乎感觉绘画应该按照成人规定的方式进行，因为"成人懂得更多"。

　　（一）观察幼儿的创造力

　　首先，我们要把自己当作一个观察者。我们对于幼儿创造力的发展有什么期待呢？因为我们倾向于去寻找我们期待的东西，所以我们要确保我们提供给幼儿的艺术活动是开放的。幼儿需要掌控创作艺术的方式。创作的过程而不是产品，对他们来说是最重要的。这是创造力的开端。这也是我们需要关注的地方。

　　本章着眼于所有幼儿都会出现的绘画技能的自然发展过程。即使是视力受损的幼儿也会表现出这个过程的开始步骤，直到他们因为缺乏视觉反馈而停止继续发展。教师会注意到，这个自然发展过程类似于身体技能、认知技能，尤其是书写技能的发展。

　　很明显，大脑有计划地按照既定的顺序——从一般到特殊——完成各种发展。如果幼儿有机会以游戏的方式与环境互动，他们就会发现自己能做什么。同样，创造自然地出现在艺术的各个方面，从制作拼贴画到黏土造型，但是，本章将重点以具象绘画技能的出现为例。

　　（二）右脑与左脑

　　大脑两半球分别控制着人类个体的不同功能。右半球或右脑在整体思维、视觉空间技能、直觉、情感、艺术和创造性等方面承担着支配角色，左半球或左脑在理性、线性、分析、序列思维，语言，阅读，书写和数学能力等方面占据优势。婴儿出生时表现出轻微的右半球优势；随着语言能力的发展，左半球赶上来；到4岁前，两个半球的联系大大增强（Sprenger，2008）。

尽管如此，大多数人的左脑最终会支配右脑，或许是因为在学龄时期左脑会集中于读写算能力的缘故。在儿童早期，右脑占据支配地位，因此这个早期右脑优势期给幼儿提供了发展创造力的机会。教师（可能是左脑优势）有必要认识到，幼儿右脑存在优势，幼儿使用右脑的过程而不是结果更为重要。如果我们能够持开放态度，鼓励幼儿发挥创造性，那么幼儿会让我们了解许多关于创造力的秘密。

☑ 第二节 幼儿美术、音乐和舞蹈发展的关键指标

一、发展美术技能

（一）创作基本形状

1岁前，幼儿确实不画画。如果拿到油画棒，他们更愿意把它放到嘴里而不是在纸上做记号。大约到了13个月，幼儿开始了最初的涂鸦。他们最初留下的记号通常是随意的。事实上这些记号更多与动作有关，与艺术无关。学步儿常常惊讶地发现油画棒、铅笔或者画刷会留下记号。他们常常着迷地注视着自己的动作在物体表面留下的线条。令照料人沮丧的是，这个"物体表面"并不总是纸张。他们可能会在墙上、桌面或任何其他可以留下记号的地方画上记号。

美术技能发展的第一个阶段纯粹是机械的、操作的。幼儿正处于学习对美术工具的控制时期，这些工具包括油画棒、画刷、铅笔和粉笔等。他不用眼睛控制，只是随意留下记号。视觉障碍幼儿也可以随意在泥土中留

下同样性质的记号。早期书写也是这样开始了，但是最终转向不同的方向。

　　班里年龄大一点但从未接触过美术材料的幼儿（或者那些在家里想要涂鸦却被制止的幼儿）仍然会按照同样的顺序发展（见表 10-1），但是，他们在各个阶段的发展更为迅速。大一点的幼儿会通过自发探索游戏来学习控制美术材料，所花的时间会少一些。

表 10-1　幼儿美术发展阶段

涂鸦 无控制：为了高兴而在纸上留下记号，很少控制眼手运动，没有规律 开始控制：控制眼手运动，出现重复 命名：告诉教师自己画的是什么，但是教师可能无法辨识	
图形和设计 画图形，如圆形、正方形、椭圆形、三角形；肌肉控制能力有所提高，能够将图形和设计放到一定位置	
曼陀罗 通常用线条分割圆形和正方形	
射线 线条从一点向外放射，可能是曼陀罗的一个部分	
太阳 由椭圆形、正方形或圆形构成，由图形延伸出短线，延伸的线条有多种变化	
人形 使用太阳设计，加上人的特征，发展成为一张脸，即"太阳脸"	
画 结合前面几个阶段的特征，发展出可以辨识的设计或物体	

　　教师会注意到，在所有这些早期美术经验中，幼儿又一次地经历了操作、掌握和赋义这三个阶段，通过探索媒介来自学。最后呈现在纸上的并不是艺术作品，也不是绘画，而是艺术技能崭露的痕迹。

　　大约从2岁开始到3、4岁——不同的幼儿可能会有所不同，有些幼儿可能更晚一些——幼儿会在纸上涂鸦。刚开始可能是没有尽头的线条，这些线条呈现出一定的节奏。最终，幼儿会使用眼睛控制和手/胳膊动作进行涂鸦，在纸上自由挥洒。涂鸦经常是一层叠一层，直到这张纸变成了线条和圆圈的大杂烩。小画家可能会盖上一层又一层。

小画家可能会用颜料一层又一层地涂鸦

　　起初，这样做对幼儿没有什么意义，因为他并不是尝试创作什么，而只是尝试在纸上涂出颜色。对他而言，重要的是过程而不是结果。然而，成人认为艺术主要是创造产品。他们对涂鸦的反应通常是，要么认为它不重要，毫无价值，要么请幼儿告诉他们自己画的是什么。一旦幼儿知道成人期望获得这种信息，他们就会开始给自己的涂鸦起名字。这种行为并不是说当他们开始在纸上移动画笔时，头脑中就真的有什么想法。相反，我们的评价应该关注他们在绘画过程中的努力，而不是他们创作的"不完美"的作品。"罗萨，我看见你今天的画里用了三种不同的颜色。"

　　幼儿涂鸦时会很用心。只有他们才知道什么时候一幅"涂鸦画"算是完成了——实际上，是这个过程完成了。一些幼儿一遍又一遍地画线，就好像他们在练习画直线或画曲线的方法。我们知道，这些幼儿已经发展到了探索美术的"掌握"阶段。他们早期的作品似乎显示竖线占有较大比例，尤其是在画架上画画时。但是，许多幼儿也能够画横线、斜线和曲线等多种线条。幼儿不停工作，累了时就会改变手的运动方向，甚至换手。2岁幼儿会在一个涂鸦上接着涂鸦，而 3 岁和 4 岁幼儿则常常是在一张纸上只画一个涂鸦（Kellogg，1970）。

艺术专家罗达·凯洛格（Rhoda Kellogg）从世界各地收集了几千幅儿童画并进行了分析，区分出 20 种涂鸦。但不是所有的幼儿都画这 20 种涂鸦（虽然这些涂鸦是幼儿能画的）。个别幼儿倾向于几种最爱的涂鸦，用各种不同的变式重复它们。各地幼儿自发地画这 20 个涂鸦中的部分，不画其他的——这一事实似乎表明，这种早期的美术形式一定是人类的遗传。

凯洛格认为，这些涂鸦是"艺术的基石"（Kellogg，1970）。在手指画中很容易理解个别幼儿涂鸦的"语言"。他会用一个或多个手指画图，然后抹去，再开始。因为这些图不像不透明的颜料那样一层盖在另一层上面，所以很容易就能看出他最喜爱 20 种基本涂鸦中的哪一种。

随着身体和心理的发展，幼儿能够更轻松地控制画笔和颜料，他们的涂鸦开始出现图形。凯洛格在儿童早期的美术作品中分辨出六个基本形状：四边形（包括正方形）、椭圆形（包括圆形）、三角形、十字交叉、斜线交叉和奇怪的图形（大杂烩）。这些形状不一定单独出现，而可能与其他涂鸦相结合。

如果在学步儿期就有机会自由尝试涂画的话，幼儿通常在 3 岁前就开始自发地涂出基本图形了。如果有恰当的经验，幼儿的感觉和记忆能力很早就会帮助他们去建构、储存和提取形状概念。幼儿最喜欢的形状似乎是从自己的涂鸦发展而来。通常出现较早的图形是圆形和椭圆形。不论世界的哪个角落，似乎这个图形天生就吸引着幼儿，这可能是因为幼儿偏好椭圆形的人脸。

涂鸦中的画圈运动最终会引导幼儿画椭圆形。幼儿经常重复，一而再再而三地画同样的图形。对图形的视觉分辨能力和对画刷或油画棒的肌肉控制能力最终使幼儿画出了某一形状，这不是在一堆涂鸦中偶然出现的。记忆也发挥了作用，使幼儿从其符号库中提取出椭圆，并在其他时间重复它。

如此看来，幼儿画图形的能力似乎出自涂鸦时对线条的控制能力。换句话说，他画一个基本图形是因为他记得它，而之所以记得它，是因为他涂鸦时自发地创造了它，他并不是在复制环境中的这个图形。随着不断尝试，他也会偶然找到新方法画新图形。但是某些图形看起来更有吸引力，这使个别幼儿一次又一次地画这些图形。

三四岁的幼儿最早画长方形时，是先画两条平行竖线，然后在顶上和底部加上横线，而不是连续画一条线。从中我们就会知道，为什么说给幼儿大量的机会和时间去练习很重要。幼儿正在自学画画，就如同他们自学搭积木、走路、思维、说话、书写和阅读一样。

涂鸦远不只是看上去的那样。研究者发现，与其他感知觉相比，人们从视觉刺激中吸收的信息要更多。艺术观察者感知颜色、空间、线条、图案、声音、景象、信息、记忆和纹理。这些观察者就是幼儿自己和教师。

----- 给教师的建议 ---

1. 提供可控制的材料

初学者除了涂鸦不可能有太多的进步，除非他们能够控制材料。要给幼儿提供粗大的适合他们使用的油画棒，使他们能够很好地抓握。幼儿也可以用细油画棒，但有时会因为用力过大而折断它们。注意颜料不要调得太稀，以防滴落。画架、画刷要买短粗型的，这样幼儿操作起来就容易些。彩色粉笔的头可以用胶带包上，这样有助于抓握，还不会弄得到处脏兮兮的。

2. 不要指导

要完全允许幼儿自主探索和试用颜料、粉笔、油画棒和铅笔等。在自由活动时间，将这些材料呈现给幼儿，或者把材料弄得诱人些，放到美术桌附近的矮架子上，供幼儿自己选择。

3. 给幼儿提供他们自己能够使用的材料

画架应该随时可用。它们是教师所能找到的用于激发幼儿自主画画的最佳刺激物之一。幼儿不久就会发现，如果他们想要画画，那么穿上工作服，走到画架前就可以了。不需要拿颜料，因为颜料已经调好，等在那里了，也不需要请教师帮助或指导了。

　　记住，幼儿仍然处于探索阶段，不应该期望他们画出什么图来。如果他们希望得到教师的评价，教师可以跟他们说他们创造了什么颜色、线条和图形。他们可能希望将画展示在墙上。如果他们没有展示的愿望，那么就在画纸上标他们的名字和日期，存入他们的档案袋中。

　　（二）画太阳脸，加上胳膊和腿变成人

　　幼儿自学美术技能的下一步是将两个图形结合在一起。凯洛格发现并描述了许多这类行为。十字交叉和斜线交叉是最受欢迎的图形。这两种图形常常与椭圆或长方形结合，形成一个图形，这个图形有时被称为"曼陀罗"。曼陀罗不一定单独出现，而是常常嵌在一组一组的涂鸦中。

　　从曼陀罗到太阳再到人，是幼儿艺术发展的自然过程。注意幼儿的发展过程。告诉家长，如果允许幼儿自由探索，那么他们的艺术技能将自然地发展。教师和家长可能要保留幼儿的涂鸦和早期图画，看看是否能够分辨出他们发展的顺序。注意记下绘画的日期。

　　图形最终演变成特定的形状组合。幼儿最早出现的表现形式之一是人的形象。这个形象似乎是自然进化的，从幼儿第一次尝试用一个椭圆形结合一个十字交叉（曼陀罗），发展到一个椭圆形从边缘放射出线条（太阳），最终发展到一个椭圆外加两条线做胳膊，两条线做腿，椭圆中的小圆圈代表眼睛（太阳脸人）。

　　看起来他正在画太阳，只是两边用射线做胳膊，下面用两条长一点的射线做腿，有时顶上有短射线做头发。似乎全世界的幼儿都是这样画他们的第一个人。这在美术世界里称为"蝌蚪人"，因为二者看起来很像。在此，我们称为"太阳脸人"。

　　对于不熟悉幼儿发展顺序的成人来说，这些"陌生人"确实只有头没有身体，胳膊和腿连在头上。教师可能会说，3 岁和 4 岁的幼儿肯定见过一个人的胳臂和腿是连在身体上的，而不是连在头上的。然而，成人关于艺术的概念与初学的小小艺术家几乎没有共同之处。

　　一直以来，成人都把幼儿的美术作品（画）当作最重要的东西看待，而对于幼儿来说，过程更加重要。他们最初不是在画画，而是在发展一种技能。他们的技能是沿着一个可观察的发展顺序自然发展的，从一般到特殊，从整体到细节。

一个 4 岁的小画家画孩子们在游乐场玩耍

　　对于大多数幼儿而言，人的出现是具象画的一个转折。所用的画法与他们画图形和符号的方法相同。他们画的是他们知道怎么画的，而不是他们看到的。他们在曼陀罗和太阳的练习中，画出了太阳脸人，用一些太阳射线做胳膊和腿。后来他们才画简笔画，而且是模仿成人或大一点的幼儿画。

　　这并不奇怪。幼儿最初画的人只有脸。我们记得，即便婴儿也会非常频繁地注意人脸。人类的大脑似乎预先设定好了要捕捉脸部的细节。毕竟，这是人体的最重要部分。

　　自从幼儿第一次创造了太阳脸人之后，他们并不总是能精确地重复他们的画。所有幼儿都会时不时地画无胳膊人，即使是之前已经画出过胳膊线条的幼儿。这种行为并不说明幼儿退步或者认知不成熟。它的出现可能仅仅是因为两条平行的腿比两条胳膊更吸引人。幼儿很少画没有腿的人。这种行为可能是由于大脑在早期分类时倾向于过度泛化。以后，细节会更易辨别。

随着幼儿有更多机会练习画人，他们经常会增加头发或者帽子、手或手指、脚或脚趾。增加的部分可能是线条、圆圈或涂鸦。幼儿可能将他们画的人看成自己或其他人。幼儿通常不考虑画中人物的实际大小。相反，他们通常将最重要的人画得最大。

最终幼儿会在画中加上身体。他们常常是画两条极长的腿，并在两条腿之间加上一条横线。教师可能记得这是他们早期画四边形通用的方法。幼儿经常在身体的中间画一个肚脐。此时，他们也经常画其他图案。正如教师注意到的，这些象征画也是以幼儿以前的经验为基础的，这又一次地展现了只要有自然尝试的自由，幼儿绘画将怎样从普遍到特殊。

一旦幼儿发现了画人的方法，他们也就会开始经常画动物。幼儿画的第一个动物是很难与人区分开来的。很明显画这些动物的练习形式是一样的：头有眼睛、鼻子和嘴巴；身体有两只胳膊从两侧伸出来，腿从底部伸出来。动物常常是正面的，跟人一样，好像用两条腿站立。我们之所以知道这幅画的是动物而不是人，是因为有两只耳朵竖在头顶上。这两只耳朵有时像猫耳朵一样尖或者像老鼠耳朵一样圆。

最终小小艺术家会找到一种方法，让他的动物与纸的底边平行，身体细长，从身体底部伸出四条腿排成一排，头在身体一端，尾巴在身体另外一端。面部特征仍然是正面，而不是侧面，即使动物身体显示的是侧面。大多数动物头的侧面画到 5 岁左右或更大以后才可能出现。

事实上，很多幼儿直到 5 岁才开始画动物。出现或不出现这种行为，可能取决于他们自己的发展。但是，画动物也可能反映了课程内容。有教师经常给幼儿画出动物轮廓去模仿，事实上，这可能缩短了幼儿的自发发展。

给教师的建议

1. 用粉笔画画

如果幼儿能够握住彩色粉笔，并且能够控制手部动作，那么，彩色粉笔对幼儿非常具有吸引力。用纸或包装带包上一头，方便幼儿抓握。短粗的粉笔最好。常规尺寸的粉笔在幼儿用力压时很容易断。起初给幼儿的粉笔应该是干的，以便幼儿习惯它的特性。然后教师可以将纸或粉笔弄湿以增加效果。可以把糖水溶液（温水和糖的比例是4∶1）或水淀粉涂在纸上，让幼儿用干粉笔在上面画画。或者将粉笔放在这些液体中蘸湿，然后在干燥的表面画画。许多幼儿喜欢蘸一下、画一下的节奏。干粉笔在湿纸上涂抹也能产生不同的效果。在褐色的牛皮纸包装袋上画画也能产生不同效果。

2. 用水彩笔画画

水溶性的水彩笔一直是幼儿的最爱。比起画刷和蜡笔，他们似乎更容易控制水彩笔。笔杆粗壮，笔尖平滑，特别适合幼儿。不必给每个幼儿一整套水彩笔。一次只要给幼儿一些颜色就可以了，除非他们自己想要更多。

3. 保持艺术活动的自发性

不要给幼儿提供图片、人物画或者模型让他们模仿。这不符合美术能力的自发发展规律。即使已达绘画阶段的幼儿也不需要模仿。教师会发现，他们画的是他们知道的，而不是他们看见的。

4. 阅读

很多儿童艺术绘本反映了本章关于儿童创造力的观点。卡尔（Carle）的《画蓝马的艺术家》（*The Artist Who Painted a Blue Horse*）在每一页都展示了一个大动物，如蓝色的马、红色的鳄鱼、橙色的大象、黑色的北极熊等。问问幼儿为什么艺术家会用这些颜色。

5. 根据观察与幼儿谈谈他们的美术作品

教师首先应该观察作品的几个方面，然后等恰当的时机，跟幼儿谈谈这些方面，而不是一开始就试图引用幼儿作品或者对作品进行评价。教师应观察的方面可以包括作品的媒介、形状、色彩、设计、场景或目的。教师可以向小画家说一说自己在画中看到了什么，希望幼儿能够做出反应。

例如，教师可以说："里卡多我看你好像开始用了许多红色，然后又用黄色盖住了一部分。接着你在下半部分画了一排不同颜色的人。你觉得自己画得怎么样？"然后，由幼儿决定是否以及用何种方式回应。幼儿给教师展示他们的作品时，对于他们该说些什么没有正确答案。描述线条和形状可以将幼儿拉回到作品的构图中，帮助他们反思自己的创作。

（三）画插图

幼儿最早的树木也是以幼儿自学的人像画为基础的。一些树木看起来像没有胳膊的人，树干是两条腿，树梢是一个圆形头，经常会有一些小圆圈或小点，可能是树叶，但是看起来更像是果子。这些树不是按照实际大小来画的。可能与图中的人物一样高，甚至更矮一些。

随着幼儿有更多练习和自由绘画的机会，树中会出现更多细节。一些树的树冠更像太阳，光线像树枝，树叶像球。有的幼儿会将树枝从树干上伸出来，就像人的胳膊一样。最初的花也有熟悉的模式（基础）：带茎的太阳。

画这张画的 5 岁小画家说："我喜欢吃苹果。"

　　能用油画棒或水彩笔画画的幼儿，假如之前没有用过颜料，那么，可能不能用画刷和颜料画出同样水平的画。重要的是要认识到，幼儿面对每一个新的媒介时都必须经历相同的发展阶段：操作、掌握和赋义。

　　班里一些幼儿可能在 3 岁开始画画，更多的可能在 4 岁开始。不要期望所有的幼儿都这样。让他们按照自己的顺序发展，根据自己的速度进步。那些画画的幼儿可能会使用之前讨论的"符号库"。他们的画将会是表征而不是复制，因为幼儿画的是他所知道的，而不是他看到的。

　　这个规律在 6 岁幼儿自发画的画中体现得尤为明显，即许多幼儿都会经历的所谓"X 射线画"阶段。"X 射线画"就是同时表现物体内外形象的画。幼儿的画所描绘的事物是幼儿知道的东西，而不是单纯看到的东西。例如，画中所表现的人可能是在没有墙的房间里，就像剖面图一样。

　　班里的幼儿可能不会达到这个阶段，很多幼儿在 5 岁前也不会发展到在画中画一条基底线的水平。物体仍然是自由地飘在画纸的中间，就像他们最初自发写出的字母一样。成人艺术家有时也会使用幼儿所用的这个角度。

　　幼儿对自己画的解释也不同于成人。幼儿经常不是一开始就打算画一个特定的物体。相反，他们更多的是依据结果，而不是根据他们头脑里的想法来描述他们的美术作品。结果更多与他们使用的材料有关，而不是其他什么。例如，在画架上画画，流动的颜料可能提醒幼儿想到烟雾、雨水或火焰，因此他们画了一幅下雨或着火的画。

　　一些幼儿会有目的地画班级参观过的邮局。当然，画看起来就像他们自发学习画的建筑一样，一点也不像邮局本身。幼儿画建筑物时最初是以各种不同的方式组合形状（大多数是四边形），而不是一边观察建筑物一边画。建筑物的中间经常有一个门，上面至少有两个方形窗户。屋顶可能是平的，也可能是尖的，经常有一个正在冒烟的烟囱。图画抓住了建筑物的本质，而不是现实。一些 4 岁幼儿也画轿车和卡车，以及轮船和飞机。常常很难讲这些早期的轿车和卡车有什么不同。

一旦幼儿有了周围成人似乎都能接受的"人物库"，他们就会开始把人物放在一起创设场景。物体的大小和色彩并不真实。物体和人物越重要，幼儿就会画得越大。色彩与所描绘的物体之间没有什么关联。它们更多取决于幼儿碰巧拿起了哪一把画刷，或者当时碰巧喜欢什么颜色。物体是自由飘浮的——如前所述，不是固定在基底线上的。但是效果仍然非常平衡，惹人喜爱。

那些用语言描述自己作品的幼儿可能会告诉教师他们画了什么，他们说的跟教师眼睛所看到的几乎没有什么关系。教师相信，幼儿一定是在讲他们内心世界的景象。当然，教师是对的。创造的想法源于内在想象。让我们给予幼儿成长的自由，以支持所有幼儿的这种最初的创造冲动。

给教师的建议

1. 增加新的美术活动

班里幼儿可能想尝试用胶水画画他们可能想先用铅笔或其他记号笔画，然后用胶水沿着线条画。或者他们会尝试不用线只用胶。因为胶水干燥后是透明的，所以，教师可能要往瓶子里加些食用色素。胶水是一种易于流动的媒介，幼儿会想玩一玩它，看看它该怎样使用，怎样控制，就像他们第一次用颜料一样。他们要同时挤压和移动瓶子，一种协调的技巧。一些幼儿可能用起来有困难。不要指望用胶水画出图案。

2. 鼓励幼儿画郊游的场景

不是所有的幼儿都能或都想画画。但是，对于那些画画的幼儿，教师可以建议他们画一画大家曾经一起去郊游的场景。幼儿发现能够表现自己的见闻，就会感到心满意足。他们能用语言讲述一些事情，请教师记下来，或者用录音机录下来。他们所遇见的新鲜事，也可以用画画或搭积木的方式记录下来，这也是挺不错的。从幼儿的作品中，教师可以发现什么对于他们是重要的，以及他们是怎样将获得的新想法概念化的。

3.鼓励幼儿用画记录他们的科学项目

幼儿的画除了记录见闻，还可以用来记录科学项目。他们可以用单张画、系列画或者记录板，记录他们正在做的任何项目。如正在种植的幼儿可以画泥土、种子以及不同成长阶段的植物。教师可以让他们解释图画表现的内容，在图画底部记下他们所说的话。他们甚至可能想创作自己的图画书。在瑞吉欧学校，美术被作为一种语言。

奥尔特豪斯、约翰逊和米切尔（Althouse，Johnson and Mitchell）解释了记录板是怎样展现幼儿用心工作及他们对内容和美的关注的（2003）。记录板用幼儿自己的语言描述了美术作品所表现的形象、想法和过程。他们认为这些记录板很重要，因为它们从头到尾展示了艺术体验的过程。

二、发展音乐技能

大多数幼儿喜爱音乐，会对音乐的声音和节奏做出反应。活动室里的音乐使他们感觉很快乐。不论播放录音、演奏乐器还是歌唱，音乐都带来一种放松的感觉和异乎寻常的事情将要发生的兴奋。这就是创造力的本质。

更令人兴奋的是，肖（Shore）告诉我们：各种各样的研究和案例表明，音乐不只是改变我们的心情，它实际上能够改变我们的大脑（2005）。斯奈德（Snyder）认为，音乐是达到思维的最直接路径，因为它既不需要觉察文字，也不需要觉察符号（1997）。神经科学家弗兰克·威尔逊（Frank Wilson）记录了幼儿完成一定任务时的脑部扫描。斯奈德描绘了威尔逊的报告："当他们阅读文字时，大脑语言中心亮起来。但是当他们聆听音乐时，整个大脑就像圣诞树一样亮起来！"

音乐可以帮助幼儿整合经验，过渡到新的活动，午睡时平静下来，建立自尊，提高语言和数学成绩（Shore and Strasser，2006）。唱歌时，幼儿发展了语言节奏，识别了韵脚。音乐会进入大脑右半球，右半球主管音乐和记忆。音乐将左半球和右半球联系起来（左半球主管言语和阅读）。歌曲的固定节拍发展了大脑中似乎对学习很重要的通路，特别是与阅读有关的通路（Snyder，1997）。汉普·帕玛（Hap Palmer）甚至用唱歌教幼儿阅读（2001）。

除了对大多数幼儿有意义之外，音乐对残疾幼儿也具有特殊的意义。古尔德、卡普兰和威尔逊（Gould，Kaplan and Wilson）告诉我们：残疾幼儿不一定在音乐方面有"残疾"（2012）。因此，我们可以利用他们的兴趣或天赋才能，甚至可以让他们成为同伴的领导者。

由于具备所有这些值得称道的优势，音乐显然应该是课程的一个重要部分。不幸的是，情况常常并非如此。太多的教师没有认识到音乐在幼儿发展中的重要性。太多的教师可能觉得参与幼儿音乐活动时很尴尬。社会上认为音乐和美术教育是点缀而不是必需品的观点似乎支持了他们。现在，教师知道了音乐的重要性。幼儿教师要做主将音乐当作课程的重要组成部分，也要克服与幼儿一起使用音乐时的任何迟疑。让我们先从节奏开始，这是教师和所有幼儿都能轻松、愉快参与的。

（一）跟着节拍摆手臂和手

幼儿音乐技能的发展跨越几个发展领域，包括身体、认知、语言和创造力。但是，因为音乐本身既包括节奏，也包括声音（速度和音调），所以，我们先来看看幼儿节奏的发展。

所有人都是有节奏的存在，无论我们是否意识到这一点。节奏事实上是我们生命的本质：见证了我们心脏的跳动和我们肺的呼吸。因此，毫不奇怪的是，即便是婴儿都可以用他们的胳膊、手、腿和脚做出有节奏的反应。这些拍手、踢腿和身体的摇摆似乎是由内在刺激而不是外部声音或动作激发的。

弗里曼（Freeman）告诉我们，接触不同的节拍对幼儿的音乐基础很重要（2012）。但是，对教师来说，更重要的是，神经科学研究表明稳定的节拍确实会影响注意。盖斯特等发现，幼儿在听到稳定的节拍时比听到纯语言的教学时有可能更投入（Geist，Geist and Kuznik，2012）。教师如何将这一发现运用于课堂呢？播放特定节奏的背景音乐可以帮助幼儿更仔细地倾听吗？尝试在课程中加入录制好的节拍稳定的音乐。

幼儿发展节奏的最简单的方法之一就是拍手。大多数人从婴儿时期就开始拍手。他们模仿母亲拍蛋糕，模仿周围其他人为演员鼓掌。现在我们可以观察到他们用手参加音乐活动：随着节拍提手臂和手。这可以是用手鼓掌，或者用棍子、积木和打击乐器打节拍。简单，你也可以这样做。

拍手是发展节奏的最简单方法之一

节奏是我们每个人与生俱来的一部分。不论我们是否意识到，我们的心脏在不停地跳动，我们的手指可能会自动地打出节拍。但是，幼儿能否跟随身体外部的节拍拍手呢？如果他们的身体技能发展正常，练习过有节奏地拍手，他们就能做到。

在身体发育过程中，对手臂的控制先于对手的控制，对手的控制先于对手指的控制。一只手臂或手的动作独立于另一只手臂或手的动作（如挥手）。接着，幼儿会同时使用两只手臂或两只手（如拍手），最后幼儿的双臂或双手会交替运动（如击鼓）。

虽然拍手能力发展得比较早，但是控制拍手的能力却发展得较晚。例如，2 岁幼儿喜欢拍手，但是如果没有得到帮助或不进行大量练习，他们通常无法按照一定要求拍手。他们大多数不懂有节奏地拍手或者拍出姓名节奏的概念。3 岁、4 岁和 5 岁幼儿也可能难以按照一定要求拍手。然而，他们中的大多数能够学会用手有节奏地拍他们姓名，而且喜欢重复这种活动，因为这是属于个人的活动。

一旦达到了这种成熟度，幼儿就要练习跟随外部节奏。当教师在班里唱歌或者播放音乐时，可让幼儿练习跟着节奏拍手，或者使用熟悉的歌曲练习按不同节拍拍手。

在大多数活动中，姓名是吸引自我中心的幼儿参与活动的最可靠的方法。在圆圈时间或小组活动时间，教师可以介绍"拍名字"游戏，在每个幼儿大声说出自己的姓名时，拍出他姓名的音节。可以通过增加单词使活动变得更为有趣，例如，"你好"（hello）或"我的名字是"（My name is）。现在幼儿可以边唱边拍手了："Hel-lo-Chris-to-pher."。当幼儿熟悉后，可以将他们的姓氏加进来："My-name-is-Mel-is-sa-Brad-ley."

（二）演奏乐器

能在垂直方向交替运动两只手臂和手，如击鼓，表明幼儿对手臂和手的控制比拍手更成熟了。幼儿喜欢敲鼓、锅、木块或其他任何可以发出声音的东西。他们可以用手（手指、手掌、指关节和拳头）、鼓槌、长柄或者其他东西进行击打。在班级音乐区投放鼓和鼓槌等。

按照发展顺序，幼儿用手击鼓是在拍手之后。但是，如果幼儿早先有许多拍手经验，那么他们按照一定的节奏击鼓会更成功。当幼儿显示他们能够按节奏拍手时，就到了给他们介绍鼓的时候了。

幼儿园中使用的乐器与专业人员使用的乐器一样（见表 10-2）。

表 10-2　节奏乐器

发声器	旋律乐器	和声乐器
椰壳、铃铛、三角铁、锣、钹、铃鼓、摇铃、鼓槌和鼓	木琴、编钟、小竖笛、长笛和陶笛	竖琴、吉他、口琴、尤克里里、班卓琴、曼陀铃、手风琴、钢琴、电子琴

像鼓这样的节奏乐器在幼儿园需要受到重视：鼓不是玩具，而是一个真正的乐器，应该把它当作乐器来对待。可能因为教师不知道节奏乐器在真正乐队中是严肃的乐器，所以他们允许幼儿把这些乐器当成玩具。相反，应该分别向幼儿介绍每一种乐器，给他们展示怎样恰当地使用，知道什么是不恰当的使用。通过这种方式，幼儿会学到很多。他们会学习怎样使用乐器，欣赏乐器发出的声音，练习使用乐器所需的身体技能。

不幸的是，节奏乐器经常被要求同时发声，或被用来让所有幼儿跟着音乐走。当然，幼儿可能会觉得这个活动好玩，但是这对幼儿发展对音乐的兴趣和技能或者欣赏乐器（他们经常不知道名称）几乎没有什么促进作用。幼儿可能会突然用大力猛敲，制造刺耳的声音——"噪声"——盖过了不同乐器发出的声音和他们应该遵循的节奏。

鼓有很多种，有的鼓用手敲，有的鼓用两个鼓槌，还有的是用一个鼓槌。

鼓通常是木制的或塑料的，一面或两面有一张皮或塑料。在音乐区放几面鼓和几个鼓槌。花点时间向幼儿介绍使用方法，而不是把它们放到架子上就完事了。跟幼儿讲讲每一个鼓及其使用方法。让他们分别都尝试一下。播放音乐，让他们跟着节拍击鼓，可以用鼓槌或用手。可以轮流击鼓，给每人一次机会。这样的活动可以换不同的音乐持续地玩几天。

----- 给教师的建议 -----

1. 击鼓传信

幼儿喜欢击鼓传信。如果他们学会按音节拍名字，他们就能够用同样的方式击鼓传信。让他们尝试把自己的名字（如 Ri-car-do）和鼓点一起发送出去。其他幼儿能猜出来他们用鼓说的是什么吗？

2. 制作鼓

可以根据材料的不同，制作不同的鼓。使用大罐子、冰激凌盒、燕麦片盒、咖啡罐、木桶等做鼓身。幼儿可以在鼓身和鼓面上进行装饰。要做一个逼真的鼓面，可以使用羊皮纸（从音乐商店买）、羊皮、厚塑料或者帆布。从罐子或盒子的盖或底上剪一两块略大一些的圆形下来，在边缘打孔，然后用绳子或生皮带子紧紧地绑到鼓身上。

可以在铅笔或木头钉这类棍子的头上粘上小橡皮球，做成鼓槌。

（三）合唱或独唱

班里有些幼儿不说话或者只说一两个字，但却会唱歌。很奇怪，在受大脑左半球控制的言语受限时，受大脑右半球控制的唱歌仍然能够发生。另外，不说英语的幼儿会唱英语歌。他们可能不理解歌词的含义，但是能跟其他幼儿一起唱。即便是害羞、不说话的幼儿，在有勇气面对全班说话之前，也经常参与唱歌。教师呢？教师有勇气给幼儿唱歌吗？

教师可能会惊讶地发现，幼儿唱歌，也包括教师唱歌，是幼儿读写能力发展的一个重要因素。马修斯（Matthews）讨论了口头表达（orality），即听人说话或唱歌的语言模式、音调变化、语言内容（2012）。她认为，如果幼儿没有倾听完整的口头语言和歌曲的大量学习经历，那么，这些幼儿就会在读写方面有问题。口语表达出现在读写之前。换句话说，唱歌支持了读写所需要的大脑发育。如果教师不和幼儿一起唱歌，那么，还有谁会呢？

既然如此，那么教师就应该在课程中加入歌谣。喜欢音乐的幼儿会参加。其他幼儿刚开始可能会犹豫，但是可能很快就会发现，教师提供的音乐活动是如此有感染力以至于无法拒绝。不要强迫任何幼儿参与。邀请每一个幼儿。站起来，在房间里来回走动，唱歌，自己乐在其中。没有人想做局外人。

为了教幼儿唱歌，教师需要在日常生活中一遍又一遍地和所有幼儿一起唱歌，如早晨问好歌、过渡歌、手指游戏歌、四季节日歌、雨季歌、烈日歌、下雪歌，特别是唱动物歌和关于幼儿自己的歌。改编教师自己最喜欢的歌谣，只要有可能，就用幼儿的名字，这样教师很快就会培养出一群兴趣高昂的小歌手。

偶然使用歌曲音频是件好事，但是帮助幼儿唱他们自己的歌词会提升幼儿的语言能力。教师自己不需要唱得多好。幼儿绝不知道好与不好的区别。如果教师不会唱歌，那么就跟幼儿一起唱或一边唱一边拍手。教师可以改编歌曲。

从歌本、网站、幼儿和他们的家庭成员那里学习不同的民间歌曲。请家长来班里，用他们的母语唱歌。要做的就是重复。所有歌曲都要一遍又一遍地反复唱。幼儿会喜欢这样的重复活动。记得探索性游戏的掌握阶段吗？

唱歌游戏还蕴含唱歌的机会。唱歌游戏要求幼儿听歌词，然后根据要求做动作。教师刚开始可能要放音乐，以便幼儿能听见。在多次重复后，幼儿就能够自己独立唱和表演了。

------ **给教师的建议** --

1. 电视秀

让一些幼儿假装在电视里给班里其他幼儿表演。他们可以唱歌、敲鼓或演奏其他乐器。教师可以录下来。接着，请观众中的志愿者去表演。如果有卡拉OK机，应该会有很多志愿者。重新放音乐，请其他幼儿参加。或者给他们本年度最火的书，如《你想成为一个摇滚明星名吗？》，班里的幼儿会很快学习假装演奏吉他，穿最酷的服装，演唱一首很酷的主题歌。这本书建议摇滚明星一遍又一遍地唱用自己的名字创作的歌曲。

2. 唱问答歌

教师唱问题，让幼儿唱答案。例如，教师唱："你今天感觉怎样？"他们可以唱着回答："我感觉很好。"

3. 唱出指令

唱简短的指令歌，让幼儿参加。例如，用《山谷里的农夫》（The Farmer in the Dell）的曲调，唱出指示。

到时间收拾积木了，到时间收拾卡车了（It's time to pick up blocks. It's time to pick up trucks）。

到时间收拾积木了，到时间吃午饭了（It's time to pick up blocks. It's time to go to lunch）。

大家过来吧，到时间去户外了（Come on everyone. It's time to go outside）。

到时间收拾积木了，到时间说再见了（It's time to pick up blocks. It's time to say goodbye）。

用《你睡了吗？》（Are You Sleeping?）的曲调，唱出指令。

你饿了吗？该回家了（Are you hungry? Time to go home）。

你饿了吗？你准备好了吗（Are you hungry? Are you ready?）？

该吃饭了，穿上你的外套（Time to eat. Put your coat on）。

该吃饭了（Time to eat）。

现在过来坐好（Come and take a seat now）。

坐下坐下（Sit right down，sit right down）。

4. 唱过渡歌

过渡时间是幼儿园各活动之间的一个时段。幼儿必须从一个活动转到另一个新活动中。并非所有的幼儿都能够顺利过渡。即使当教师提前 5 分钟让幼儿将他们的材料收拾好，准备开展接下来的活动，他们仍然难以进行转换。新来的幼儿可能不知道他们接下来要干什么。残疾幼儿尤其困难。马修斯告诉我们，自闭症幼儿经常在应对变化时有一段很困难的时间，即使当这种变化看起来就像是从圆圈时间过渡到美术活动时间那么小的变化（Matthews，2012）。有的幼儿是不想放弃他们正在开展的活动，因为他们还没有完成。

过渡歌会有所帮助。当过渡歌变成日常生活的一部分时，它们对幼儿来说就是什么将要发生、接下来要做什么的信号。在决定用什么歌和什么时间用之前，教师必须首先检查自己的课程，以确定时间足够长，能够保证计划的活动完成。退一步，教师可以运用自己的观察技能，看看幼儿在活动中的状态。

他们选择了自己的活动还是被分配的活动？他们是否能熟练通过使用挂牌、卡片、报名表过渡到一个新活动中？然后给幼儿介绍活动之间的过渡歌。每一个过渡使用同一首过渡歌。过渡歌要简单，朗朗上口，用歌词告诉幼儿该做什么。

就像教师唱指令一样，用熟悉的曲调唱过渡歌，根据情境编歌词。马修斯指出，如果教师坚持在幼儿过渡时唱歌，幼儿就会很少困惑或焦虑。过渡歌提供了一日流程的稳定性，有助于过渡顺利进行。

三、发展舞蹈技能

大多数幼儿喜欢运动。他们会努力模仿周围任何一种韵律活动，也会跟随内在的节奏运动和唱歌。如果我们希望幼儿继续这些运动，那么就要看我们的了。成人在注意到幼儿的这些韵律活动时必须赞美他们，鼓励他们继续，吸引其他人去注意他们。

幼儿很快就能领会周围成人的评价。如果成人展现出对幼儿舞蹈的兴趣，那么幼儿就会继续跳舞。另外，如果成人忽视幼儿的这一行动，或者责备幼儿到处乱走，幼儿就会停下来。教师需要在课程中激励幼儿有节奏地运动。这意味着教师必须在课程中提早计划这样的活动。做一个有创造性的教师，思考一下包括舞蹈在内的课程领域。

（一）用身体动作表现人、动物和情感

在敏感的教师的带领下，在一个富有创造性的环境中，整个班级的幼儿都能从创造性活动中获得巨大的发展。教师可以使用鼓，或只是拍手，但是必须足够敏感，能够发现"乐队"的节奏，而不是将自己的节奏强加给"乐队"。可以使用歌曲音频，但同样，教师需要听从"乐队"的节奏，它们通常是不同的——后者常常更慢。环境应该有吸引力，有秩序，令人觉得舒服。如果活动室很大，专门辟出一块空间。幼儿需要跑、跳和飞奔。

教师应该是领导者——一个敏感、有创造性的领导者。如果有幼儿不想参与，不要强迫他。教师可以牵着他的手，随着音乐轻轻摇摆。教师也应该准备一系列简单的动作让幼儿尝试。幼儿不喜欢被告知"做你想做的"或者"跟着音乐随便运动"，这只能导致混乱。

相反，教师应该通过一个稳定的、有节奏的刺激，带领幼儿开展创造性的韵律活动。他们需要掌握跟随音乐或节奏走、跑、爬、跳和飞奔等基本动作。开始时，可以慢慢打起手鼓，让幼儿跟着节拍在地板上行走。然后，加快速度，让幼儿稍微快一点。试一试其他运动，一开始慢一点，然后快一点。

他们也应该掌握一些原地的动作，如转、摇、抖、弯腰和伸腰。不是一下子全部做完。一次尝试一个动作。继续使用鼓确定节拍。让坐着的幼儿用脚打节拍。然后，让他们坐着摇或弯腰。让音乐变快或变慢，变大声或者变柔和。然后让他们站起来，随着改变的节拍做同样的动作。不论教师做什么有节奏的事情，都要有趣，不要期望这些正在发展中的幼儿做得多么完美。

教师也可以在一条线上开展一个"跟我做"的活动，教师做领头人，设定速度。教师可以前进、踏步、滑行、踮着脚走、有节奏地走，喊出拍子（如一、二，扣鞋子，三、四，关上门），播放一段节奏明显的音乐，让幼儿在活动室里走动。教师可能要用慢一点的音乐来结束活动。为"怪兽"

或者"恐龙"选择一段合适的旋律。幼儿在这样的创造性运动之后，通常会开心到筋疲力尽。这样的创造性运动要求幼儿使用的不只是大肌肉。他们也必须运用自己的想象力。

幼儿短暂的注意保持时长要求这样的活动时间不能太长（10 — 15 分钟），要包括各种各样的运动和舞蹈活动。幼儿喜欢地板上的活动，所以要确保有"蛇"和"虫"舞，幼儿可以扭动和爬行。4 岁幼儿尤其喜欢跑。教师要使舞蹈含有"飞机"或"赛车"，幼儿可以跟着音乐或节拍跑动。

因为幼儿喜欢模仿动物的动作，一些教师就关注那些动作，并把它们带到创造性运动中。《动》（Move）这本书每隔一页展示了动物两种典型动作，并用大号字来命名这些动作：荡秋千、散步、潜水、游泳、跳跃、蛇行、攀爬、飞翔、奔跑、跳舞、漂浮、滑行和摇摆。幼儿可以看画面，然后站起来试做一下动作。

（二）跟他人一起随音乐跳舞

喜欢创意动作的幼儿应该会跳舞。有研究者认为，舞蹈对幼儿的日常生活有着巨大的影响，因为它既是一种身体活动，又是一个自我表达的载体。它提供了丰富的探索和创造的经验，好处多多。

对幼儿来说，跳舞永远不应该是正式的。让他们跟其他幼儿一起随着音乐的节拍运动。投放各种音乐，如摇滚、华尔兹、爵士和古典音乐等。让幼儿随着音乐运动。如果教师有关于音乐的故事或书，给幼儿读一读，作为入门。

☑ 第三节　幼儿美术、音乐和舞蹈发展的观察与记录

简单的评估表就可以用来观察班里幼儿的作品、照片和视频，如表10-3、表 10-4 所示。可以对个别或者全班幼儿进行观察。

表 10-3　幼儿绘画技能评估表

姓名＿＿＿＿＿＿＿	观察者＿＿＿＿＿＿＿	
行为指标	证据	日期
＿在纸上任意画符号		
＿有控制地涂鸦		
＿创作基本形状		
＿将圆形或方形与交叉线相结合		
＿画太阳		
＿画有胳膊和腿的太阳脸当作人		
＿画动物、树木和花		
＿将物体结合在一起形成一幅画		

表 10-4　幼儿音乐和舞蹈技能评估表

姓名＿＿＿＿＿＿＿	观察者＿＿＿＿＿＿＿	
行为指标	证据	日期
＿独自唱歌或和他人一起唱歌		
＿自己创编歌曲并演唱		
＿跟着节拍活动胳膊和手		
＿演奏打击乐器		
＿跟着节拍活动腿脚		
＿用身体表征人、动物和情感		
＿独自跳舞或跟他人一起跳舞		

　　简单的观察和评估表可以帮助教师确定每个幼儿的音乐技能和舞蹈技能是如何发展的。教师听幼儿唱歌的音频或者在视频上观察幼儿时也可使用该表。教师也可以创造适合自己课程的观察表。记住，像这样的观察表是非正式的评估工具，不是考试。

　　对于个别幼儿，教师可以制订学习计划，就像其他技能领域一样，列出他们的优势、需要加强的领域和有益的活动。这样的评估可以保存在幼儿的档案中，用于教师制订计划或者与家长分享。与其他技能一样，美术、音乐和舞蹈在幼儿成长过程中，尤其是在幼儿大脑发育过程中非常重要。

------ 学习活动 ------

1.用《幼儿绘画技能评估表》去观察班里所有幼儿。对于绘画技能处于高水平的幼儿，了解一下他们的认知发展情况，尤其按形状或颜色或大小分类的情况。你能从比较中得出什么结论吗？

2.依据评估结果，挑选一两个对美术没有太大兴趣的幼儿，尝试吸引他们参加绘画活动。用他们已经显示出有兴趣、有技能的其他领域作为活动的基础。记录结果。

3.创设艺术区，不用成人帮助和指导，幼儿自己就能玩起来。在你改变环境之前和之后，对该区域的情况进行连续记录。

4.挑选一个在节奏方面需要帮助的幼儿。吸引他参与本章提到的一个或多个节奏活动。讨论一下结果。

5.观察和记录哪些幼儿参与唱歌活动。对于那些犹犹豫豫的幼儿，通过小组活动的形式讲一些有关唱歌的故事书，让小组一起唱歌。或者举办一场"木偶演唱会"。这是否能够帮助他们参与唱歌活动？

第十一章

幼儿戏剧游戏的发展

本章聚焦于观察幼儿戏剧游戏发展的关键指标：

- 自己玩假装游戏；
- 分配角色或承担角色；
- 使用一定的道具玩假装游戏；
- 表现角色的特征和动作；
- 使用语言创造和维持情节；
- 玩令人激动的、冒险的主题。

☑ 第一节　引言

　　幼儿创造性发展的一个重要方面是想象力的发展。对于幼儿而言，想象力是一种假装或假扮的能力，扮演角色而非自己的能力，创造情境的能力，根据幻想行动的能力。想象是大脑右半球的一种功能，大多数幼儿似乎都有大量的想象。

幼儿教育课程中最重要的一种想象是戏剧游戏，一种自发的非正式的戏剧，正如伊森伯格和亚隆戈（Isenberg and Jalongo）告诉我们的，幼儿自发扮演角色，"承担"其他人的行为（2010），表演熟悉的事件。没有观众，教师充当观察者或促进者。

戏剧游戏是一种许多成人无法看到其在幼儿发展中的意义的活动，因为他们自己不玩。但是，专家已经逐渐认识到想象是一个促进幼儿智力、社会性、语言，尤其是创造性发展的最有效的工具（Isenberg and Jalongo，2010）。

创造的基础工具就是想象，一种能够在头脑中看见图画的能力。这种能力要求利用过去的记忆，并尽可能改变这种记忆。幼儿的假扮严重依赖这种能力，幼儿利用内在的图像创造一个新图像。辛格（Singer）等做了大量的研究，写了很多论文探讨幼儿的想象游戏，指出想象是智力，也是语言技能发展的基本要素。幼儿记得他们实际体验过的思想和单词，因为幼儿能够将体验与头脑中的图画建立联系（Singer and Singer，1977）。这种联系揭示了为什么幼儿需要有很多真实的经验。否则，他们储存在大脑中可供利用的图像就太少了。

幼儿必须用新的、不同的方式来利用已有的经验。他从熟悉的经验中提取精华，如准备上床睡觉，并将它创造性地用于假装活动中——将那个不愿意上床的娃娃放到床上。幼儿也可以既扮演娃娃，又扮演因对固执的娃娃失去了耐心而变得十分沮丧的妈妈。

幼儿会尝试各种情境，一会儿这样玩，一会儿那样玩。如果有同伴加入，还会面对不同观点。如果有游戏者偏离角色太远，她就会失去这个角色，而由更加坚定地认为妈妈的行为应该是怎样的游戏者接替。或者她自己可能会尝试不同的角色。她会回忆起一些支离破碎的经验片段，以新的方式组合，再加入一些新的对话、新的细节，发展新的情节。没有哪个剧作家会做得比这还好。

无论是扮演角色，还是走出角色，用旁白来评论游戏的进展，幼儿除了作为创造性的剧作家，还是演员、导演、其他演员的观众和合作者。正如其他每个方面的发展一样，当幼儿有自由和时间开展戏剧游戏的时候，他是在发展自己的创造性。

幼儿创造的是关于真实生活和其他演员的知识：他们的行为是怎样的，他们怎样回应压力，他们怎样扮演他们的角色，他们怎样说话，他们怎样与他人交往。成人作为戏剧游戏观察者会发现，大多数幼儿园中的假装游戏都是围绕着与幼儿有紧密联系的社会问题进行的。常规主题包括家人与家庭、医生和医院、社区、交通、商店、学校，以及戏剧化的逃生和营救、超人。

戏剧游戏的常规主题如下：

- 家人与家庭；
- 医生和医院；
- 社区；
- 交通；
- 商店；
- 学校；
- 逃生和营救；
- 超人。

许多成人似乎认为，生活中的游戏无足轻重，其实并非如此。戏剧游戏经验丰富的幼儿，成年后在生活中经常非常成功。不被成人允许或鼓励进行这种游戏的幼儿，成年后可能处于不利地位，因为他们失去了社会性、智力和创造力发展的重要基础。

本章将考察幼儿创造力发展与戏剧游戏的关系。为了解班里的幼儿处于什么发展阶段，教师可以用《幼儿发展评估表》观察每个幼儿在戏剧游戏区、玩水桌、积木区、科学区、艺术区或游戏场的假装行为并进行评价。

教师发现幼儿会假装他们所做的每一件事情，既单独假装，也会和他人一起假装。教师可以利用幼儿这种创造性倾向，从一个崭新的角度去看待生活和世界：如果……，会怎样？"如果……，会怎样"是童年的真正魔术，是对幼儿想要什么就能变出什么的信念。

成人从现实中得知生活是不易改变的——或者能？如果我们也相信真的能使生活中的任何事情都变成我们想要的，会怎样？只要足够相信，生活就会变吗？幼儿所做的就好像自己的想法是真的。有没有什么办法去帮助他们发展成为那样的成人，也就是能够使他们的成年生活按照他们想要的方式进行？有没有什么途径使我们能够保持童心，跟幼儿一样？思考戏剧游戏发展顺序，看看需要做什么去保持幼儿的鲜活思想，并重新点燃自己的生活。

☑ 第二节 幼儿戏剧游戏发展的关键指标

一方面，戏剧游戏对幼儿思维、言语、社会性的重要性使其处于日常课程的首位，另一方面，有时戏剧游戏却被忽视了。教师观察幼儿的戏剧游戏，发现它是了解幼儿思维发展的最好方法之一。罗斯科斯和克里斯蒂（Roskos and Christie）指出，它提供了一个镜头，成人可以借此见证幼儿的认识（2001）。它使我们能够看见幼儿的思维。

如果教师将戏剧游戏不仅看成一个活动，而且看成思维的一种表达，那么他们会开始看到幼儿是怎样理解他们的世界的。哈彻和佩蒂（Hatcher and Petty）请教师像 X 射线一样去检查戏剧游戏揭示了幼儿哪些概念的发展（2004）。教师在观察幼儿戏剧游戏技能发展的时候，要寻找游戏与概念发展之间的联系。

一、自己玩假装游戏

《幼儿发展评估表》的相关评估项描述了幼儿最早的想象游戏行为。令人难以置信的是，该行为早在1岁的时候就出现了。18个月之前，幼儿可以完成用空勺子和空杯子吃饭的想象过程，甚至说"真好吃"。辛格等认为，这种通过想象或再次玩过去的事情的倾向是人类大脑的基本能力之一（Singer and Singer，1977）。最初，假装行为只涉及幼儿自己，后来开始涉及玩具、布娃娃，最后就涉及他人。幼儿在这种游戏中不扮演角色。他们就是他们自己。幼儿给观察者展示自己已经发展的一个概念：我可以通过摇晃来照顾宝宝。

到2岁时，如果成人给予机会的话，大多数幼儿会在家里或者在早期教育机构中花费大量时间去重演日常经验的片段。熟悉的日常生活片段不断重演，没有什么变化，也没有什么扩展。学步儿会将娃娃放到摇篮里，盖上被子，然后说"晚安"。然后，抱起娃娃，再一次开始一天的生活。一旦幼儿形成了特别的生活常规，似乎就会变得非常刻板，几乎仪式化。

然而，在2岁幼儿的假装中，语言并不那么重要。幼儿"吝惜地"使用着语言——主要是伴随动作，或者为了声音效果。一旦这些幼儿产生了假装游戏的想法，他们会立即付诸行动。他们不用语言确定步骤。如果能找到道具的话，他们也会使用道具，但他们不用语言去寻找合适的道具。2岁幼儿大部分时候会"逼真地"使用道具：碟子是真的用于吃饭的，而不是用作假装的驾驶方向盘。因为幼儿易于冲动，所以，道具会影响他们的假装游戏。例如，一把玩具扫帚可以激发他们去扫地，即使他们之前没有清洁的计划。

幼儿最初的想象游戏主要关注家务杂事和日常活动，如吃饭、上床睡觉、照顾婴儿、打电话、看电视、购物、看望奶奶、开车、给汽车加油。2岁幼儿对待想象游戏非常严肃，如果成人取笑他们假装的滑稽样子，他们会生气。教师要时不时地跟踪关注每个幼儿的日常游戏活动，记录下他们不时获得的新概念。

娃娃家游戏也是这个年龄男孩和女孩频繁进行的活动。娃娃通常不穿衣服，躺在盒子里或床上，身上盖一块布，这是日常非常典型的状态。这些幼儿不是假装当妈妈或者其他什么人，而只是在做他们自己，因为他们还没有发展观点采择能力，即从他人角度看问题的能力。

2 岁幼儿通常是独自游戏，很少会有其他的合作者。他们和自己的同龄伙伴还没有发展合作的社会技能。当这个年龄的幼儿两两游戏时，一个通常会模仿另一个。然而，如果其他幼儿看见一个幼儿做某事，他们会参与进来的，有时就会出现一片混乱。这么大幼儿的假装游戏可能很简短，如果有其他幼儿在周围，他们可能会突然解散，四散奔跑和尖叫。

没有玩过多少想象游戏的 3 岁幼儿在班里可能是这样的：假装玩熟悉的以家庭为中心的日常生活，但是，自己不扮演角色。最终他们可能会将早期的个别行为扩展为一连串包含情节的行为。例如，他们可能会将宝宝放到床上，拿出碟子，布置桌子，抱起宝宝，然后坐下来吃饭。

一些更成熟的 3 岁乃至 4 岁的幼儿可能用小汽车、人偶或玩具动物独自玩假装游戏。他们似乎很沉迷于自己表演一个想象的情境。教师有时可以利用这种游戏，与他们谈谈自己看见他们正用道具做的事情。

通过与周围的人不断互动，幼儿变成更有经验的游戏者，经常会扮演更成熟的游戏者分派的角色。他们是否能够实际扮演这个角色取决于他们的观点采择能力：能够从不同的角度而不只是他们自己的角度看待问题。一些幼儿只能看其他幼儿玩。还有一些幼儿继续他们自己的假装动作，但是对角色本身没有什么认识。其他一些幼儿模仿着游戏伙伴，一点一点地学习如何扮演假装的角色。教师要观察和记录幼儿学会了什么新概念。

跟社会性游戏发展一样，幼儿似乎沿着从旁观他人、独自进行想象游戏、平行游戏到最终的小组游戏这一过程发展。作为一个观察者，教师可能更容易从玩玩具娃娃、动物、汽车和货车的幼儿身上看到这种进步。他们可能在积木区、娃娃家、操作区、沙桌玩。在戏剧游戏区，即幼儿自发戏剧游戏的区域，有时反而难于发现谁在扮演角色，或者谁和谁在同一个空间演同一个主题，却是以平行游戏的方式进行的。

各年龄幼儿的假装游戏：

- 1 岁——玩象征游戏的个别动作（没有道具）；

- 2 岁——重演日常经验的片段，可能使用道具，多数是独自游戏；

- 3 岁——经常跟同伴玩需要特定道具的游戏，扮演由更成熟的游戏者分配的角色；

- 4 岁——分配角色，扮演被分配的角色，经常做（平行游戏或小组游戏）领导者；

- 5 岁——多数时候是小组游戏，场景更复杂，语言更多。

⋯⋯ 给教师的建议 ⋯⋯⋯⋯⋯⋯⋯⋯⋯⋯⋯⋯⋯⋯⋯⋯⋯⋯⋯⋯⋯⋯⋯

1. 提供恰当的道具

了解了幼儿主要假装熟悉的家庭生活，教师就应该在戏剧游戏区投放吃饭、清洁、睡觉用的道具。准备各种布娃娃和娃娃床。要保证积木区有小汽车、人与动物的造型。

2. 阅读

可以阅读有关角色扮演的故事书，如《我是卡车司机》（*I'm a Truck Driver*）。读完后，在积木区投放各种小汽车玩具。

二、分配角色或承担角色

3 岁幼儿通常发现几个人一起玩更有趣。教师可以在以前观察社会性游戏的基础验证这一点。对于大多数幼儿而言，这标志着同伴游戏的开始。刚开始时，假装通常不会持续很久，因为当意见不一致的时候，这个年龄段的大多数幼儿还不够灵活。这种刻板有时会在谁扮演什么角色的问题上显露出来。其他幼儿很少参与，因为他们不知道怎样游戏。

莱昂和博德罗娃（Leong and Bodrova）关注今天有多少儿童不知道怎样游戏（2012）。他们认为少不了，因为童年文化已经有大量的改变，如社区中的混龄游戏小组已经消失，儿童课后花在成人指导的活动中的时间在增加。在过去，儿童是从更大年龄儿童身上学习游戏技能。现在，即使在幼儿园，许多班级也是按照年龄分班的，以至于小一点的 3 岁幼儿没有机会向大一点的 4 岁幼儿学习。你的班级是怎样的情况？

不知道怎样玩的 3 岁幼儿经常尝试用分配角色的办法来控制戏剧游戏。占支配地位的幼儿会扮演他想要的角色，将其他角色分配给他人，有些 3 岁幼儿有可能不同意。这个年龄的大多数幼儿想要他们自己的角色。通过这种游戏，他们的创造性萌芽了，他们解决角色分配问题的办法经常也具有了很高的创造性——常常连成人都想不到。观察幼儿是怎样解决角色分配问题的。

妈妈的角色是这个年龄女孩最爱的角色之一。如果所有四个一起玩的女孩都想当妈妈，而没有人愿意放弃，那教师该怎么办？讨论——甚至是争论几分钟。当简（最先说要当妈妈的）不愿意改变，其他三个女孩也不愿意改变时，就需要寻找不同的解决办法了。这些女孩能接受一个事实，就是一个家庭只有一个妈妈，但是她们不能接受自己必须做姐姐、婴儿或奶奶。突然一个女孩说："我们都做别人家的妈妈，今天上午到简家来玩。"这样，她们都是妈妈了。

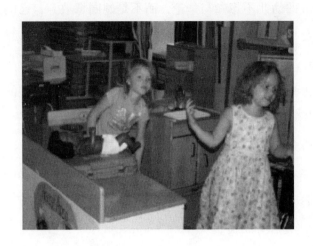

　　占支配地位的幼儿可能给另一个幼儿分配一个角色，但是，那个幼儿可能并不同意。

　　这里有一个3岁幼儿班级的连续记录，关于雪莉和安在游戏中的角色分配。

　　雪莉在杂货店拿着一盒麦片。她将盒子递给扮演收银员的幼儿，然后拿起盒子放到手推车里。"这是我们的东西，妈妈。"她对站在旁边的安说。她拿着购物袋到娃娃家中。她走回杂货店。"我要当妈妈。"她大声地自言自语。"妈妈，到回家的时间了。"她对安说。安不作反应，而是付款。"没有什么东西要买了，我们现在该走了。"雪莉说。安仍然不作反应。"我是妈妈，你是奶奶。我不是小孩子。"她跟安说。安没有反应。她们一起走到家。雪莉放下包，帮助安。"我们现在要把所有东西都拿出来。"她们开始拆包装。"哦，不，女儿，"她对安说，"打扫卫生时，我们必须把这些都捡起来。"两个女孩笑起来。

　　安最初是这个游戏片段的导演，雪莉明显同意扮演女儿角色，这从一开始可以看出来。现在我们看到雪莉使用了什么策略甩掉不想要的角色，真是很有趣。一开始，她大声地对自己说她要当妈妈。因为没有接收到反馈，她坚守了她的女儿角色，然后坦率地对安说自己是妈妈，安可以做奶奶。雪莉仍然没有得到反馈。在幼儿中，沉默不意味着同意。沉默可能只意味着受挑战的幼儿不想参与争论，而不是她同意放弃自己的角色。雪莉尝试叫安"女儿"，但是安没有做出口头回应，所以，在游戏结束之前，清洁时间到来时，角色问题仍然没有解决。

下面是另一个想象游戏的片段，这个片段揭示了大一些的三四岁幼儿遇到的角色分配问题。

凯蒂自己在用塑料积木做一把枪。

她走进游戏室："丽萨，和我一起玩好吗？我一个人玩好无聊啊。"她们走进另一个房间的滑梯和攀爬区。

凯蒂："我是神奇女侠。"

丽萨："我也是。"

凯蒂："你不是。只能有一个神奇女侠。你是罗宾。"

丽萨："罗宾要找蝙蝠侠，因为他们是朋友。"

这些都发生在滑梯和攀爬架下。丽萨用凯蒂给她的木头枪扫射。凯蒂摔倒了地板上。

丽萨（对老师说）："我们在玩超级朋友，但神奇女侠老是摔倒。"

凯蒂（睁开眼，站起来）："我们坐蝙蝠车去帮助其他人。"说着，她跑到别的活动室，然后又往回跑，嘴里发出模拟汽车跑动的声音。

丽萨："神奇女侠死啦。她掉下车了。"她倒了下去。

凯蒂："这只是个游戏。丽萨，快醒醒。你来做神奇女侠。我做……"

丽萨：我们还是玩"过家家"吧。

凯蒂从滑梯上滑了下来。她对丽萨大声喊道："罗宾在追你呢！"说着，她跑到别的活动室里去了。

丽萨："凯蒂，这是你的洋娃娃的衣服。"约翰加入到这两个女孩的游戏中。

丽萨："我是神奇女侠。"

凯蒂："我是罗宾。"

约翰："我是蝙蝠侠。蝙蝠车在哪？"

凯蒂："我们不玩超人游戏了。"

这个典型的假装片段完美地表明了这类角色分配和转换具有的年龄特点。从幼儿很容易达成共识这一点可以很明显看出，她们以前一起玩过，因此可以接受一定的条件。凯蒂在这里是一个领导者，负责分配角色。她扮演神奇女侠，分给丽萨罗宾的角色。丽萨不同意（我们不久就看到了），但是，她接受了凯蒂的分配。她可能之前与凯蒂一起玩过，知道如果自己好好玩，不会弄得乱七八糟，那么以后就会轮到她当神奇女侠。事实上，机会很快就来了。她注意到凯蒂突然坐着蝙蝠车去解救世界，似乎已经抛弃了神奇女侠这个角色了。

丽萨在这里宣布她是神奇女侠，从车上摔下来死了。凯蒂同意丽萨的新角色，说："这只是个游戏。丽萨，快醒醒，你来做神奇女侠。"当约翰加入游戏，扮演蝙蝠侠时，女孩们一开始不反对。但是很明显，她们知道怎样抛弃不想要的玩伴，她们宣布："我们不玩超人游戏了。"

教师后来告诉观察者，只要不违反规则，她允许玩超人。她不允许玩枪的游戏，没有认识到班里幼儿却出现了玩枪的游戏，也没意识到她应该干预。

教师要观察幼儿使用什么创造性策略使同伴接受被分配的角色，或者抛弃被分配的自己不喜欢的角色，得到自己想要的角色。

回避冲突的策略包括：

- 忽略；
- 转移注意；
- 说服；
- 谈判；
- 合作；
- 妥协。

如果幼儿参与了这类戏剧游戏，教师可能要核查相关评估项。如果此处空白，则意味着幼儿不玩这类游戏，他没有达到小组想象游戏的水平。

如果是这样，他可能没有达到小组游戏的水平，因为像这样一起玩的幼儿很快就会理解角色分配。

----- 给教师的建议 ---

1. 鹰架戏剧游戏

教师不能强迫幼儿参与小组游戏。戏剧游戏应该完全是自发的游戏。但是，教师要通过自己扮演角色，邀请害羞的幼儿扮演角色，跟教师一起加入游戏小组。教师鹰架假装游戏的策略包括：

- 问问游戏者正在做什么（如正在做饭）；
- 给游戏者打电话；
- 请没有参与游戏的幼儿帮助游戏情境中的人；
- 用新道具给游戏加入新想法；
- 扮演角色，示范如何玩。

同时，教师也要限制自己，不要过于积极地参与假装游戏。毕竟，这是幼儿自发的创造，应该保持其本色。教师可以通过许多途径鹰架即支持幼儿游戏，帮助旁观者进入游戏或者让游戏继续下去，之后他们应该悄悄地将自己从游戏者的身份中抽离出来。

2. 掌握游戏时机

范·胡恩（Van Hoorn）等强调介入和退出幼儿游戏的时机非常重要（2003）。当教师进出游戏或者从一个策略转入另一个策略时，时机是关键。教师要长时间观察幼儿的游戏，看看是否要进行干预，或者幼儿是否不需要教师过多的指导就已处于最佳状态。

3. 计划

莱昂和博德罗娃建议提前与幼儿做计划，可以解决许多后续的问题（Leong and Bodrova，2012）。教师可以问幼儿他们想玩什么，想当什么角色，需要什么道具，谁使用这些道具。在幼儿进入戏剧游戏区之前计划有助于避免潜在的冲突。计划允许幼儿讨论：如果两个人都想做卡车司机，但却只有一辆卡车，怎么办？

三、使用一定的道具玩假装游戏

游戏研究先驱者萨拉·斯密兰斯基（Sara Smilansky）讨论了发生在戏剧游戏中的三种假装：

- 与角色有关的假装；

- 与事物（道具）有关的假装；

- 与动作有关的假装（1968）。

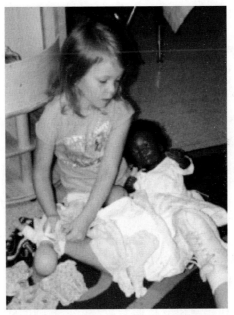

一些幼儿只有发现了恰当的道具才能继续游戏

教师可以通过提供道具、玩具和服装来支持幼儿的假装游戏。幼儿玩假装游戏可能需要更加现实的道具。

如果班级里有双语幼儿，要保证用两种语言标记道具。伯顿和爱德华（Burton and Edwards）描述了路易斯等假装去地铁站的故事（2006）。道具是火车、票、钱、警示语等，双语标记，图文并茂，所以，每个幼儿都可以通过自己的语言认识每种物体。即使他们说着不同的语言，他们也能够对地铁站所发生的事情进行再创造。

如果幼儿2岁时有机会假装，那么3岁时他们逐渐就会发展出新技能，对想象游戏产生兴趣。他们开始对将要进行的假装进行一些思考，而不全是一时冲动地行动了。这种事先的考虑常引导他们通过寻找或收集一定的道具而预先计划游戏。事实上，一些3岁幼儿只有找到了恰当的道具才能进行游戏。

许多3岁幼儿在仪式化的假装游戏中会表现出刻板行为，因此，他们会一直使用特定的道具。3岁幼儿可能坚信他们扮演角色时需要一定的帽子、服装、娃娃和方向盘等——许多时候材料是游戏的基础——而不像2岁幼儿凭冲动游戏。3岁幼儿非常喜欢穿上服装来扮演角色，他们对于怎样玩有更多的认识。

道具可以很好地为幼儿服务，使他们摆脱自我中心。因为3岁幼儿仍然是严重的自我中心者，他们可能要用道具去摆脱他们自己。就像害羞的幼儿用指偶或戴上面具讲话会忘记自己一样，3岁幼儿可能需要一个外在物体的推动，使他们开始假装其他人。

在幼儿园中，家庭活动是3岁幼儿假装游戏的很大一个部分。娃娃家、医院和社区工作者都是普遍的主题。3岁幼儿也喜欢开汽车、火车、飞机，当消防员。他们会在戏剧游戏、积木建构、黏土创作、玩具电话活动中——任何人多的场合玩这些主题。

在这些区域提供道具以支持假装游戏就是教师的任务了。投放一架玩具飞机，把人偶放到沙桌上，在附近墙上贴飞机招贴画，看看会发生什么。要保证提供护目镜，防止沙子进入眼睛。一些幼儿可能会指出某飞行员戴着护目镜，不久可能就会有几个戴着护目镜的幼儿嗡嗡地在活动室里到处开飞机。

到动物园或动物农场游玩之后，在积木区投放一些玩具动物，再加上一些人偶、玩具树、玩具汽车，或许可以再加上一辆玩具小火车，这列玩具小火车可以载着人们绕着幼儿建起来的积木动物园行驶。外出之后，在班里不同的活动区提供合适的道具供幼儿使用，这很重要。这些道具不只是娱乐，它们能帮助幼儿用具体方式表征游玩过程中所获得的较为抽象的概念。教师可以鼓励幼儿记住他们外出时所看到的事物，建构他们自己的微缩旅游点，或者假扮成他们在旅游时遇见的某个人。

幼儿通过具体的动手活动学得最好。教师提供的道具应有助于幼儿创造感兴趣的主题和不同人物。科斯特（Koster）描述了各式各样的道具，如代表不同餐具、不同食品的道具，不同职业的工具，不同文化的服装（2012）。

例如，一天早晨，里卡多的奶奶来幼儿园，帮忙准备了墨西哥粽子做午餐。之后，教师拿出一套塑料的墨西哥食品放到娃娃家，并给幼儿读《好多好多墨西哥粽子》（*Too Many Tamales*）。

此后几天，许多幼儿自发地包墨西哥粽子，用他们自己独特的包法。因为只有塑料炸玉米饼这种墨西哥食品，所以，幼儿用塑料鸡蛋卷创造了他们自己的墨西哥粽子，用纸做外壳当作玉米皮。而塑料鸡蛋卷来自中国的食品！然后他们在里面包了一个玩具戒指，让别人尝试寻找，就像故事书中写的（Beaty and Pratt，2015）。

不是每个幼儿都会对这种假装感兴趣，就像不是每个幼儿都会喜欢某一本书一样。不要强迫明显不感兴趣的幼儿参与。给他们讲故事、提供材料，让那些想参加的幼儿跟他们一起玩。

幼儿以物代物的假装会按照顺序发展，就如同角色扮演一样。初学者的假装游戏似乎需要具有高度的现实性：用一部玩具电话假装真实的电话，用一个塑料苹果假装真实的苹果，用一辆玩具汽车假装真车。随着时间的推移，幼儿假装经验更为丰富，能够使用表征程度较低的道具：用圆柱体假装电话，用球假装苹果，用积木假装汽车。这叫以物代物。

想象力丰富的幼儿在以物代物方面会有更大的进步。他们能够在根本没有任何具体物体时进行假装。他们能够凭空想象手握电话来打电话，手指弯曲呈抓握状假想自己拿着一个苹果，用手操控一辆假想的汽车沿着地板加速运动，同时配合创造声音效果。

在戏剧游戏区观察幼儿，看看他们怎样假装使用道具。幼儿经常用假想的钱币来购物，但是他们随身带着一个真钱包。他们可以骑着假想的摩托车到处游逛，但是却戴着一个真头盔。或者在娃娃家吃着假想的食物，但是却使用真实存在的玩具叉子和勺子。

不是所有的幼儿都能到达使用假想物体而不用真实物体的阶段。常常是经验丰富的幼儿或者语言发展较好的幼儿使用假想的道具。这是否意味着教师不应该在戏剧游戏区或建构区投放太多现实的道具？不一定。经验丰富的游戏者会以很多意想不到的方式使用道具。

幼儿经常会选择表征性玩具，而不是替代物。虽然表征性玩具很重要，但是如果太多就无法促进想象力的发展。想象游戏区也应该包含开放性材料（这样幼儿可以根据他们自己的想象进行创造），如泡沫塑料、纸巾盒、空盒子、毛根、羽毛、塑料瓶、硬纸板和其他看起来合适的一次性材料。

教师会在观察幼儿用物体进行假装时，发现一种有趣的以物代物形式。当幼儿与玩具人物、动物——假装他们能走路和说话——互动时，他们也在进行所谓以物代物。起初，幼儿只是把玩具当作游戏的被动参与者。他们会给它们喂吃的，给它们穿衣服，驾车带着它们到周围转悠。当玩具变成了一个"活物"后，幼儿会带着它四处走动，就像它是活的一样，还会替它说话。

如果教师希望幼儿能够卷入想象力丰富的游戏，就要保证给幼儿提供适宜的，尤其是可以独自站立的玩具人物、动物，还有那些可以载动它们的交通工具。

给教师的建议

1. 提供各种道具

在粗大动作区，投放大型木制三轮车、四轮车和独轮车，与幼儿一样高的大型空心积木和木板。在服装区投放全身镜，再放些衣服、领带、手包、钱包、腰带、背心、鞋子、围裙、帽子、医用设备、护目镜、望远镜、雨伞和拐杖等。幼儿尺寸的服饰比成人尺寸的服饰更便于幼儿使用。

活动区是幼儿想象游戏发生的区域。想象一下，到建筑工地考察之后，积木区可以添加些什么道具？放些建筑车辆和工人模型、绳子、吸管、冰棍棒，怎么样？考虑用这些材料丰富其他区域，如玩沙桌、玩水桌、木工区、黏土桌、书写区，当然，还有戏剧游戏区。

2. 多去实地考察

幼儿要想自发地参与游戏活动，就要有第一手知识。问问幼儿他们跟父母去过什么地方。如果许多幼儿都去野餐过，那么，教师就可以在戏剧游戏区投放野餐道具，否则，可以计划到附近公园进行一次郊游。或者到外面的游乐场玩。之后，投放相关道具。

教师可能想将这些道具都放到一个盒子里以备将来使用。伊森伯格和亚隆戈描述了道具盒收集的实物要在某一方面相互联系，如野餐篮、塑料食物、桌布和塑料蚂蚁可放在一起（Isenberg and Jalongo，2010）。使用这样的实物可以激发幼儿用特定的概念、情境和角色进行想象游戏。

参观附近幼儿感兴趣的地方，如美容美发店、农场、快餐店、自助洗衣店、超市、花店、宠物店、修理店、加油站、鞋店、消防站和诊所等。然后，将相关道具投放到戏剧游戏区，将人偶放到积木区，供幼儿使用。

四、表现角色的特征和动作

在创造角色方面，4 岁幼儿比 3 岁幼儿经验更丰富。4 岁幼儿因为极其想要进入成人的世界，所以会尝试各种成人角色：工作中的母亲、工作中的父亲、医生、护士、汽车司机、航天员、服务员、厨师、加油站加油工、邮递员、消防队员、卡车司机、列车长或吊车司机。另外，4 岁幼儿扮演角色时有了更多真实的细节。他们更加仔细地选择道具，装扮更加精心，用更加恰当的对话和动作来扮演角色。

教师在观察 4 岁幼儿想象游戏的时候，如果细心听听他们说话，就能充分了解他们对世界的理解。另外，教师还可以对他们在演绎角色时发挥的创造性表示尊重。即使是母亲、父亲、兄弟和婴儿这些平凡的角色，他们也用新花样去扮演，用新奇的办法去解决问题。游戏者扩展了对话，甚至在恰当的地方传神地表达情感。

此时语言被更多地用来创设情境和氛围。因为游戏者正开始对真实与假装进行更好的区分，会经常在一旁指指点点，评论某些事情不是真的，只是假装，所以作为他们玩伴的教师，甚至他们自己，都能够理解什么是真的，什么是假装的。4 岁幼儿也会更加灵活地扮演不同角色。3 岁时不愿意扮演坏蛋的幼儿到了 4 岁可能会以极大的热情玩。虽然教师的计划、建议和支持对于游戏的进行不可或缺，但是，还是应该让幼儿自己玩。

教师应该仔细观察幼儿。他们对角色的扮演是否比以前更接近于现实了？在对话中是否使用了扩展句？是否投入了更多的情感，几乎变成了"戏中人"？如果是这样，教师应该在《幼儿发展评估表》上加以标记。

------ **给教师的建议** --

1. 提供法兰绒板和人物图样

幼儿可以使用贴在法兰绒板上的人物图样来游戏，这些人物图样可以是从他们最爱的故事书中扫描的。从最喜爱的图书中复制一些人物，贴到背面是砂纸或魔术贴的硬纸板上，或者过下胶。把这些人物放到信封中，将图书也放到里面，然后幼儿就能够表演故事中的情节。幼儿也可以根据图书来布置场景，或者让人物参加全新探险。

可以用幼儿认识的人物开展角色扮演活动。幼儿可以自己扮演，也可以跟另外一个幼儿一起扮演。如果教师希望这成为受欢迎的活动，那么就在图书区投放多个法兰绒板。

2. 鹰架幼儿的行为

一些幼儿需要看到成人假装，从中获得灵感，才知道自己怎么假装。教师要时不时地参与幼儿的假装游戏。需要记住的是，这是幼儿的游戏，教师应该只做一个访客。比起亲自扮演角色，教师还可在看到他们进行想象游戏时进行适当的评论。"我敢打赌，那些动物一定很喜欢你给他们建的围栏。""这是给你娃娃的饼干。你觉得她饿了吗？"

五、使用语言创造和维持情节

虽然 2 岁幼儿在假装的时候大多数是没有语言的，但是 3 岁、4 岁和 5 岁幼儿依赖语言创造和维持情节。在独自游戏时，他们经常自言自语。他们也为角色——所有角色讲话。如果幼儿与其他幼儿一起游戏，他们经常会使用大量的对话去落实他们的想法。这提升了他们的语言应用能力和与他人对话的能力。这还给他们提供了另外一个机会，就是以新颖的方式运用语言。

语言引导幼儿做什么，用什么方式做，谁来做，怎么解决冲突。语言能力发展不足的幼儿通过参与假装游戏，倾听并最终模仿更高水平游戏者对语言的运用。进行游戏的每个幼儿都能练习提高说话能力，尝试使用新词，用新的方式使用已经熟悉的语言。

对于一些幼儿而言，用语言表达感受是一种新的体验。在虚构情境中，人物需要表达自己的认识。许多幼儿难以用语言表达感受。幼儿更喜欢"做"而不是"说"。这种想象游戏给他们提供了学习如何表达感受的机会。

事实上，幼儿是通过表达角色的感受来投射自己的感受。即使角色是一个娃娃、木偶，或没有生命的人或动物，幼儿也还是有说话的机会。三四岁的幼儿表达角色的感受常常比表达自己的感受更为自在。去医院的时候，幼儿喜欢带着他们的娃娃或者是玩具动物，听他们表达恐惧，安慰他们。在这个过程中，幼儿梳理了自己对这类情境的印象，时不时地尝试解决问题的新办法。斯密兰斯基发现了在这类戏剧游戏中语言的三个主要功能：

- 模仿成人的腔调；

- 想象一个虚构的场景（主要是对话）；

- 引导行动（Smilansky，1968）。

如果教师仔细倾听大多数戏剧游戏中角色的语言，就会注意到他们展现的这三种功能。他们确实在模仿成人的腔调。教师也可以练习听自己说话。幼儿还通过对话表现人物，使人物栩栩如生。最后，小组中的某个人通常是自封的领导，总是跳出自己的角色，解释发生了什么。

更小年龄的游戏者可能不知道自己的角色该说什么，可能需要教师帮助他们。莱昂和博德罗娃告诉我们，成人有时需要帮助幼儿采用"角色腔调"，即使用适合角色的词、句子和语调（Leong and Bodrova，2012）。教师可以首先向幼儿介绍不同职业的人们在读书或实地考察时互相交谈的方式。教师判断幼儿是否需要语言支架。如果确实需要，尝试读一下相关角色的书，里面的角色会说话。

如果说内部的想象让幼儿开始假装，那么大声说出来使他得以扩展想象。他不仅仅听见自己的说话，而且他也接收到其他人的反馈。这个反馈帮助他修改与完善想法和用词。在能够运用语言创造和维持假装情境之前，他将会忽视用这种方式运用想象力的价值。思维的发展最终必须主要通过语言而不仅仅是想象。因此，想象游戏是幼儿学习用外在口语表达内在图像的一种过渡活动。

亚历山大（Alexander）记录了两个女孩的角色扮演。她们正在计划外出购物（2005）。埃米莉拿起电话本告诉麦迪，说自己的头发看起来像拖把，要给美容院电话，在购物前美发。她真的找到了电话本中美容师的照片。她在玩具电话上一边按按钮，一边大声念电话号码。然后，她和假装的美容师进行着单边谈话，预约最佳时间。当麦迪也想预约时，埃米莉又进行了一次单边谈话。埃米莉补充说："告诉她我要用信用卡付账，我们马上就到。"

亚历山大告诉我们，像这样的假装可以帮助幼儿适应社会，做一个负责任的公民。它也能帮助幼儿扩大词汇，强化概念。一个研究者分析了女孩们的谈话，认识到这种情境确实可以使幼儿思维可见。女孩们的谈话包含了以下概念：

- 如果头发看着不漂亮，就要到美容院去美发；
- 做头发需要预约；
- 要给美容院打电话预约；
- 可以使用电话本找美容院的电话；
- 可以用信用卡付费；
- 准时很重要。

一个游戏者可以向另一个游戏者学习怎样去预约。显然，埃米莉从别人那里学到了该怎么做。在大声重复的过程中，她强化了这些概念。如果她出错了，或者忽略了什么，另一个游戏者听着她的对话，会立刻纠正她。在戏剧游戏中，这样的谈话也承担了帮助第二语言学习者学习英语的重要功能。

····· **给教师的建议** ···

1. 使用手偶

给幼儿准备多种手偶，可以是动物、故事中的人物、社区工作者、成人和孩子。用硬纸板箱做一个手偶剧院，激励幼儿使用手偶演出。教师要带上手偶展示自己是怎样为舞台布景，怎样说话。

刚开始不需要手偶剧场，但是如果有手偶剧场的话，可能能使较高水平的假装者扩展他们想象游戏的剧目。

2. 鼓励即兴表演

幼儿的对话和动作是即兴产生的。当然，对话有赖于幼儿的语言技能。教师可以给那些想参与游戏的幼儿提供一个场景。例如，教师可以建议他们假装在游乐场听见一种陌生的声音，抬头一看，宇宙飞船正在降落，从里面出来一些奇怪的人。幼儿会对他们说什么？然后会发生什么？其他的即兴场景可以包括：

- 怎样跟恐龙说话？
- 怎样邀请朋友参加聚会？
- 怎样制造宇宙飞船？
- 怎样找到海底的珠宝？

六、玩令人激动的、危险的主题

大多数 4 岁幼儿的活动比 3 岁幼儿的活动更刺激，更多越界。4 岁幼儿更加喧闹、活跃，更会关注外界事物。他们会被生和死的事情所吸引，并更经常地在想象游戏中运用这些主题。超人和其他电视人物会出现在他们的假装中，如抓坏人。

成人怀疑电视，指责电视。他们认为幼儿看电视一定不好。到了 4 岁，一些幼儿在家里平均一天看 4 个小时电视。这一定会影响他们假装和想象。然而，幼儿游戏专家辛格的研究结果恰恰与预期相反。他们发现，看电视与想象游戏之间并不存在显著的相关。看电视既不会增加也不会减少想象游戏。

辛格发现的最密切的联系存在于看电视的数量与班里看得见的攻击性之间。非常正确，教师也同意这一点，只是没有意识到 4 岁幼儿也总是在游戏中表现出攻击性。攻击性增加的真实原因可能恰恰是长时间地坐着看电视，不被允许释放精力和攻击性情绪——就像在正常的游戏中所做的那样。或者幼儿在家里所见、所经历的攻击性需要一个发泄的渠道。

（一）超人和战争游戏

4 岁幼儿非常活跃，每天都需要一定的时间发泄被压抑的精力。这些精力使幼儿很自然地会扮演所看电视节目中的超人角色。教师可以问问那些在电视机前长大的成人，他们最狂野的假装形式是什么？教师可能会听到牛仔和印第安人的故事、警察和强盗的故事或者战争游戏。这样的游戏能帮助幼儿释放恐惧，树立信心。

有人反对在班里玩超人游戏，说超人会通过威胁、强迫和暴力控制他人。也有许多教师说班里的超人游戏太暴力、太吵闹，他们不得不加以干预或禁止。如果教师坚信幻想游戏的价值，不认为只有成人加强干预才能使超人游戏不越界，那么应该怎样做呢？班里是否应该完全禁止超人游戏呢？

许多教师会回答"否"。这种游戏活动是有魔力的，它似乎抓住了许多幼儿的心，其中有很重要的学习内容。当自己的生活中出现战争和暴力时，幼儿会留意周围人所表达的感情。他们会尝试表现他们在电视上所看到的暴力场景。

我们怎么办呢？有人曾经尝试过，发现在班里禁止战争游戏并不奏效。幼儿参与这种游戏的强烈愿望引导他们想方设法规避禁令。他们无论如何都需要以非破坏性的方式表达强烈的恐惧、愤怒和无助。教师可以让一些幼儿用明暗对比强烈的颜料（红与黑、黄与褐、橙与紫）在纸上、板上表现这些情感。在地上或者在墙上展开大张白纸，邀请幼儿用手指画出困扰他们的场景。要幼儿运用整个手臂运动，带着情感去画。如果他们表现爆炸、杀人的场景，教师要接受。如果可能的话，让他们讲讲这个故事。

一些幼儿可能想做"蜘蛛网"，就是用绳子缠绕大头钉。教师可以帮助他们从杂志或者图画书中剪出人物轮廓图，塑封后挂在网子上，表现蜘蛛侠探险。有些幼儿可能喜欢用白粉笔画蜘蛛网，用红蓝笔画其他形象，在蜘蛛网上来回移动，玩超人探险。扔豆包是另外一种改变旺盛精力方向的方法，其中，豆包是超人，目标是建筑物。

一个较有创造性的建议是按比例减少最暴力的游戏，即将它转换为桌面活动。大多数电视人物，从布娃娃到火柴盒大小的人偶，非常适合桌面游戏，且都可以买到。一旦幼儿坐下来，跑动和冲撞就不再是问题。毕竟任何地方都可以进行假装。再次声明，教师必须禁止幼儿将某些人物和道具带到班级来。教师应该劝阻幼儿使用枪、剑和其他武器，可以寻找代用品。

控制超人游戏的方法包括：

- 用明暗颜色在大张白纸上画出强烈的情感；
- 用绳子缠大头钉做"蜘蛛网"，用剪下来的蜘蛛侠图像玩游戏；
- 用硬纸箱做目标玩扔豆包游戏；
- 用桌面人偶游戏减少超人游戏；
- 给幼儿读体现超人正面形象的故事；
- 创造帮助他人的魔力新超人；
- 用魔力手镯、披风、魔力杖、电话等道具。

要让幼儿讨论他们喜欢的超人，他们有什么魔力，他们怎样使用这些魔力。帮助他们创造新的超人，这个新超人有魔力而不用暴力解决问题。

（二）亲社会超人

如果超人游戏中蕴含善良和关爱，那么进入班里是会受到欢迎的。德苏扎和拉德尔（De-Souza and Radell）认为引入的时机很重要（2011）。当幼儿表现出自我调节的迹象，教师准备开始培养社交技能时，便是最佳时机。教师决定不给幼儿大声朗读故事，也不展示超人图片，这样幼儿不会对超人有先入为主的观念。他们将注意力放在"善良""关爱""帮助"这些词上。

幼儿讨论救助人类、寻找宠物、帮助教师、清洗玩具和救助小猫，就像消防员一样。他们也要穿戴披风，也会使用长棍、腰带、旧手表（没有电池）、放大镜、玩具手机、手电筒、太阳镜、护目镜、望远镜、王冠、帽子和面罩等道具。他们会把这些放到戏剧游戏区的一个道具箱中。

幼儿在自由活动时间轮流扮演超人。有时，他们在其他时间也处于"角色"状态。他们持续忙于救助他人（如果教师也参与的话，也会救助教师），救助他们的毛绒玩具，从积木上跳下来，在班里飞来飞去，在积木建构的建筑物周围推玩具消防车，把披风盖在脸上变成隐身人。教师认为，在使幼儿感到安全并不威胁他人的情况下，跟着幼儿一起探究英雄主义的可能性既健康又有趣。一旦他们开始了，他们就喜欢听正面的超人故事了。

（三）小组游戏

幼儿小组游戏到4岁时就有了自己的特色。然而，幼儿刚开始聚到一起时，游戏经常退步，就像超人游戏一样变成一种粗野的活动，没有情节和对话。这似乎是幼儿学习与他人相处的一种自然进步。统治地位的建立和认识经常依赖"粗鲁和混乱的游戏"来解决。当幼儿关注攻击性行为和同伴反应时，他们也发展了应对技能。他们在互动中产生小组共同目标意识，为后续更有组织的游戏做好了准备。

教师可以重新引导幼儿，改变粗野游戏的方向，转向令人兴奋的包含危险的主题，这是4岁幼儿喜欢的。医生游戏总是幼儿的最爱，包括用呼啸的救护车将病人或伤员带到医院。教师可以帮助幼儿，使救护车情节精细化。一些幼儿在房间里到处跑动，大声制造救护车的噪声。教师建议他们用大型空心积木造一辆救护车。现在他们能干什么呢？这次，教师决定自己扮演一个角色支持幼儿的游戏。下面是对非常活跃的4岁幼儿杰西卡的连续记录。

杰西卡跑到攀登架下，爬上去，坐到顶上。教师试图吸引幼儿参与戏剧游戏，建议他们用攀登架做医院，用大型积木造救护车。杰西卡爬下来，开始一块又一块地往上垒积木，然后坐下来看其他人用带子捆黄色纸盘当车顶灯。她拿起盘子捆在救护车后部。她跑到桌子上去拿记号笔。"我要黄色记号笔。很多黄色的。"她拿起记号笔。"我要干什么呢？我要涂色。我要把车轮涂成黑色。"杰西卡扔掉黄色记号笔，拿起黑色记号笔。她用黑色记号笔涂纸盘车轮的背面。"我要把什么东西涂成黄色呢？"教师建议把方向盘涂成黄色。她照着做了。她跑到积木救护车前，爬进去。"我是司机。"她用她的盘子做方向盘。"我要当病人。"她起来，躺到救护车的中间。她被老师和其他幼儿带到了"医院"。她躺在攀登架旁边假装病了，呻吟着，抱怨着。其他幼儿离开了，她还待在那里。她起来，跑到桌子边，教师正在那里帮助幼儿做医药包。教师问她包上想写什么名字。她回答："我想当护士，不当医生。"教师问她护士用什么工具。她回答："护士只是帮忙，不用工具。医生才用工具。"教师问："你生病的时候，你妈妈用什么？"她回答："我不知道。"她拿起包，用胳臂挎着，跑回攀登架，微笑着。她喊道："丽萨，躺下，你是病人。"杰西卡坐在椅子前面，开着纸盘方向盘驾驶救护车。她又蹦起来，跑到老师跟前，请老师做医生。她又蹦又跳，催促老师快一点。"快啊，我们都准备好了。"她重复着。老师过来帮忙将丽萨抬到医院。

教师注意到参与这个角色游戏的幼儿多于其他游戏。一辆救护车早上从外面大街驶过，呼啸着，幼儿看见了很兴奋，但是也受到刺激了。这件事促使他们建造积木救护车，但是教师自己参与到游戏中一定刺激了更多的幼儿参与。教师用帮忙制作医药包的想法扩展了游戏，增加了戏剧性。无论如何，连续记录捕捉了4岁幼儿杰西卡的行为，她和平常一样，总是在跑。

杰西卡关于医生问题的模式化回答也是这个年龄幼儿的典型特点。性别角色似乎变得更加刻板，女孩坚持当妈妈、服务员或者教师，男孩总是想当爸爸、司机、警察或者超人。同性小组大约在这个时期形成了，女孩的游戏变得更加轻松，语言更加丰富；男孩的游戏节奏更快，更有攻击性。

例如，4 岁幼儿的积木游戏可能难于控制。当成人不在附近，甚至成人在场时，它有时会恶化到扔积木。教师可以给游戏者一个令人兴奋或神秘的新任务来尝试改变游戏的暴力方向。"孩子们，我今天早上在地板上看见的神秘隧道去哪里了？什么，你们没有看见吗？我真惊讶。我以为你们有透视眼呢。我能透过地毯看见它。你们不相信吗？好吧，或许等你们建好自己的隧道，你们也就能够看见神秘的隧道了。杰夫，你和洛伦佐知道怎样建隧道。我想知道，如果两条隧道到了一起会怎样？"

如果教师观察到个别 4 岁幼儿还没有玩令人兴奋的、危险的主题，这可能是他们还没有其他幼儿那么成熟。和其他幼儿比一下，他们的发展，比如动作技能发展怎样？显然，督促这样的幼儿玩他们不感兴趣的游戏是不合适的。多给他们提供一些机会，让他们开展自己感兴趣的游戏。游戏主题可以来自教师的观察和与这些幼儿的谈话。

4 岁幼儿在假装中使用的主题很多与他们 3 岁时一样，但有了很大的扩展。幼儿仍然会喜欢玩娃娃家。男孩和女孩都在娃娃家扮演角色。娃娃家游戏现在包括穿衣服和脱衣服，但是核心动作通常包括把娃娃抱到床上。这个年龄的许多女孩喜欢玩女娃娃。然而，大多数 4 岁幼儿对娃娃家的兴趣并不持久。甚至积木建构也没有他们在 5 岁时玩得多。4 岁幼儿的假装发生在建构过程中，而不是在作品完成之后。

医生游戏在 4 岁时达到顶峰，之后较少再受欢迎。幼儿玩各种关于社区工作者的主题，特别是在社区工作者来访之后，或者到他们的工作场所参观之后。超人，尤其是电视人物非常受欢迎。怪物有时会出现，但是，对于大多数 4 岁幼儿来说，怪物还是有一点恐怖。

无论主题是普通的还是关于发明和探险的，4 岁和 5 岁幼儿的假装游戏更带有戏剧的细节性特点。5 岁幼儿通过对话、装扮、道具和想象增加了各种细节。他们对游戏非常投入，甚至可以连着玩两天。他们记得前一天中断的地方，然后再接着玩下去。

在玩假装游戏时，幼儿的谈话也多了，因为他们能更好地控制语言。随着语言能力的提高，他们能陈述想法，说出问题。5 岁幼儿在想象游戏中能更逼真地处理疾病、事故和死亡。虽然幼儿喜欢使用道具，但是具有较高幻想水平的幼儿不用道具就可以假装。

5 岁幼儿喜欢建构大型建筑，然后在建筑里面玩。想象游戏在此时达到了顶点。虚构游戏在一年级和规则游戏常态化之后开始衰落，7 岁之后更是不常见。

到了大约 7 岁，认知发生变化，要求更多的抽象思维。假装游戏会怎样呢？我们推测，它根本不会消失，而是成为内在自我的一个部分，像成人做白日梦和提出创意那样。孩童时经历过丰富幻想生活的成人可能是幸运的，他们具有用头脑中的想法进行游戏的技能，就像他们在幼儿园用道具和玩具游戏一样。

教师在依据《幼儿发展评估表》对班里的幼儿进行观察时，可能会想列出幼儿自主游戏的主题。教师还可以怎样帮助他们增加主题呢？投放更多的道具？给他们读更多的故事？帮助幼儿做更多的服装？多带幼儿外出旅游，使他们有更多真实的经验？所有这些活动的想法都很好。去试试吧，看看幼儿如何反应。

给教师的建议

提供大型建筑材料

4 岁和 5 岁幼儿喜欢建构大型建筑，然后在里面玩。如果可能的话，让幼儿使用空心积木。或者找来木板条包装箱。硬纸盒、牛奶箱、木板等都可以用于建构小屋、堡垒、小船、跑车和消防车。娃娃家可以买，也可以自制，如用帐篷，在小桌上盖上一张毯子，或者在房屋的一角拉根绳子，在绳子上盖床单。

☑ 第三节 幼儿戏剧游戏发展的观察与记录

连续记录是观察幼儿戏剧游戏最好的记录工具之一。他们赋予观察者记录幼儿对话、交往和使用道具的机会。3 岁幼儿雪莉的连续记录可以转换成表（见表 11-1）。从中可以看出，雪莉在想象游戏中是一个成熟的游戏者。她的表中唯一空白的这一项（"玩令人激动的、冒险的主题"）在 4 岁男孩身上更为典型。表 11-2 描述了假装游戏的年龄和阶段，可以帮助教师解释自己的发现。

表 11-1 幼儿发展评估表（戏剧游戏）

姓　名　　　雪莉　　　　　　　观察者　　　　　　　

幼儿园　　　　　　　　　　　　日　期　　　　　　　

指导语：在幼儿时常表现出来的项目上画"√"，在没有机会观察到的项上写"N"，其他项留空。

行为指标	证据	日期
N　自己玩假装游戏	很少自己玩	3/12
√　分配角色或承担角色	扮演女儿角色，但是老想着变	3/12
√　需要一定的道具开展假装游戏	在杂货店使用真实袋子	3/12
√　表现出与角色相关的人物或行为	从货架上拿东西，放到袋中，走向收银员	3/12
√　使用语言创造或维持情节	在商店中一直在说话	3/12
___玩令人激动的、冒险的主题	未见	

表 11-2　幼儿戏剧游戏技能的发展

年龄	假装游戏行为
1—2 岁	假装吃东西或其他主要动作
2—3 岁	重演日常生活片段（如把娃娃放到床上）
	一遍又一遍地认真重复日常活动
	（如果使用道具的话）使用逼真道具
3—4 岁	为了玩游戏，经常坚持使用特定的道具
	可能家里有想象的玩伴
	玩娃娃家、医院、汽车、火车、飞机和消防主题
	分配角色或承担角色
	可能不事先通知就改变角色
4—5 岁	玩令人兴奋的、冒险的主题（如超人、枪和奔跑）
	在游戏中更灵活地扮演指定的角色
	更严格的性别角色（如女孩当妈妈、服务员或教师；男孩当爸爸、医生或警察）
5—6 岁	更多地玩建构游戏
	细节和对话更多
	有时游戏连着玩两天
	与同性别的小组玩得更多

-----（学习活动）-----

1. 根据《幼儿发展评估表》的戏剧游戏部分，观察班里的所有幼儿。将幼儿表现较好的项与他们在社会性游戏和语言发展上表现较好的项进行比较。从这种比较中能得到什么结论吗？

2. 挑选一个想象力较强的幼儿，用三天时间对其进行连续记录。教师从中获得了有关他假装的什么新信息？

3. 仔细看看本书中建议的活动，从中挑选一个，用到一个在此领域需要帮助的幼儿身上。记录结果。

4. 带幼儿去他们感兴趣的地方参观，在那里他们能见到从事特殊领域工作的人。回来后，给戏剧游戏区和积木区投放适当道具，记录发生了哪些假装游戏。这些游戏与以前有什么不同吗？如果有不同，如何解释其原因？

5. 和一个或一小组幼儿开展本章中的一个活动，看看这个活动是否激发了幼儿的假装游戏。教师如何扩展这个游戏？

6. 读一本关于超人的书，用超人助人的故事引导幼儿开展假装活动。让一组幼儿同时创造他们自己的超人和道具。对他们创设的任何场景进行连续记录。

第十二章

与家长分享观察资料

通过本章学习，你将能

- 引导家长参与幼儿活动；
- 与家长分享《幼儿发展评估表》；
- 使家长成为合作伙伴；
- 与家长分享观察结果；
- 基于《幼儿发展评估表》为幼儿制订计划；
- 请家长在班级里观察；
- 合作创建档案袋。

☑ 第一节　引导家长参与幼儿活动

幼儿园很早就认识到将家长纳入幼儿教育与发展计划的重要性，努力使幼儿父母和其他家庭成员参与幼儿活动。他们安排了家长日、家长会、家园简讯、家庭义工、家长工作坊等多种形式。克西和马斯特森（Kersey and Masterson）发现了几个引导家长参与的理由：幼儿能更轻松地交朋友，学业更成功，接受学校教育的时间更长，人们更鼓励他们成功（2009）。

当家长（或者主要照料人）积极参与幼儿的课程时，幼儿会茁壮成长。幼儿似乎觉得，如果妈妈、爸爸和奶奶认识老师，老师认识妈妈、爸爸和奶奶，那么不论在幼儿园发生什么都没有关系。所有这些与幼儿关系密切的人都会就幼儿的发展进行交流，确保他处于正常轨道，在他需要帮助的时候出手相助。

然而，让所有的家长都参与到幼儿教育中来并非一件容易的事情。大多数家长都要工作，很难找到时间参与，甚至抽空来园了解幼儿的课程都不容易。一些家长发现到园访问有些不自在，因为他们感觉自己像局外人。还有些家长认为孩子在园期间，教养的责任是教师的，家长的教养责任只是在家里。那么，有没有什么途径能说服所有家长都参与进来呢？

许多机构采用的一个最有效的方法是关注幼儿而不是课程。家长和教师都希望幼儿学业成功，希望幼儿的潜力得到最大限度的发挥。因此，首先要关注的是，幼儿喜欢什么？他在家和在园的兴趣是什么？他最喜欢什么活动？他与人相处怎样？家长希望他今年有什么成就？

当教师开始与家长建立更密切的关系时，教师可以向家长表达自己对幼儿的兴趣，以及帮助他在幼儿园成长与发展的决心。教师可以跟家长描述自己怎样确定班里每个幼儿的发展状况，并据此设计教学活动，满足每个幼儿的需要。

教师可以和家长探讨如何了解幼儿：幼儿怎样应对陌生的新环境？在遇到窘困的场景时，如何处理？是否跟其他人玩？是否能够分享和轮流等待？教师也可以和家长讨论可以了解幼儿身体发展哪些方面：是否能爬？是否能用油画棒画画？是否能使用剪刀？是否能用积木搭建？是否能将相似的物体归类？是否能问问题？是否曾经尝试书写？是否喜欢画画？玩哪些类型的假装？同时，教师也可以问问家长，看家长希望了解幼儿在幼儿园的哪些情况。

这样的讨论应该完全是非正式的，以免给家长增加压力。不需要提出一长串问题或者列出一大堆的幼儿发展需要。用耳朵倾听，目的是让家长理解教师对他们孩子的关心和幼儿园将要进行的具体活动。

与家长进行这样的谈话时，也应该让家长知道教师花了很多时间单独观察他们的孩子，确定孩子的现有发展水平。而且要告诉家长，教师发现，确定幼儿现有发展水平最好的方法，就是用《幼儿发展评估表》（见表 12-1）。

表 12-1　幼儿发展评估表

姓　名	安迪	观察者	劳拉
幼儿园	H 幼儿园	日　期	10/5、10/7、10/8

指导语：在幼儿时常表现出来的项上画"√"，在没有机会观察的项上写"N"，其他项留空。

行为指标	证据	日期
1. 自尊		
___ 和主要照料人分离时没有困难	妈妈离开时表现出不安	10/5
√ 与教师形成安全依恋	很快就说好	10/7
√ 能成功完成一项任务	修赛车道	10/5
√ 能自主地选择活动	直接走向自己选择的活动区	10/5
√ 能维护自己的权利	不让其他人拿他的玩具，推人、抓人、打人	10/7
√ 为自己做事时充满热情	游戏时哼曲	10/5
2. 情感		
√ 以适宜的方法释放压抑的情绪	让教师抱他	10/7
___ 用言语而非消极行为表达愤怒	有时愤怒不说话，但打人或推人	10/7
√ 在感到害怕时能保持冷静		10/7
√ 对他人表现出亲近、热心和关爱	让教师抱他	10/7
√ 对班级活动表现出兴趣并积极参与	四处走动，尝试各种事物	10/7
√ 时常面带笑容，看起来很快乐	总是微笑或哼曲	10/5

续表

行为指标	证据	日期
3.社会交往能力		
∨ 独自玩玩具或材料	用小汽车和人玩假装游戏	10/5
∨ 用相似的玩具或材料与其他幼儿玩平行游戏	在他人旁边玩汽车	10/5
＿ 参与小组游戏	不经常	10/8
＿ 积极参与正在进行的游戏	不尝试接近	10/8
＿ 与其他幼儿交朋友	没有亲密朋友	10/8
＿ 用积极的方式解决游戏中的冲突	有时打人或推人	10/7

☑ 第二节 与家长分享《幼儿发展评估表》

如果时间合适，给家长一张空白的只包含前三个部分的《幼儿发展评估表》，即只包含自尊、情感和社会交往能力。完整的《幼儿发展评估表》由九个部分组成，对家长而言量有点大，所以，刚开始最好一次只给他们三个部分。告诉家长，教师就是用这张表来观察他们孩子的发展水平的。

给家长表的时候要做解释。跟家长一起浏览很重要。可以先从"自尊"开始。因为他们的孩子入园已经有一周了，教师可以告诉家长到目前为止已经观察了这个领域的哪些项。

家长们会感到惊讶吗？家长们是否意识到他们的孩子适应力很强？如果情况并非如此，教师就必须宽慰家长，即他们的孩子虽然还不能做到选择活动时无须教师帮助，但是，他已不再像入园第一天时那样黏着家长了。

要保证家长理解使用《幼儿发展评估表》的目的：它不是测验，而是指导教师观察，帮助教师定位每个幼儿所特有的强项领域，同时关注那些需要加强的领域。任何两个幼儿的发展都有所不同，我们也不应期望他们一样。《幼儿发展评估表》可以帮助教师确定每个幼儿现有的发展水平，以及怎样促进每个幼儿在特定领域的发展。

下一个重要步骤即引导父母或主要照料人参与幼儿的课程，问他们是否愿意尝试在家里用同样的方式观察孩子。告诉他们：我知道你们已经观察孩子很多年了。使用这份表，就有机会把所看到的记录下来。如果他们同意，告诉他们，教师愿意给他们一张空白的只有前三个部分的表，可以放到家里任何地方（如冰箱门上），只要看见孩子的表现，就可以记下。要指出这对他们填表非常有帮助。

如果家长愿意分享任何观察信息，那么对教师也有帮助。但是，要保证他们明白，这不是测验，他们不是帮教师做观察，而是为了能用教师在活动室里所用的方法，更多地了解他们的孩子。

这对家长来说是向前走了一大步，是一种与以往大多数活动完全不同的活动。要保证在提出这些想法之前，教师已经与家长建立了密切关系。要确保他们理解用相应表观察孩子应该是有趣的，不是家务劳动，是"为了自己"。

他们不需要与教师或其他任何人分享，除非他们自己愿意。告诉他们没有对与错。不论看见了什么，他们都可以记录。如果他们愿意将幼儿所做的写到"证据"下面，那就更好了。凯泽（Keyser）发现，只有当有关信息与自己孩子所作所为有直接关系时，家长才会对这些信息感兴趣（2006）。

如果家长同意开始在家观察记录孩子的行为，他们就会经常想跟教师分享他们的发现，因为：①他们想知道某些项是什么意思；②他们也希望教师知道他们孩子在家做些什么。教师可以跟家长指出，有些项他们可能无法观察到，因为这是为观察班级活动而设计的，不是为那些在家里的活动而设计的，也因为我们不能期望幼儿同时在所有的项上都获得发展。随着幼儿日渐长大，生理和心理不断成熟，再加上不断练习，幼儿就会获得发展。

☑ 第三节 使家长成为合作伙伴

教师给家长提供《幼儿发展评估表》比仅仅让家长密切观察幼儿重要得多。教师正在使家长成为教育团队的一员，帮助他们成为教育幼儿的合作伙伴。大多数家长感觉跟教师在一起不自在的一个原因是他们的角色不同。教师是专业人员，而家长不是。事实上，大多数家长课程关注的重点都是帮助家长掌握更有效地与孩子互动的方法（Kasting，1994）。这个没有错。然而，它暗示教师处于高高在上的位置，家长也就处于低级位置。教师有信息要传授给家长，让家长学习。卡斯汀（Kasting）也发现，很少有家长和教师在互相尊重和共同承担责任的基础上合作。

家长接受了像教师一样观察孩子的任务，这能够开始改变教师与家长关系的平衡状态。实际上，他们开始凭自己的实力变成了教育伙伴。毕竟，他们比任何其他人都更了解自己的孩子。他们对孩子的影响也比其他任何人都更有力量。但是，他们需要认识到孩子行为的意义。通过使用《幼儿发展评估表》，像教师那样观察，他们知道了什么是重要的。当他们跟教师讨论这些信息时，他们会知道这些发现的意义。

变成幼儿观察者的家长真的会对他们的发现感到兴奋。毕竟，孩子对他们来说太重要了。现在他们要开始揭开孩子发展的"秘密"了。这个秘密目前似乎只有教师知道，他们还不知道。当他们跟教师分享自己的发现时，作为回应，教师会跟家长分享他们的观察，这样他们的关系就极大地改变了。他们变成了真正的合作伙伴。

卡斯汀介绍了他们研发的使用分享观察法的家长课程：通过观察和反馈满足幼儿的需要（Addressing the Needs of Children Through Observation and Response，ANCHOR）。在这个项目中，家长和教师一起通过电视或者录像观察幼儿在幼儿园里的活动。家长和教师的关系被定义为伙伴关系。

虽然这是包含家长自己孩子在内的班级内小组观察，不是在家庭内对单个孩子的观察，但是，它引导家长与教师之间的关系朝更好的方向发展。家长不再被当成需要教师教育的人，而成为观察过程中"十足"的伙伴。他们对幼儿行为的投入受到重视，被视为理解幼儿的关键。当教师注意倾听他们的评论，问他们一些细节时，家长会感受到尊重：是他们而不是教师突然变成了信息的来源。

分享观察的家长还有另外一项重要的收获。他们对幼儿园产生了信任，因为幼儿园如此信任他们，给了他们一份专业表格，相信他们有能力使用它。当然，他们也确实有能力使用它。他们可能需要教师帮忙解释某些项是什么意思，为什么一次只观察一部分，但是，教师也应该跟他们一样，为他们的新角色感到开心。

家长在使用《幼儿发展评估表》时，认识到教师也使用同样的表观察，他们离教师就更近了，他们感觉自己是其中一部分。他们刚开始跟教师分享他们填的表时可能会感觉害羞。当然，分享不是必需的，但是大多数家长想告诉教师，在某些项上，他们观察到了什么。教师不应该要求家长给自己看表。表应该是家长自己保存的。这有助于家长认识到他们的观察只是为了用他们自己的眼睛去观察，只有在他们自己愿意时才进行分享，而不是必须要交给教师。当教师发现幼儿在家庭环境中的行为——常常与在园时截然不同，这个信息对教师应该是非常有帮助的。

关于观察结果的谈话使参与的家长获得了真正的快乐。教师和家长也发展了相互的信任，教师会希望从家长那里听到幼儿的一些事情，也想知道怎样能有时间与班里所有幼儿的家长持续进行这样的动态评价。

分享观察的家长收获了什么？

- 感觉到更受尊重；
- 产生对幼儿园的信任；

- 增强对自己的信心；

- 对自己所做的关于孩子的决定更为放心；

- 对自己作为家长更为有信心；

- 获得观察技能；

- 学习了有关幼儿发展的新思想。

☑ 第四节　分享观察结果

一、沟通方法

使用上述评估表的班级报告了大量的与家长沟通的方法：

- 在家长接送孩子的时候与家长交换信息；

- 电话交谈；

- 通过电子邮件或网站等沟通；

- 召开家长会或进行家访；

- 通过上班前非正式早餐会沟通；

- 请幼儿来回传递信息。

最后一个方法使用最为普遍。教师复制《幼儿发展评估表》，一次给家长三个部分，与家长分享教师在一天内观察的内容。家长可以自己决定是否将他们的观察都写在这张表上，然后让孩子第二天带给教师。教师要鼓励家长使用《幼儿发展评估表》，一旦家长参与了，他们就会经常反馈，无须督促。

所有文字沟通都要和电话记录、电子邮件、会议总结一起，保存在幼儿的档案袋或文件夹中。一旦家长或教师完成了《幼儿发展评估表》，教师就要请家长帮忙解释结果，讨论如何将这些结果用于幼儿园中或家中。

二、解释结果

    劳拉老师使用《幼儿发展评估表》的前三个部分对 4 岁的安迪进行了三天的观察，每天观察一次，每次半个小时左右。观察结束后，她对安迪的强项和需加强的方面有了很多认识。根据观察结果，她确信，安迪通常不和其他幼儿一起游戏，似乎更喜欢自己做事情。他好像很独立，自己做决定，维护自己的权利，对自己选择的事情很有热情，多数时间都笑盈盈的。他一边忙于积木建构或开车，一边不成调地哼曲儿。这使劳拉忍不住轻轻地笑起来。根据他的哼哼，劳拉总是能够说出安迪现在在什么地方。

    对于劳拉而言，快乐和微笑是反映班里每个幼儿总体状况的特别重要的线索。事实上，除了在其他幼儿试图干扰安迪活动，使他发脾气之外，安迪很少表现出不恰当的行为。劳拉尝试让他用语言表达自己的感受，但是没有成功。现在她注意到他确实不怎么说话。不知何故，她忽略了他的这一重要特点，因为他看起来似乎很满足，也许是因为他确实会发出声音——如果哼哼也算的话。

    现在她注意到，虽然她在仔细倾听时能理解他说的意思，但是他的说话能力尚没有达到其他 4 岁幼儿的水平。她开始想知道这是否是他不与其他幼儿一起玩的原因。因为对话是虚构游戏的很大一部分，她推测，语言能力发展不好的幼儿可能会感觉不自在。她急切地想从安迪妈妈那里看看她的观察结果。

    劳拉强烈地感觉到安迪具有高度的创造性。看他为他的赛车建造的精细道路，听他独自游戏、平行游戏时的自言自语，他似乎为他玩的小人们创造了各种条件。她注意到他在艺术技能中确实没有表现出创造力，但是她推测这可能是因为他的小肌肉动作技能不佳，使他回避画画和剪纸。

    在寻找安迪的强项时，劳拉挑出他的热情和良好的自我概念。她认为他是聪明的男孩，会应用自己的认知能力去玩，而不是参与其他人的游戏。

到目前为止，他需要加强语言，控制脾气，尤其是与其他幼儿一起玩时。

三、与同事分享观察结果

为了确定自己对《幼儿发展评估表》观察的解释，劳拉与班级其他两位教师分享了结果。她们也很惊讶安迪怎么说话那么少，她们以前也没有注意到这一点。她们想知道，她们是否忽略了其他幼儿的什么。劳拉能在短时间内收集这么详细的信息，并对安迪不能参与小组游戏做出解释，让其他教师深受鼓舞。

四、与家长分享观察结果

劳拉联系了安迪的妈妈，发现她也完成了《幼儿发展评估表》的前三个部分。安迪妈妈白天要工作，所以她想知道劳拉是否能在下午晚些时候到附近咖啡店见面。姥姥接安迪回家。见面后，教师和家长都对她们的发现很感兴趣。劳拉向这位母亲吐露她总是最先寻找幼儿的优势领域，这样能更好地了解幼儿。她也会利用幼儿的优势领域帮他提高可能需要加强的领域。

这是劳拉老师第一次与家长交换观察结果。通常她是那个做观察的人，而家长是在另一端等着她"通报"的人。她确认这种交换信息的方式更好。首先，她不必对这位母亲解释观察方法。其次，她也发现自己期待着听到母亲的观察结果，并与自己的观察结果相比较，看看能否对安迪的发展有更多的帮助。他们没有交换表格，只是念了各自的观察结果。

这个母亲刚开始时有一点犹豫，因为她不知道自己做得是否正确。但是劳拉向她保证每个人最初都有这种感觉，老师也会这样。她说表中所有的项都是积极的，所以不可能真出错。如果你看见了某种行为，你就是画"√"。如果你没有看见某个行为，你就留空。如果没有机会观察，那么就

写 "N"。

两人的主要不同在安迪与他人游戏方面。他在家里跟兄弟一起玩，分享和轮流，没有攻击性。跟劳拉一样，母亲在证据栏中也写下了简短的解释。

母亲对劳拉的观察非常有兴趣。她告诉劳拉，安迪是三个兄弟中最小的一个，4 岁了还不具备他的哥哥们在他那个年龄所具有的语言技能。她也注意到安迪喜欢自己玩，但是她从没有想到他的语言技能可能是一个原因。

她告诉老师，家里玩具少，所以三个男孩总是发明他们自己的游戏。作为一个单亲的还要上班的家长，她倾其所能给他们提供吃的和穿的。劳拉说安迪可能喜欢用空瓶子在家里的水槽里玩水，她妈妈认为这是一个好主意，也是一个能帮她做饭的方法！劳拉以安迪玩汽车游戏为依据，认为安迪很聪明，母亲对此感到特别高兴。她向劳拉咨询其他用废旧材料玩游戏的办法。劳拉主动借给她一本全是游戏玩法的手册。劳拉说，幼儿园乐意送给各个家庭一些图画书，请家长读给幼儿听，母亲说她认为安迪会非常喜欢。

☑ 第五节　基于《幼儿发展评估表》为幼儿制订计划

劳拉对见面的结果很高兴。她从没有开过这么好的家长会。安迪的母亲想继续观察，所以，劳拉给了她《幼儿发展评估表》的另外三个部分：身体发展、认知发展和口头语言。然后，又拿出一张为安迪做的教学计划表，让家长看她和其他教师怎样基于观察结果制订计划。劳拉知道只以一些观察为基础就为安迪做计划还为时过早，所以她做了一个暂时的计划，这样安迪母亲就能看到计划表是怎么回事。这次，她和家长填上了优势和自信的领域，这是她们共同的发现（见表 12-2）。然后她们也讨论并记录下了安迪需要加强的领域。

表 12-2 教学计划表

姓名	安迪	年龄	4 岁	日期	10/12

优势和自信的领域

1. 有良好的自我概念，开心，助人；

2. _____

3. _____

需要加强的领域

1. 学习与他人游戏；

2. 用说话代替打人；

3. _____

促进能力提升的活动

1. 吸引安迪与同伴玩汽车；

2. 吸引安迪与同伴一起读关于汽车的书；

3. _____

安迪找到了朋友一起玩汽车

接下来，她们思考利用安迪的优势帮助他学习与人一起游戏，发展语言能力。劳拉对于可以在班里开展哪些活动显然有更好的主意，但是，她还是仔细倾听了这位母亲的建议。母亲说安迪知道怎样与他人一起玩，就像他跟他的哥哥们一起玩一样，所以她们同意将"吸引安迪与同伴玩汽车"列为第一个活动。在开始与小组同伴一起玩时，与一个幼儿聊天并帮助这个幼儿对安迪来说并不太难。

教师决定先用这些活动试一周，然后在下一周的教师计划会上讨论结果。他们之前决定，只要时间允许，就对每个幼儿做同样的观察，也请家长在家里进行观察。

幼儿园在年初家长来给孩子报名的时候，向家长介绍了在家里观察孩子的想法。幼儿园告诉家长这是自愿的，但是，许多家长发现这是一个更好了解他们孩子的途径。刚开始，不是所有的家长都愿意进行观察。但是，在第一次家长会期间，当他们听到其他家长谈论他们如何喜欢这项活动时，又有几个家长同意试一试。

当家庭观察真的吸引了大多数家长之后，劳拉把相关资料复印了几份，以备家长借阅，了解他们正在观察的内容。班级里的三位教师在一周的三个不同时间段轮流观察每个幼儿，不久就完成了所有18个幼儿的观察。

☑ 第六节 请家长进班观察

凯泽发现一些教师请家长在班里和他们一起观察（keyser，2006）。对幼儿用积木建宇宙飞船的短暂观察，让家长有机会了解幼儿具有同时学习多样东西如团队工作、科学、物理和身体协调的能力。这样的短时互动能使家长了解幼儿发展的重要信息。

劳拉决定让家长试试。她一一邀请家长使用复印的《幼儿发展评估表》在活动室中观察。很多家长都无法参加，但是，安迪母亲却很有热情。她安排好时间，一个月到班里观察一次。

劳拉认为像这样的分享观察成就了她所知的最成功的家庭参与课程。

家长十分高兴，他们了解了孩子和课程，甚至想明年孩子上学前班时继续观察。劳拉同意联系学前班人员，做出安排。

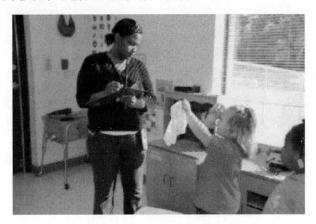

一些家长抽出时间在班里做观察

☑ 第七节　合作创建档案袋

与家长分享观察的教师，有时还会再邀请家长一起为幼儿创建一个档案袋。许多教师都把档案袋作为评估每个幼儿发展过程的最好方法之一。档案袋是对个人资料的系统收集，反映了幼儿在班里的情况。它通常由教师和幼儿一起收集，所收集的资料重点包括过程和结果两个方面。档案袋中缺少的是家长的贡献。

长期以来，教师收集幼儿艺术和书写作品。有些家长也一样。这样的收集使所有相关人员对幼儿进行更为深入的评估成为可能。金戈尔（Kingore）指出，档案袋是一种特别有效的方式，通过所选作品提供的具体证据，加强了家长、教师和幼儿之间的有效沟通（2008）。

收集什么样的资料取决于档案袋的种类以及它的使用方法。在此，我们专注于幼儿发展，所以，能够说明幼儿九个领域发展的资料就特别重要。

这些资料会在家长会和教师计划会上使用。

适宜的档案袋材料（发展证据）建议：

- 表现每个幼儿各领域发展的作品；

- 与教师和家长提出的学习目标相关的作品；

- 表明持续一段时间探索的作品；

- 教师记录、家长记录、照片、艺术作品、涂鸦、最受欢迎图书清单、已经完成的《幼儿发展评估表》、逸事记录、与家长的沟通、幼儿说的话、幼儿日记本，以及幼儿对科学实验和外出参观的描述、创编的故事；

- 可用于与家长和其他专业人士进行有意义沟通的作品；

- 可用于课程决策的作品。

明德斯（Mindes）认为，观察记录是档案袋的基础。收集幼儿的绘画和逸事，可以揭示幼儿已经知道了什么（2011）。教师也应该收集幼儿读过的书的清单、与幼儿的谈话记录和这个学年中收集的其他作品。

一、为什么要制作档案袋

在开始为每个幼儿创建档案袋之前，要清楚地理解档案袋有何用、如何取样，只有这样才能更好地实现目的。教师和家长合作收集资料，这些资料关于幼儿在自尊、情感、社会交往、身体、认知、口头语言、前书写与前阅读，以及美术、音乐与舞蹈和戏剧游戏技能的发展（《幼儿发展评估表》的所有领域）。它们也能够帮助教师制订活动计划，以帮助需要加强特殊技能的幼儿。档案袋中应该包含已经完成的《幼儿发展评估表》。档案袋里可以包括如下内容。

自尊

- 展示幼儿课堂表现的照片；

- 展示幼儿参与班级会议的逸事记录；

- 与家长就幼儿在家情况的沟通记录。

情感

- 教师对幼儿如何应对压力、愤怒和快乐的记录；
- 幼儿遇到压力时喜欢看的书的照片；
- 幼儿用于缓解压力的手指画；
- 家长对幼儿在家不安状态的记录。

社会交往能力

- 幼儿与他人游戏的照片；
- 幼儿参与的戏剧游戏主题清单；
- 幼儿在自家院子里与其他幼儿游戏的照片。

身体

- 幼儿户外攀爬的照片；
- 幼儿建构大型建筑的照片；
- 与家长就幼儿上下楼梯情况的交流记录。

认知

- 幼儿认识的颜色的图片；
- 幼儿数学游戏作品；
- 幼儿在家里玩的多米诺游戏照片和相应描述。

口头语言

- 幼儿讲故事的录音；
- 幼儿会唱的歌曲清单；
- 幼儿在家打电话的照片和文字记录。

前书写和前阅读

- 幼儿的涂鸦作品；
- 亲子共读书目；
- 幼儿签到表；
- 幼儿写给奶奶的信。

美术、音乐与舞蹈

- 幼儿绘画作品样本；

- 幼儿唱歌、跳舞的录音；

- 幼儿泥塑作品照片。

戏剧游戏

- 幼儿为进行假装游戏而制作的手偶；

- 幼儿玩戏剧游戏的录像；

- 幼儿用人偶玩假装游戏的连续记录；

- 幼儿在家穿自制海盗服的照片。

一旦开始收集，教师就必须记录收集的日期、收集人的姓名以及这个证据表示的内容。例如，一张艺术涂鸦可能代表自发画画，也可能代表自发书写，这取决于它是怎么产生的以及幼儿说了什么。每周让幼儿浏览一次他们这周的艺术作品，并选择一两个作品。从家里带来的艺术品或其他材料需要标注日期，并附上说明。

二、档案袋应该采用什么形式

杰克曼发现档案袋有很多形式和大小，比如文件夹、纸箱、剪贴簿、活页夹或未使用的比萨盒（Jackman，2012）。

档案袋的使用方法决定它的大小和材料储存法。如果教师要拿着档案袋见同事、家长或其他专业人员，那么，档案袋不应该太大、太重。一些教师会选择有透明封面和口袋的大活页夹。另一些教师会使用竖款风琴包。为了方便提取资料，档案袋要有标签分隔或标上目录。

三、怎样使用档案袋

随着时间的推移，教师需要定期给每个幼儿的档案袋增加内容。实际上，如果档案袋确实是在以恰当的方式使用，而不仅仅是幼儿作品的存放地，就必然会不断增添内容。应该在班级计划会议及教师与家长见面时重点使用它们。不论家长是否做出贡献，他们都希望时不时地看看和讨论一下他们孩子档案袋里的内容。

教师会和家长会的重点应该是教师所观察到的幼儿成就和教师对幼儿当前需要的解释。在分享幼儿作品和观察所得的资料时，可以讨论并规划满足幼儿相应需要的活动。随着家长和教师通过自己的观察了解了幼儿是怎样发展的，他们就可以以有意义的方式参与讨论。

对幼儿发展的观察是教与学的技术，它应该会使所有参与者——教师、幼儿和家庭——都受益，因为它细致、客观和积极地勾勒出了幼儿发展的每个方面。促进幼儿发展的最好办法是集中评估他们的优势领域。当了解了每个幼儿各方面发展的强项后，教师就能够设计相应课程，满足每个幼儿的需要。

------- 学习活动 -------

1. 与同事讨论过去是怎样引导家长参与的，这些方法是否有效。把各位同事所做的和所说的详细记录下来。

2. 和同事讨论让家长在家里用《幼儿发展评估表》观察自己孩子的可能性。把同事们对这一提议的积极和消极的看法都记录下来。你认为家长从对孩子的观察中可以得到什么？把这些记下来。

3. 与同事探讨使家长成为工作伙伴的想法。为什么要这样做？家长可以做什么？如果做到了，会有什么收获？

4. 制订一个与家长分享观察结果的计划。你怎样使用《幼儿发展评估表》？你期望家长怎样使用它？

5. 你将怎样依据观察结果为幼儿做计划？怎样能使这个幼儿的家长参与进来？

6. 你怎样安排家长到活动室里观察他们的孩子？这样做对家长、教师和幼儿有什么好处？

7. 把某个幼儿的所有资料都集中在一个档案袋里。让其他教师、这个幼儿和家长都参与档案袋工作。他们每人可以做哪些贡献？你怎样组织档案袋？怎样使用它？

参 考 文 献

Adams, E. J. (2011). Teaching children to name their feelings. *Young Children,* 66(3), 66–67.

Ahola, D., and Kovacik, A. (2007). *Observing and understanding child development: A child study manual.* Clifton Park, NY: Delmar/Cengage.

Ainsworth, M. D. S., Bell, S. M., and Stayton, D. J. (1974). Infant-mother attachment and social development: "Socialization" as a product of reciprocal responsiveness to signals. In M. M. Richards (Ed.), *The integration of the child into the social world.* London: Cambridge University Press.

Alanis, I. (2011). Learning from each other: Bilingual pairs in dual-language classrooms. *Dimensions of Early Childhood*, 39(1), 21–27.

Alexander, N. P. (2005). "Tell her I'll pay with a credit card." *Dimensions of Early Childhood,* 33(1), 30–31.

Althouse, R., Johnson, M. H., and Mitchell, S. T. (2003). *The colors of learning: Integrating the visual arts into the early childhood curriculum.* New York: Teachers College Press.

Anderson, G. T., and Robinson, C. C. (2006). Rethinking the dynamics of young children's social play. *Dimensions of Early Childhood,* 34(1), 11–16.

Balaban, N. (2006). *Everyday goodbyes: Starting school and early care: A guide to the separation process.* New York: Teachers College Press.

Beaty, J. J. (2012). *Skills for preschool teachers* (9th ed.). Upper Saddle River, NJ: Pearson.

Beaty, J. J., and Pratt, L. (2015). *Early literacy in preschool and kindergarten* (3rd ed.). Upper Saddle River, NJ: Pearson.

Bentzen, W. R. (2005). *Seeing young children: A guide to observing and recording behavior* (5th ed.). Clifton Park, NY: Cengage.

Berkowitz, D. (2011). Oral storytelling: Building community through dialogue, engagement, and problem solving. *Young Children,* 66(2), 36–40.

Bowlby, J. (1969). *Attachment and loss: Vol. 1. Attachment.* New York: Basic Books.

Bowling, H. J., and Rogers, S. (2001). The value of healing in education. *Young Children,* 56(2), 79–81.

Burman, L. (2009). *Are you listening? Fostering conversations that help young children learn.* St. Paul, MN: Redleaf Press.

Burton, S. J., and Edwards, L. C. (2006). Creative play: Building connections with children who are learning English. *Dimensions of Early Childhood*, 34(2), 3–8.

Charlesworth, R., and Lind, K. K. (2007). *Math & science for young children* (5th ed.). Clifton Park, NY: Cengage.

Christie, J. F., Enz, B. J., and Vukelich, C. (2011). *Teaching language and literacy: Preschool through the elementary grades.* Upper Saddle River, NJ: Pearson.

Clay, M. J. (1991). *Becoming literate.* Portsmouth, NH: Heinemann.

Clements, R., and Schneider, S. L. (2006). *Movement-based learning.* Reston, VA: National Association for Sport & Physical Education.

Copley, J. B. (2000). *The young child and mathematics.* Washington, DC: National Association for the Education of Young Children.

Corsaro, W. A. (2003). *We're friends, right? Inside kids' culture.* Washington, DC: Joseph Henry Press.

Curenton, S. M. (2006). Oral storytelling: A cultural art that promotes school readiness. *Young Children,* 61(5), 78–87.

Davidson, J. I. (1996). *Emergent literacy and dramatic play in early education.* Belmont, CA: Cengage.

Deerwester, K. (2007). Teaching about feelings. *Children Our Concern,* 30(1), 7.

De la Roche, E. (1996). Snowflakes are not all the same: Developing meaningful art experiences for young children. *Young Children,* 51(2), 82–83.

De-Souza, D., and Radell, J. (2011). Superheroes: An opportunity for prosocial play. *Young Children,* 66(4), 26–31.

Dickinson, D. K., and Tabors, P. O. (2002). Fostering language and literacy in classrooms and homes. *Young Children,* 57(2), 10–18.

Dodge, D. T., Heroman, C., Charles, J., and Maioca, J. (2004). Beyond outcomes: How ongoing assessment supports children's learning and leads to meaningful curriculum. *Young Children,* 59(1), 20–28.

Ellis, S. M., Gallingane, C., and Kemple, K. M. (2006). Fiction, fables, & fairytales: Children's books can support friendships. *Dimensions of Early Childhood,* 34(3), 28–35.

Feeney, S., and Moravcik, E. (2005). Children's literature: A window to understanding self and others. *Young Children,* 60(5), 20–27.

Ferreiro, E., and Teberosky, A. (1982). *Literacy before schooling.* Portsmouth, NH: Heinemann.

Fox, J. E., and Schirrmacher, R. (2012). *Art and creative development for young children* (7th ed.). Belmont, CA: Cengage.

Freeman, R. (2012). Elements of a musical foundation for children. *Exchange,* 34(1), 46–48.

Frost, J. L., Wortham, S. C., and Reifel, S. (2012). *Play and child development* (4th ed.). Upper Saddle River, NJ: Pearson.

Gallagher, K. C. (2005). Brain research and early childhood development: A primer for developmentally appropriate practice. *Young Children,* 60(4), 12–20.

Geist, K., Geist, E. A., and Kuznik, K. (2012). The patterns of music: Young children learning mathematics through beat, rhythm, and melody. *Young Children,* 67(1), 74–79.

Gellens, S. (2005). Integrate movement to enhance children's brain development. *Dimensions of Early Childhood,* 53(3), 14–21.

Good, L. (2009). *Teaching and learning with digital photography.* Thousand Oaks, CA: Corwin Press.

Gould, E., Kaplan, R., and Wilson, T. (2012). Changing lives and developing brains. *Exhange,* 34(1), 49–51.

Gronlund, G., and James, M. (2008). *Focused observations: How to observe children for assessment and curriculum planning.* St. Paul, MN: Redleaf Press.

Hatcher, B., and Petty, K. (2004). Seeing is believing: Visible thought in dramatic play. *Young Children,* 59(6), 79–82.

Helm, J. H., Beneke, S., and Steinheimer, K. (2007). *Windows on learning: Documenting young children's work.* New York: Teachers College Press.

Hoffman, E. (2004). *Magic capes, amazing powers: Transforming superhero play in the classroom.* St. Paul, MN: Redleaf Press.

Huffman, J. M., and Fortenberry, C. (2011). Helping preschoolers prepare for writing: Developing fine motor skills. *Young Children,* 66(5), 100–103.

Hunter, R. (2000). Some thoughts about sitting still. *Young Children,* 55(3), 50.

Isbell, R. T., and Raines, S. C. (2007). *Creativity and the arts with young children.* Belmont, CA: Cengage.

Isenberg, J. P., and Jalongo, M. R. (2010). *Creative thinking and arts-based learning: Preschool through fourth grade* (5th ed.). Upper Saddle River, NJ: Pearson.

Izard, C. E. (1977). *Human emotions.* New York: Plenum.

Jackman, H. L. (2012). *Early education curriculum: A child's connection to the world.* (5th ed.). Belmont, CA: Wadsworth/Cengage.

Jalongo, M. R. (2008). *Learning to listen, listening to learn.* Washington, DC: National Association for the Education of Young Children.

Kalmar, K. (2008). Let's give children something to talk about! Oral language and preschool literacy. *Young Children,* 63(1), 88–92.

Kasting, A. (1994). Respect, responsibility and reciprocity: The 3 Rs of parent involvement. *Childhood Education,* 70(3), 146–150.

Kellogg, R. (1970). *Analyzing children's art.* Palo Alto, CA: National Press Books.

Kemple, K. M.(1991). Preschool children's peer acceptance and social interaction. *Young Children,* 46(5), 37–54.

Kersey, K. C., and Masterson, M. L. (2009). Teachers connecting with families: In the best interest of children. *Young Children,* 64(5), 34–38.

Keyser, J. (2006). *From parents to partners: Building a family-centered childhood program.* St. Paul, MN: Redleaf Press.

Kingore, B. (2008). *Developing portfolios for authentic assessment, pre-K–3.* Thousand Oaks, CA: Corwin Press.

Koster, J. B. (2012). *Growing artists: Teaching the arts to young children* (5th ed.). Belmont, CA: Wadsworth/Cengage.

Leong, D. J., and Bodrova, E. (2012). Assessing and scaffolding make-believe play. *Young Children,* 67(1), 28–34.

Lucos, L. (2007–2008). The pain of attachment—"You have to put a little wedge in there." *Childhood Education,* 84(2), 85–90.

Martin, S. (1994). *Take a look: Observation and portfolio assessment in early childhood:* Menlo Park, CA: Addison-Wesley.

Matthews, K. (2012). Singing ourselves: How to offer music to children. *Exchange,* 34(1), 52–54.

McAfee, O., and Leong, D. J. (2011). *Assessing and guiding young children's development and learning* (5th ed.). Upper Saddle River, NJ: Pearson.

McDevitt, T. M., and Ormrod, J. E. (2004). *Child development: Educating and working with children and adolescents.* Upper Saddle River, NJ: Merrill/ Pearson.

McGhee, P. E. (2005). The importance of nurturing children's sense of humor. *Children Our Concern, 28*(1), 16–17.

McLean, M., Wolery, M., and Bailey, D. B. (2004). *Assessing infants and preschoolers with special needs.* Upper Saddle River, NJ: Merrill/Prentice Hall.

McNair, J. C. (2007). Say my name, say my name! Using children's names to enhance early literacy. *Young Children, 62*(5), 84–89.

McVicker, C. J. (2007). Young readers respond: The importance of child participation in emerging literacy. *Young Children, 62*(3), 18–22.

Meisels, S. J., and Atkins-Burnett, S. (2005). *Developmental screening in early childhood: A guide.* Washington, DC: NAEYC.

Mindes, G. (2011). *Assessing young children* (4th ed.). Upper Saddle River, NJ: Pearson.

Mooney, C. B. (2000). *Theories of childhood: An introduction to Dewey, Montessori, Erikson, Piaget, and Vygotsky.* St. Paul, MN: Redleaf Press.

National Association for the Education of Young Children. (2004). Where we stand on curriculum, assessment, and program evaluation. *Young Children, 59*(1), 51–53.

National Association for the Education of Young Children. (2005). *Early childhood program standards and accreditation criteria.* Washington, DC: Author.

National Association for the Education of Young Children. (2009). *NAEYC standards for early childhood professional preparation.* Washington, DC. Author.

Newman, J., and Kranowitz, C. (2012). Moving experiences that will last a lifetime. *Exchange,* 34(1), 97–99.

Nilsen, B.A. (2010). *Week by week: Plans for documenting children's development* (5th ed.). Belmont, CA: Wadsworth/Cengage.

Nissen, H., and Hawkins, C. J. (2010). Promoting emotional competence in the preschool classroom. *Childhood Education,* 86(4), 255–259.

Palmer, H. (2001). The music, movement, and learning connection. *Young Children,* 56(5), 13–17.

Parten, M. B. (1932). Social participation among preschool children. *Journal of Abnormal and Social Psychology,* 27, 243–369.

Piaget, J. (1976). *The child and reality.* New York: Penguin Books.

Pica, R. (2011). Why preschoolers need physical education. *Young Children,* 66(2), 56–57.

Puckett, M. B., Black, J. K., Wittmer, D. S., and Petersen, S. H. (2009). *The young child: Development from prebirth through age eight* (4th ed.). Upper Saddle River, NJ: Merrill/Pearson.

Ramsey, P. G. (1987). *Teaching and learning in a diverse world: Multicultural education for young children.* New York: Teachers College Press.

Ramsey, P. B. (1991). *Making friends in school: Promoting peer relationships in early childhood.* New York: Teachers College Press.

Riley, D., San Juan, R. R., Klinker, J., and Ramminger, A. (2008). *Social and emotional development: Connecting science and practice in early childhood settings.* St. Paul, MN: Redleaf Press.

Rodrigues, D., Smith-Carter, L., and Voytechi, K. (2007). Freedom from social isolation for young children with disabilities. *Childhood Education,* 83(5),

316 – 321.

Romero, I. (1999). Individual assessment procedures with preschool children. In E. V. Nuttall, I. Romero, and J. Kalesnik (Eds.), *Assessing and screening preschoolers' psychological and educational dimensions*. Boston: Allyn & Bacon.

Roskos, K.A., and Christie, J. F. (2001). On not pushing too hard: A few cautionary remarks about linking literacy and play. *Young Children,* 56(3), 64 – 66.

Rushton, S., and Juola-Rushton, A. (2011). Linking brain principles to high-quality early childhood education. *Exchange,* 33(6), 8–11.

Salmon, A. K. (2010). Tools to enhance young children's thinking. *Young Children*, 65(5), 26–31.

Sanders, S. W. (2006). Physically active for life: Eight essential motor skills for all children. *Dimensions of Early Childhood,* 34(1), 3–10.

Seefeldt, C. (1998). Assessing young children. In C. Seefeldt & A. Galper (Eds.), *Continuing issues in early childhood education* (pp. 314–338). Columbus, OH: Pearson.

Seefeldt, C., and Wasik, B. A. (2006). *Early education: Three-, four-, and five-year- olds go to school.* Columbus, OH: Pearson.

Shagoury, R. E. (2009). *Raising writers: Understanding and nurturing young children's writing development.* Upper Saddle River, NJ: Pearson.

Shore, R. (2005). The magic of music. *Children Our Concern,* 20(2), 4–7.

Shore, R., and Strasser, J. (2006). Music for their minds. *Young Children,* 61(2), 62–67.

Singer, D. G., and Singer, J. L. (1977). *Partners in play: A step-by-step guide to imaginative play in children.* New York: HarperCollins.

Smilansky, S. (1968). *The effects of sociodramatic play on disadvantaged preschool children.* New York: John Wiley & Co.

Snyder, S. (1997). Developing music intelligence: Why and how. *Early Childhood Education Journal,* 24(3), 165–171.

Solter, A. (1992). Understanding tears and tantrums. *Young Children,* 47(4), 58–64.

Sprenger, M. (2008). *The developing brain: Birth to age eight.* Thousand Oaks, CA: Corwin Press.

Staley, L., and Portman, R. A. (2000). Red Rover, Red Rover, it's time to move over! *Young Children,* 55(1), 67–72.

Strickland, D. C., and Schickedanz, J. A. (2009). *Learning about print in preschool: Working with letters, words, and beginning links with phonemic awareness.* Newark, DE: International Reading Association.

Tabors, P. O. (2008). *One child, two languages.* Baltimore, MD: Brookes Publishing. (CD-ROM included)

Temple, C. A., Nathan, R. G., and Burns, N. A. (1993). *The beginnings of writing.* Boston: Allyn & Bacon.

Van Hoorn, J., Nourot, P., Scales, B., and Alward, K. (2003). *Play at the center of the curriculum* (3rd ed.). Upper Saddle River, NJ: Merrill/Pearson.

Vygoksky, L. S. (1962). *Thought and language.* Cambridge, MA: Harvard University Press.

Vygotsky, L. S. (1976). Play and its role in the mental development of the child. In J. S. Bruner, A. Jolly, & K. Sylva (Eds.), *Play: Its role in development and evolution.* New York: Basic Books.

Ward, G., and Dahlmeier, C. (2011). Rediscovering joyfulness. *Young Children,* 66(6), 94–98.

Wenner, G. (1988). *Predictive validity of three preschool developmental assessment instruments for the academic performance of kindergarten students.* State University of New York at Buffalo. (ERIC Document #331 867,

EDRS)

Willis, J. (2007). Brain-based teaching strategies for improving students' memory, learning, and test-taking success. *Childhood Education,* 83(5), 310–315.

Wortham, S. C. (2012). *Assessment in early childhood education* (6th ed.). Upper Saddle River, NJ: Pearson.

出 版 人　郑豪杰
策划编辑　赵建明
责任编辑　王春华
版式设计　京久科创　郝晓红
责任校对　马明辉
责任印制　叶小峰

图书在版编目（CIP）数据

幼儿发展的关键指标与行为观察：第8版 /（美）贾尼丝·J. 贝蒂（Janice J. Beaty）著；郑福明，费广洪译. —北京：教育科学出版社，2023.6（2024.4重印）
书名原文：Observing development of the young child（Eighth Edition）
ISBN 978-7-5191-3465-5

Ⅰ.①幼… Ⅱ.①贾… ②郑… ③费… Ⅲ.①学前教育－教育评估　Ⅳ.①G610

中国国家版本馆CIP数据核字（2023）第075857号
北京市版权局著作权合同登记　图字：01-2023-2527号

幼儿发展的关键指标与行为观察（第8版）
YOU'ER FAZHAN DE GUANJIAN ZHIBIAO YU XINGWEI GUANCHA（DI 8 BAN）

出版发行	教育科学出版社			
社　　址	北京·朝阳区安慧北里安园甲9号	邮　　编	100101
总编室电话	010-64981290	编辑部电话	010-64989395
出版部电话	010-64989487	市场部电话	010-64989572
传　　真	010-64989419	网　　址	http://www.esph.com.cn
经　　销	各地新华书店			
制　　作	北京京久科创文化有限公司			
印　　刷	保定市中画美凯印刷有限公司			
开　　本	720毫米×1020毫米　1/16	版　　次	2023年6月第1版
印　　张	23	印　　次	2024年4月第3次印刷
字　　数	314千	定　　价	75.00元